Impressum

Autor: Heinz Lorenz

Illustrationen: Thomas Kubitz

Layout: Engelbert Rief

Gesamtherstellung: Bodensee Medienzentrum, Tettnang

ISBN: 3-88812-197-3

Inhaltsverzeichnis

Seite

Vorwort

Das Fliegenfischen hat mit dem Beginn des 21. Jahrhunderts eine bisher noch nie gekannte Verbreitung und Popularität erfahren, begünstigt durch die Mobilität und der zur Verfügung stehenden Freizeit, die der gestiegene Wohlstand ermöglicht haben. Mit der Zahl der Fliegenfischer ist auch der Befischungsdruck und die Scheu der Fische, nicht nur in unseren einheimischen Gewässern, gestiegen. Jährlich besuchen Tausende von Anglern in ihrer Frei- und Urlaubszeit die Gastgewässer des In- und Auslandes.

Das stellt hohe Anforderungen an den Fliegenfischer in Bezug auf die Ausrüstung, die Wurftechnik und Anbietetaktik, die Kenntnis der Insekten und deren Nachbildungen, das Wissen um die Sinnesleistungen der Salmoniden und das Lesen eines Gewässers. Auch über die artspezifischen Eigenheiten der Zielfische und die Besonderheiten der Reiseziele sollte der Fliegenfischer Bescheid wissen, um zum Erfolg zu kommen.

Selbst versierte Fliegenfischer, die an ihrem heimischen Forellen-Bach durchaus erfolgreich sind, stehen an einem fremden Gewässer oft wie Anfänger da, weil sie mit den Strömungsverhältnissen und dem dort vorkommenden Wasserwild nicht zurechtkommen. Der reisefreudige Fliegenfischer muss vielseitig sein, denn es ist ein Unterschied, ob er an einer gemütlich dahin fließenden dänischen Aue auf Äschen oder an einem rasch fließenden Gebirgsbach der Rocky Mountains auf Forellen fischen will. An einem wind- und wellenreichen irischen See muss die Fliege anders angeboten werden, als an einem Lachsfluss in Norwegen oder Kanada.

Die einzelnen Aspekte dieses komplexen Themenkreises werden in dem nun vorliegenden Buch ***„Fliegenfischen erster Klasse auf Forellen, Äschen und Lachse“*** umfasend und ausführlich behandelt und durch entsprechende Abbildungen verdeutlicht. Es ist so aufgebaut, dass die darin enthaltenen Anleitungen leicht in die Praxis umgesetzt werden können.

Das Buch eignet sich als Leitfaden für die Fliegenfischerin und den Fliegenfischer und als Orientierungshilfe für diejenigen, die sich die Welt des Fliegenfischens erschließen wollen.

Die systematische Gliederung des Stoffes erleichtert dem Leser das Nachschlagen. So wird das Buch zum praktischen Wegbegleiter an den Gewässern des In- und Auslandes.

Darüber hinaus soll das vorliegende Buch als Grundlage für die Förderung des Nachwuchses dienen.

Es hat sich gezeigt, dass das Interesse für das Fischen mit der Fliege geweckt werden kann, wenn sich regional Fliegen-Fischer-Gemeinschaften bilden, die innerhalb der Fischerei-Vereine und Verbände gezielt die Nachwuchsförderung betreiben und die Belange des Fliegenfischens vertreten.

Diese Basisarbeit sollte sich nicht nur auf die Technik des Flugangelns, sondern auch auf die fischereibiologisch richtigen Besatzmaßnahmen und die Verbesserung der Gewässerstrukturen erstrecken.

Lindau im Bodensee, im Herbst 2004

Heinz Lorenz

1. Warum gerade Fliegenfischen?

Das Fliegenfischen, auch Flugangeln genannt, hat im deutschen Sprachraum eine lange Tradition, dessen Faszination auch heute noch ungebrochen ist.

Schon im 13. Jahrhundert, in der Zeit, da Rittertum und höfischer Minnesang in Blüte standen, finden sich die ersten schriftlichen Aufzeichnungen über das Angeln mit künstlichen Fliegen unter dem Ausdruck „Vederangel".

Es war kein geringerer als Wolfram von Eschenbach, dem wir auch die um 1210 vollendete Dichtung Parzival verdanken, der in seinem Epos vom Gralkönig Titurel eine Szene schildert, die jeder Flugangler nachempfinden kann. Darin heißt es in die Sprache unserer Zeit übersetzt: *„Der Ritter Schionatulander fängt mit der Federangel Äschen und Forellen, während Königstochter Sigune, die ihn begleitet, in einem Buch liest. Er steht, während er die großen und die kleinen Fische mit der Angel fängt, um der Kühle willen mit bloßen Beinen im klaren schnellen Bache ..."*

Ein Beweis, dass das Fischen mit der Kunstfliege damals zu den geschätzten ritterlichen Vergnügungen zählte. Auch das Anglerbild aus der Manessischen Handschrift aus dem 14. Jahrhundert zeigt, dass diese Passion zum festen Bestandteil des damaligen Lebensstils gehörte *(Abb. 1, Seite 10)*.

Besonders erstaunlich erscheint die Tatsache, dass sich bis heute das mittelhochdeutsche Wort „Vederangel" in einigen Alpengegenden von Österreich als Bezeichnung für die Fliegenrute oder für das Angeln mit der künstlichen Fliege erhalten hat. Dieses Wort „Vederangel" – sinngemäß das Werfen einer Feder, um einen Fisch zum Anbiss zu verleiten, verrät bereits viel von dieser kunstvollen Art Fische zu fangen und lässt ahnen, wie reizvoll es sein muss, einer solchen Passion nachzugehen.

Das Bestimmen des Fischnährtiers, die Auswahl der richtigen Nachbildung, verbunden mit der Geschicklichkeit der Darbietung, lösen beim Fisch eine entsprechende Reaktion aus und erfüllen den Flugangler mit großer Befriedigung. Diese Herausforderung der menschlichen Intelligenz gepaart mit der Kunstfertigkeit bereitet dem Fliegenfischer ein Leben lang Freude, zumal er seiner Passion in landschaftlich besonders schöner Umgebung nachgehen kann.

Der tief im Menschen verwurzelte Beutetrieb und seine Lust mit List der Kreatur habhaft zu werden, wird gemildert durch die Möglichkeit, den Fisch, aus welchen Gründen auch immer, unbeschädigt der Natur wieder zurückzugeben.

Abb. 1: Aus der Manessischen Handschrift, 14. Jahrhundert

Anders als bei dem Waidwerk, wo der Schuss des Jägers, ist die Kugel einmal aus dem Lauf, nicht mehr aufzuhalten ist und in der Regel das Ende des Wildes bedeutet.

Das Sinnen und Trachten des Fluganglers ist jedoch nicht nur auf Beute gerichtet, vielmehr wird seine Haltung von der Liebe zur und dem Wissen um die Natur bestimmt.

Weil das Fliegenfischen die Fühlungnahme mit der Kreatur in vielfältiger Weise zulässt und die Zwiesprache mit der Natur gestattet, prägt es nachhaltig die Lebenseinstellung des Fliegenfischers. Fairness, Ästhetik und Eleganz sind Teil seines Lebensgefühls und finden letztendlich in der Ausübung dieser Passion ihren Niederschlag.

Damit ist noch lange nicht die Faszination des Flugangelns erschöpfend behandelt und erklärt.

Allein der Aufenthalt am Fischwasser führt den Menschen in die magische Welt des Fliegenfischens, in der er nachdenklich zu sich selbst findet und sich erholen kann.

Abb. 2: Fliegenfischer des frühen 19. Jahrhunderts
(Lindenholz, gefasst. Aus der Sammlung von H. L. Lorenz, Kulturgeschichte des Angelsports).

2. Die Ausrüstung des Fluganglers

Die Freuden des Fliegenfischens kann der Angler nicht nur an Fließgewässern und Seen, sondern manchmal auch in gut sortierten Anglerbedarfsgeschäften erleben, letztere sind zwar nicht vom Wetter, dafür umso mehr vom Geldbeutel abhängig. Um die Brieftasche zu schonen, gilt auch hier der Grundsatz: Wenn man nicht zweimal kaufen will, sollte man nicht mindere, sondern nur beste Qualität anschaffen, sich jedoch auf das Notwendigste beschränken. Das Treffen einer geeigneten Auswahl ist oft nicht einfach und für den Anfänger ohne fachkundige Beratung gar nicht möglich.

2.1 Die Flugleine

Das Fliegenfischen unterscheidet sich ganz erheblich von den übrigen Angelarten, vor allem durch die Leine, die als verteiltes Gewicht geworfen wird. Bei den anderen Methoden, wird eine dünne Leine durch ein konzentriertes Wurfgewicht, in welcher Form auch immer, mit in das Ziel gezogen. Beim Fliegenfischen wird die Rute erst durch das Gewicht der fliegenden Leine aufgeladen, um mit einer speziellen Technik die nahezu gewichtslose Fliege oder eine beschwerte Nymphe in die Nähe des begehrten Ziels zu transportieren. Die Fliegenschnur ist jedoch nicht nur das wichtigste Glied im Wurfablauf, sondern sie hilft auch den Köder an der Oberfläche zu führen, in die Tiefe zu kommen oder Bisse zu erkennen. Diese herausragende Bedeutung der Leine für das Fliegenfischen ist auch der Grund dafür, dass sie an erster Stelle im Kapitel Ausrüstung besprochen wird.

Die wichtigsten Erkennungsmerkmale einer Fliegenschnur sind Profil, Durchmesser, Gewicht, spezifische Dichte, Geschmeidigkeit und Oberflächenbeschaffenheit. ***Die Kennzeichnung und Auswahl einer Fliegenschnur erfolgt nach drei Kriterien: Form, Gewichtsklasse und Schwimmlage.*** Diese drei Komponenten werden auf der Schnurverpackung in Abkürzungen angegeben, sind von einander völlig unabhängig und können in den unterschiedlichsten Kombinationen zusammengestellt sein.

Das Innere einer modernen Flugschnur besteht aus der Seele (core), die für den Zusammenhalt, die Stärke, Tragkraft und die Elastizität verantwortlich ist *(Abb. 3, Seite 13).*

Die Ummantelung (coating) sorgt durch ihre Gestalt und Verteilung um die Seele für das Wurfgewicht, die Gewichtsverlagerung und die Wurfeigenschaft. Die Art der Ummantelung bestimmt die spezifische Schnurdichte und damit die Schwimmlage der Leine. Die Länge der Flugschnüre für Einhandruten beträgt je nach Fabrikat zwischen 24 und 28 Meter; für Zweihandruten, wie sie zum Lachsfischen verwendet werden, sind sie noch länger.

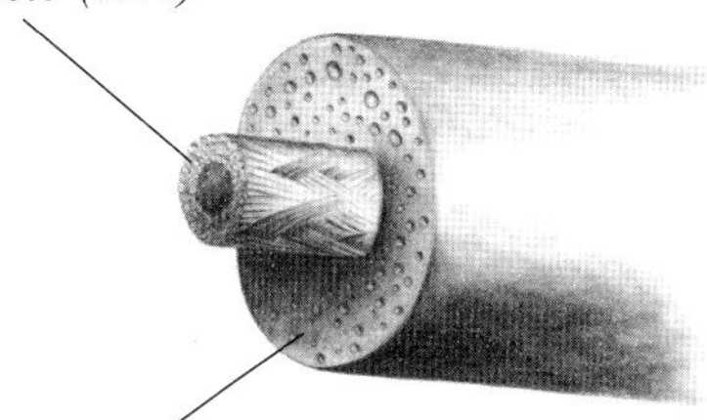

Abb. 3: Das Innere einer modernen Fliegenschnur

2.1.1 Die Gewichtsklasse

Das Gewicht der ersten 30 ft oder 9,15 m (1ft = 0,3048 Meter) der Schnur, die Spitze nicht mitgerechnet, wird in AFTMA-Klassen von 0 bis 15 eingeteilt (AFTMA heißt American Fishing Tackle Manufacturers). Diese Länge wurde gewählt, weil sie in der Praxis beim Fliegenfischen am häufigsten geschwungen wird. Sie stellt die durchschnittliche Belastung auf die Rute dar. Das Schnurgewicht wird in grain angegeben (1grain = 0,0648 Gramm). In der Praxis bedeutet das, dass eine Fliegenschnur der Schnurklasse 5 beim Fischen durchschnittlich mit einem Wurfgewicht von 140 grains (9,1 g), bei der Schnurklasse 8 bereits mit 210 grains (13,6 g) belastet wird. Damit wird klar, warum die Gewichtsklasse der Schnur mit dem Rückgrat der Rute harmonieren soll und auf jeder Fliegenrute angegeben wird.

Je schwerer eine Schnur, desto kräftiger muss die Rute sein, die sie werfen soll. Das verwendete Schnurgewicht ist in erster Linie eine Frage der Darbietung und Wurfweite. Ähnlich wie beim Spinnfischen ist hier geringeres Gewicht gleichbedeutend mit geringerer Wurfweite und geringerem Scheucheffekt.

2.1.2 Die Schnurtypen

Die geforderten idealen Wurfeigenschaften einer Flugleine werden durch die individuelle Formgebung des Mantels (Taper Design oder nur Taper) um die Seele bestimmt. Die *Abbildung 4, auf Seite 14* zeigt das Profil einer Flugschnur mit den verschiedenen Abschnitten. Durch die Variation der Länge und des Durchmessers dieser einzelnen Sektionen ist es möglich, die Wurfenergie zu kanalisieren, um bestimmte Wurfeigenschaften zu erhalten. Je nach Taper-Typ wird die Wurfenergie unterschiedlich übertragen. Wie das funktioniert, soll anhand der einzelnen Bereiche des Taper Design erklärt werden.

Teil A ist die Spitze *(Tip)*; der Tip ist in der Regel 15 bis 30 Zentimeter lang, mit einem gleichbleibenden Durchmesser. Er dient hauptsächlich zur Befestigung des Vorfaches. Obwohl beim Vorfachwechsel die Spitze immer kürzer wird, bleibt die Wurfeigenschaft der Schnur weitgehend erhalten.

Teil B ist die vordere Verjüngung *(Front Taper = FT)*; der Front Taper ist oft zwischen 1,2 bis 2,5 Meter lang. Die vordere Verjüngung ist für die Fliegenpräsentation verantwortlich; mit einem längeren Front Taper setzt man die Fliege sanfter, mit einem kürzeren härter auf. Oder anders ausgedrückt: Eine schnell an Durchmesser und damit Masse verlierende Leinenspitze wird sich schneller und leichter strecken als eine sich langsam verjüngende Spitze.

Teil C ist der Bauch *(Belly)*; er hat in der Regel eine Länge von 7 bis 10 Metern. Er besitzt den größten Durchmesser aller Teile und ist der Träger der meisten Wurfenergie, kann aber auch der schwerste Teil sein.

Teil D ist die hintere Verjüngung *(Rear Taper = RT)*; sie ist 0,9 bis 7,6 Meter lang und ist für die Präsentationsgeschwindigkeit und die Stabilisierung des Wurfes zuständig. Je kürzer der Rear Taper, desto schneller, aber auch ungenauer ist der Wurf. Eine lange hintere Verjüngung ermöglicht langsamere, aber gleichbleibende und delikate Würfe.

Teil E ist der Kopf *(Head)*, der sich aus den Abschnitten B+C+D zusammensetzt. Schnüre mit einem kürzeren Kopf ermöglichen einen schnellen, aber oft auch ungenauen Wurf. Schnüre mit einem längeren Kopf werfen sich präziser und weiter. Es sind jedoch mehr Leerwürfe und demzufolge mehr Zeit notwendig, um die Fliege ins Ziel zu bringen.

Teil F ist die Schussschnur *(Running Line)*; diese zeichnet sich durch einen kleinen Durchmesser und ein geringes Gewicht aus. Somit kann der Kopf-Teil (E) ungehindert und leicht die gewünschte Distanz erreichen. An das hintere Ende der Running Line wird die Backingschnur angeknüpft.

Fliegenschnüre sind in einem weiten Spektrum von Form, Gewicht und Schwimmlage erhältlich. Die unterschiedlichen Formen von Fliegenschnüren und ihre Funktion werden durch die Typenbezeichnung ausgedrückt *(siehe Abb. 5, Seite 18)*.

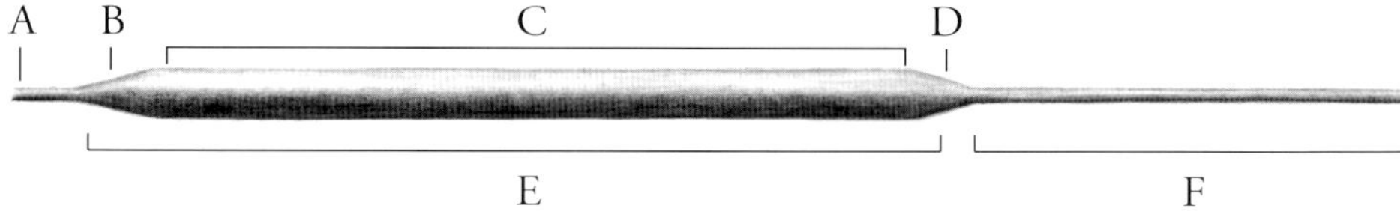

A = Tip *D = Rear Taper*
B = Front Taper *E = Head*
C = Belly *F = Running Line*

Abb. 4: Das Profil einer Flugschnur mit den verschiedenen Abschnitten

2.1.2.1 Die Parallel-Schnur oder Level Line = L

Diese Schnur hat kein Taper Design, besitzt also über ihre gesamte Länge den gleichen Durchmesser. Sie wird eine Fliege weder präzise noch weit präsentieren können. Sie ist heute kaum noch in Gebrauch.

2.1.2.2 Die doppelt verjüngte Schnur oder Double Taper = DT

Wie der Name schon sagt, hat diese Schnur vorne und hinten gleich lange Verjüngungen. Die Energie der geworfenen Leine wird durch die Länge der Verjüngung heruntergebremst und sanft auf das Vorfach übertragen. Das erlaubt eine besonders delikate Anbietweise beim Fischen mit der Trockenfliege. Die Masse des sehr langen und gleichmäßig dicken Belly-Teils lässt sich auf dem Wasser nachträglich sehr gut korrigieren (menden) und ist für Rollwürfe besonders gut geeignet. Andererseits erzeugt diese klassische Fliegenschnur viel Reibung in den Rutenringen und eignet sich deshalb am besten für Wurf-Distanzen von 6 bis 15 Metern.

2.1.2.3 Die Keulen- oder Torpedo-Schnur. Weight Forward Taper = WF

Die Beliebtheit dieses Schnurtyps resultiert aus der Tatsache, dass mit ihr mühelos Entfernungen von 6 bis 25 m erreicht werden und auch bei Wind noch gute Resultate zu erzielen sind. Bei der Standard-Keulenschnur ist das Gewicht nach vorn verlagert. Der Teil C ist auf ca. 9 Meter verkürzt, Front und Rear Taper sind gleich, die Running Line ist dafür länger. Das sind die Voraussetzungen für weniger Reibung. Nach wenigen Leerwürfen wird der abgeschossene Bauch den Spitzenring verlassen und merklich größere Längen mitnehmen, als es bei einer DT-Leine der Fall ist. Folglich kommt man mit der WF auch schneller auf Weite. DT und WF-Schnüre haben oft gleiche Front Taper, so dass im Nahbereich kein unterschiedliches Wurfverhalten zu erkennen ist.

Neben der Standard-Keulenschnur gibt es noch weitere Formgebungen. Die Langkeulenschnur oder Long Belly Schnur ist mit einem verlängerten Head-Teil ausgestattet, der sehr ruhig in der Luft liegt. Die sich anschließende dünnere Schussleine macht diesen Schnurtyp für Distanz-Würfe besonders geeignet.

Eine Sonderstellung unter den Long Belly Schnüren nimmt das von Lee Wulf (ein bekannter amerikanischer Fliegenfischer) entwickelte Triangle Taper ein. Der Head-Teil hat den Umriss eines extrem langgezogenen Dreiecks, dessen stetig abnehmende Verjüngung bis in die Spitze geht, ähnlich einem knotenlosen verjüngten Vorfach. Die fein auslaufende Spitze eignet sich besonders für das Präsentieren von Trockenfliegen oder kleinen Nymphen sowohl in kürzeren als auch weiteren Entfernungen. Das Rollwurfverhalten ist ausgezeichnet.

Eine Schnur, deren Gewicht durch eine kurze Frontverjüngung zur Spitze hin verlagert wird, eignet sich besonders zum Anbieten von schweren Nymphen. Durch diesen Zuschnitt wird beim Wurf mehr Energie auf das Vorfach übertragen und eine bessere Streckung erreicht. Der etwas längere Rear Taper stabilisiert das Flugverhalten, ermöglicht Weit- und Rollwürfe sowie das bessere Menden der Schnur.

Die Kurzkeulenschnur wurde für das Raubfischangeln entwickelt. Mit diesem Schnurtyp können Großfliegen geworfen und auch starke Vorfächer gestreckt werden. Wie der Name schon sagt, wurde hier der Head-Teil (Front- u. Rear Taper sowie Belly) eingekürzt. Dies reduziert die Reibungsverluste und führt zu einer schnelleren Energieabgabe und besseren Streckung des Vorfaches, unter Verzicht auf eine sanfte Präsentation der Fliege, die bei dieser Art des Fischens nicht notwendig ist.

2.1.2.4 Der Schusskopf oder Shooting Taper = ST

Der primäre Anwendungsgrund von Shooting Heads liegt dort, wo es um die absolute Wurfweite geht oder der Wind eine besondere Rolle spielt. Der Schusskopf besteht aus dem etwa 8 bis 11 Meter langen Head (bei Zweihandruten sind es 12 bis 14 Meter), der in der Regel mit der vergleichsweise dünnen und deshalb reibungsarmen Running Line (Schussschnur) verschlauft wird. Da der Einsatzbereich ein delikates Werfen und Menden nicht erforderlich machen, kann hier auf die stabilisierende Wirkung eines ordentlichen Rear Tapers verzichtet werden.

2.1.3 Die Schnurarten

Die individuellen Einsatzbereiche beim Fliegenfischen erfordern nicht nur ein ideales Flugverhalten, sondern auch unterschiedliche Schwimm- oder Sinkeigenschaften der Fliegenschnüre *(Abb. 6, Seite 19)*. Für das praktische Fischen sind diese Funktionen von erheblicher Bedeutung. Die Schwimmlage einer Flugschnur wird durch die spezifische Dichte ihres Materials und durch das Gewicht bestimmt, das sich dann in der Schnurart ausdrückt.

2.1.3.1 Die Schwimmschnur (F = floating)

Schwimmende Schnüre entstehen durch den Einschluss von winzig kleiner Luftbläschen im Kunststoffmantel. Dadurch hat die Schnur ein geringeres spezifisches Gewicht als Wasser. Diese Gasbläschen sind in der Schnur unterschiedlich verteilt, in der sich nach vorne verjüngenden Spitze naturgemäß weniger als im wesentlich stärkeren Bauch-Teil. Das hat zur Folge, dass die Spitze nach einiger Zeit beim Fischen einsinkt, wobei auch das Vorfach tangiert wird. Die einfache Abhilfe besteht darin, dass man die Schnur beim Fischen durch Leerwürfe trocknet und anschließend auf den ersten drei Metern, einschließlich des Übergangs zum Vorfach, mit einem Schnurfett behandelt.

Die Schwimmschnur ist mit Abstand die beliebteste und universell einsetzbare Leine, geeignet für die Trockenfliegen-, Nymphen- und mit Einschränkung bei der Nassfliegen- und Streamerfischerei. Ihre weiteren Vorteile liegen im leichten Abheben für einen neuerlichen Wurf, auch wenn größere Leinenlängen auf dem Wasser liegen. Sie ermöglicht außerdem eine ausgezeichnete Kontrolle während des Abtreibens und erleichtert die Bisserkennung.

2.1.3.2 Die schwebende Schnur (I = intermediate)

Wie die englische Bezeichnung schon ausdrückt, liegt sie dazwischen und ist weder zu den Trocken- noch zu den Nassschnüren zu zählen. Sie schwebt sehr tief im oder unter dem Oberflächenfilm des Wassers. Dadurch fällt sie weniger auf und bietet Wind und Wellen wenig Angriffsfläche. Durch ihr dünnes Profil und ihre Geschmeidigkeit kann mit ihr schneller geworfen werden, als zum Beispiel mit einer Schwimmschnur. Der Kontakt zur Fliege oder zum Streamer ist geradliniger und die Bisse spürbarer. Beim Einholen dieser Schnur wird die Wasseroberfläche nicht beunruhigt. Sie ist bei Lachs- und Meerforellenanglern sehr beliebt.

2.1.3.3 Die Sink Tip Leine (F/S = floating/sinking)

Die Sink Tip Leinen sinken im Spitzenbereich auf einer Länge von 1,5 bis 6 Metern ein, während der Rest schwimmt. Diese Schnurart ist beim Nymphen- und Streamerfischen nicht mehr wegzudenken, vor allem dann, wenn dieses im klassischen Nassfliegenstil erfolgt, das heißt, wenn hauptsächlich schräg stromab geworfen wird. Die Sink Tip Leinen lassen sich im Gegensatz zu den Sinkleinen viel besser beim Abtreiben kontrollieren und beeinflussen, bieten Vorteile beim Abheben und senken die Zahl der Leerwürfe.

2.1.3.4 Sinkschnur (S = sinking)

Sinkschnüre werden in verschiedenen Sinkgeschwindigkeiten von langsam bis extra schnell sinkend gefertigt. Sie werden durch eine entsprechende Metallpulverbeimengung zum Sinken gebracht. Es gibt Situationen, wo selbst ein langes Vorfach oder eine beschwerte Fliege oder Nymphe nicht ausreichen, um in einer starken und tiefen Strömung oder in tiefem Stillwasser in die Grundregion zu gelangen. Die Frage ist nur, für welche Sinkrate (Sinkgeschwindigkeit) man sich entscheidet. Für den Lachsfischer ist sie bei hohen Wasserständen in strömungsreichen Flüssen unentbehrlich. Sinkende Schnüre sind dünner als gleich schwere schwimmende und durch den geringeren Luftwiderstand merklich schneller im Wurf. Das beherrschen des Timings ist jedoch ungleich schwieriger, ein Menden nur schwer und auch nur unmittelbar nach dem Wurf möglich, da sich die einmal abgesunkene Leine kaum mehr beeinflussen lässt. Vor jedem neuen Wurf muss ein Grossteil der ausgelegten Schnur eingeholt und durch einen Rollwurf aufs Wasser gelegt werden, bevor an einen Rückwurf gedacht werden kann.

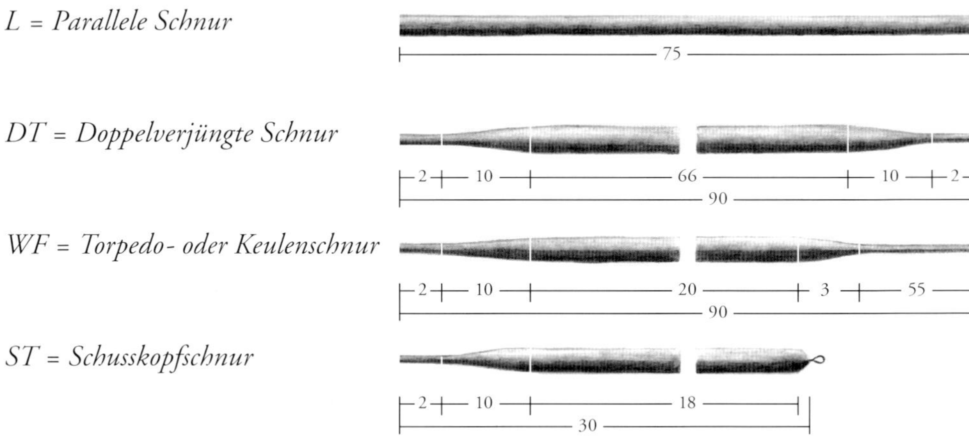

Abb. 5: Die unterschiedlichen Schnurtypen – alle Maße in Fuß (ft.)

2.1.4 Die Farbe der Fliegenschnur

Die Farbskala reicht von grellem Rot, orange bis braun, beige, grau sowie entsprechenden Zwischentönen bis hin zu farblosen Schnüren. Die Wahl der Farbe für eine Fliegenschnur ist nur in Einzelfällen ein wichtiger Punkt. Die auf der Oberfläche schwimmende Leine, egal welcher Farbe, erscheint gegen das Licht relativ dunkel durch den von der Schnur geworfenen Schatten (Balkeneffekt). Sinkschnüre werden dunkel eingefärbt oder sind durchsichtig, damit sie sich unter Wasser möglichst nicht abheben. Die Unauffälligkeit für den Fisch wird in einem schnellen und unruhigen Wasser anders zu beurteilen sein, als in einem sehr langsam dahinfließenden. In der Luft haben weiße oder helle Schnüre Vorteile gegenüber dunklen, sofern sie gegen einen hellen Hintergrund geführt werden, aber auch Nachteile, da sie bei Sonnenschein Lichtreflexionen hervorrufen können.

Bei größeren Wurfweiten sowie beim Abendsprung ist die Verwendung von gut sichtbaren Schnüren vorteilhaft, da noch zu erkennen ist, wo sich in etwa die Fliege befindet. Beim Nymphenfischen mit einer solchen Schwimmschnur können selbst zarte Bisse sehr früh erkannt werden. Aus ästhetischen Gründen wird man dezenteren Farben, die trotzdem gut sichtbar sind, den Vorzug geben und auf popfarbene verzichten.

Eine schlecht abgelegte oder abgehobene Schnur hat wesentlich mehr Scheuchwirkung als ihre Farbe. Deshalb ist es wichtig, dass die Schnur erst gar nicht in den Sichtbereich des Fisches kommt. Mit einem ausreichend langen Vorfach, richtig und sachte abgelegt, lässt sich dieses Problem verringern.

2.1.5 Die Pflege der Fliegenschnur

Die ursprünglich glatte und geschmeidige Oberfläche einer Schnur geht nach einiger Zeit im Gebrauch durch die Verunreinigungen im Wasser verloren. Sie wird stumpf und gleitet beim Werfen nicht mehr so gut durch die Rutenringe. Durch diese Ablagerungen, die Wasser aufnehmen, wird die Schnur nach unten gezogen. Verzögern lässt sich diese Erscheinung, wenn man nach jedem Fischertag die Schnur durch ein Taschentuch zieht, um diese Schmutzpartikel nicht erst antrocknen zu lassen. Mit der Zeit bekommt jedoch jede Schnur eine etwas rauere Oberfläche oder sogar feine Haarrisse. Sie muss zur Erhaltung ihrer Schwimmfähigkeit und Lebensdauer mit einem geeigneten Pflegemittel in gewissen Zeitabständen aufgefrischt werden. Dafür gibt es in den Fachgeschäften geeignete Schnurreiniger, auch Line-Dressing genannt. Die Handhabung ist denkbar einfach. Die Flugschnur wird zuerst so lange durch einen mitgelieferten Schaumstoff- oder raueren Lappen gezogen, bis alle Rückstände entfernt sind. Anschließend wird das dickflüssige Gel des Schnurreinigers mit einem feinen Lappen auf die Flugschnur aufgetragen. Die Schnur schießt und schwimmt wieder perfekt.

Fliegenschnüre sind empfindlich gegenüber Quetschungen sowie Abschürfungen; übermäßige Sonneneinwirkung sowie Hitze, Insektenschutzmittel und Sonnenöle machen sie brüchig und lassen sie schneller altern.

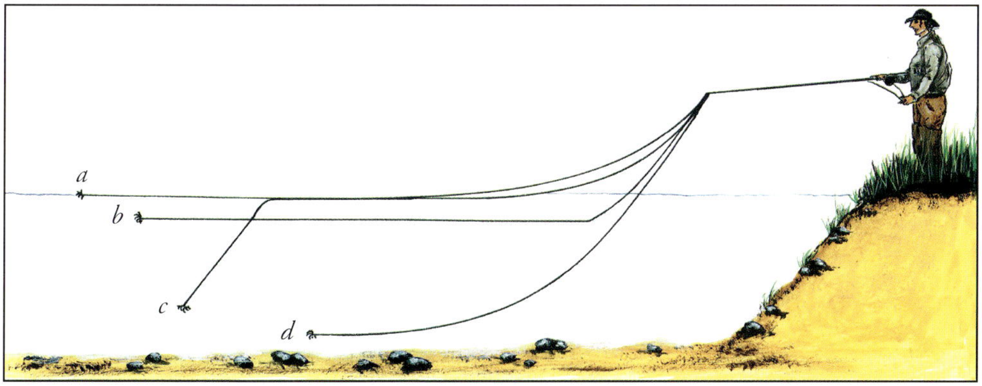

a = Trockenschnur (F = floating)
b = Intermediate (I = intermediate)
c = Sink Tip Leine (F/S = floating/sinking)
d = Sinkschnur (S = sinking)
Abb. 6: Schwimm- oder Sinkeigenschaften der Fliegenschnüre

2.2 Die Rute

Die Faszination des Flugangeln ist eigenartigerweise stark mit der Gerätschaft verbunden, insbesondere mit der grazilen Rute, die ähnlich wie die Waffe des Jägers, nahezu zum Kultobjekt erhoben wird. In der Tat ist es die Rute, die von kundiger Hand geführt, zum Mittler perfekter Wurfbewegungen wird und mit der Schnur, Rolle sowie dem Werfer eine harmonische Einheit bildet, deren Eleganz auch einem Laien sofort auffällt. Die Ästhetik gelungener Würfe kann selbst ein zeitweise erfolgloses Angeln immer noch freudvoll gestalten.

Zunächst wird man sich für das Material der Fliegenrute entscheiden müssen. In der Regel wird das eine Rute aus Kohlefaser sein. Die Rute aus gesplieẞtem Bambus, in reiner Handarbeit hergestellt, bleibt Liebhabern vorbehalten, hat jedoch durchaus auch heute noch ihre Berechtigung, aber auch ihren Preis. Als nächstes müssen die Länge und die Schnurklasse der Rute bestimmt werden, die sich nach der Art des Gewässers, den Methoden und der Größe der zu fangenden Fische zu richten haben.

2.2.1 Die richtige Länge und Schnurklasse

Als Erstanschaffung bietet sich eine 8,6 Fuß (ft) lange Rute der Schnurklasse 5 bis 6 an (1ft = 30,48 cm) an. Diese Rutenlänge und Klasse kann an den meisten Gewässern universell eingesetzt werden. Mit ihr können sowohl kleinere als auch größere, buschige Trockenfliegen makellos serviert, aber auch beschwerte Nymphen und Streamer tadellos geworfen werden. Soll mit dem Streamer an Talsperren und Seen oder sogar auf Meerforelle oder Lachs gefischt werden, kommt man nicht umhin, sich eine weitere Rute anzuschaffen. Hier ist eine mindestens 9 Fuß lange Rute erforderlich, die mit den Schnurklassen 7 bis 9 harmoniert. Als Grundausstattung reichen also im Prinzip die beiden oben beschriebenen Modelle aus.

Später, mit fortschreitender Fertigkeit und der Freude am Watfischen in Flüssen, wird man sich eine kürzere 7,2 Fuß lange Rute der Schnurklasse 5/6, oder an buschreichen und überwachsenen Bächen und kleineren Flüssen, eine der Schnurklasse 4/5 zulegen, um nicht ständig im Geäst hängen zu bleiben. Wird jedoch vom Ufer aus an kleinen, offenen mit wenig Buschwerk bestandenen Gewässern gefischt, kann eine längere Rute von 9,6 bis 10,00 Fuß der Schnurklasse 4/5 hilfreich sein, um mit sparsamen Bewegungen die Fliege zum Fisch hin zu dirigieren.

Jetzt gilt es noch festzulegen, ob die Ruten zwei- oder mehrteilig sein sollen. Letztere sind beim Reisen sehr praktisch. Das Wurfverhalten, der um einiges teureren, mehrteiligen sogenannten Reise-Rute, ist gegenüber einer zweigeteilten nahezu ebenbürtig.

2.2.2 Die Rutenaktion

Das Biegeverhalten einer Rute unter Belastung kann vom Hersteller durch ihren Aufbau bestimmt werden. Man spricht hier von der Rutenaktion. Sie kann schnell, mittelschnell und langsam sein. Die Ruten werden im Wesentlichen in die Kategorien ***Spitzen- (hart) = Tip-Flex, Progressive (mittel) = Mid-Flex und Parabolische Aktion (weich) = Full-Flex*** *eingeteilt (siehe Abb. 7, Seite 22).*

Es gibt jedoch auch fließende Übergänge. Dabei ist zu berücksichtigen, dass die ***statische Aktion***, d.h. der Verlauf der Krümmungslinie unter Belastung, nicht immer mit der ***dynamischen***, die sich beim Werfen ergibt, übereinstimmen muss. Auch die Einteilung in schnell bei der Spitzen-, mittelschnell bei der Progressiven und langsam bei der Parabolischen Aktion ist problematisch und schwer zu bewerten. Denn wo endet schnell und wo beginnt langsam? So kann zum Beispiel eine parabolische Aktion durchaus schnell sein. Eindeutig lässt sich das nur über einen direkten Vergleich zweier oder mehrerer Ruten gleicher Länge und Schnurklassen, bei Belastung durch das gleiche Gewicht der Leine bestimmen. In der Praxis bedeutet das für den Käufer, dass er die Auswahl unter den unterschiedlichen Modellen nicht im Geschäft selbst, sondern beim Probewerfen auf einer Wiese oder noch besser an einem stehenden Gewässer treffen sollte. Obwohl jede Rute einen optimalen Belastungsbereich hat, wird ein gutes Fabrikat mit mehreren Schnurklassen harmonieren. Das heißt, mit der angegebenen Schnurklasse und mit einer darüber und darunter. Bis zur Klasse 8 liegt der jeweilige Klassensprung unter 2 gr. Fischt man zum Beispiel sehr viel auf kürzere Distanzen, macht es Sinn, die Rute mit einer Schnur der höheren Klasse zu versehen, da die Rute beim Werfen durch die schwerere Leine besser aufgeladen wird. Daraus folgt, dass sich die Aktion der Rute durch den Einsatz unterschiedlicher Schnurklassen bzw. Leinengewichte modifizieren lässt.

Der Anfänger sollte erst einen Fliegenfischerkurs absolvieren, um sich das nötige Urteilsvermögen anzueignen, das für die Auswahl einer Fliegenrute notwendig ist. Der Fortgeschrittene wird auf den Rat und die Erfahrung eines soliden und angesehenen Fachgeschäftes nicht verzichten.

Für welche Aktion man sich letztendlich entscheidet, ist eine Frage der persönlichen Vorliebe oder anders ausgedrückt, eine Frage des Temperaments, des Wurfstils und Könnens, aber auch der verschiedenen Voraussetzungen am Wasser und des Einsatzbereiches.

Ob einem deutschen oder ausländischen Fabrikat der Vorzug gegeben wird, ist nachrangig, entscheidend ist eine erstklassige Verarbeitung. Sämtliche Ruten sollten einen ausreichend dimensionierten Zigarrengriff von mindestens 19 cm Länge aufweisen, damit beim Werfen die Hand genügend Platz für die Daumen/Zeigefinger- oder Zeigefinger-Haltung findet *(Abb. 8, Seite 23).*

Sowohl dem Anfänger als auch dem Fortgeschrittenen muss stets bewusst sein, dass das Werfen nicht Selbstzweck, sondern Mittel zum Zweck ist, um eine Fliege dem Fisch verführerisch anzubieten und diesen dann auch sicher zu landen. Wenn man weiter bedenkt, dass die meisten Fische in einer Entfernung von bis zu 15 Metern gefangen werden, wird einem klar, dass der manchmal zu beobachtende und propagierte ***„Weitenwahn"*** bei der Auswahl einer Rute ein schlechter Ratgeber ist.

Beim klassischen Lachsfischen sind sogenannte Zweihandruten zwischen 13 und 15 Fuß Länge üblich. Dieses Spezialgerät, vor allem in den skandinavischen Ländern bevorzugt, wird mit beiden Händen geführt und wirft Leinen der Schnurklasse 10 bis 12.

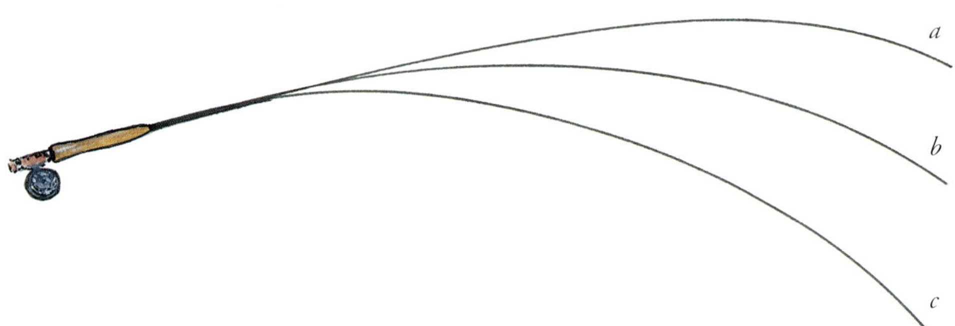

a = Tip-Flex = Spitzenaktion = hart
b = Mid-Flex = Progressive Aktion = mittel
c = Full-Flex = Parabolische Aktion = weich

Abb. 7: Die statische Rutenaktion

Abb. 8: Ruten und Rollen für unterschiedliche Schnurklassen
Alle Ruten haben einen ausreichend dimensionierten Griff für die Daumen-Zeigefinger-Haltung

2.3 Die Rolle

Nach der Fliegenrute hat die Rolle für den Fliegenfischer eine hohe Anziehungskraft, die sich auch im Preis niederschlägt. Ich denke da insbesondere an die leise schnurrenden Meisterstücke von Ari t' Hart, Bo Molin oder an die von Bogdan oder Walker. Dabei hat die Rolle im Vergleich zu Rute, Schnur, Vorfach und Fliege eine eher untergeordnete Bedeutung für das Fliegenfischen, es sei denn, man fischt auf größere und kampfstarke Fische wie Stealhead, Lachs oder Tarpon. Welche Anforderungskriterien sind bei der Auswahl einer Rolle zu beachten? Zunächst muss die Rolle ausreichend Platz für die gewünschte Schnur sowie für die Nachschnur haben. Für das Fischen auf Äschen und Forellen reicht ein einfaches Modell (single action), ohne einem besonders aufwendigen Bremssystem; das spart sowohl Geld als auch Gewicht ein. Für den Bereich der Schnurklasse 4 bis 6 wird man mit 50 bis 80 Meter Backing bei einer Tragkraft von 20 lbs auskommen. Ab Schnurklasse 7 aufwärts, sollte man mindestens 100 Meter Nachschnur mit einer Tragkraft von 30 lbs, vorsehen.

Dabei darf die Spule der Rolle aber nicht so voll werden, dass die Leine an den Stegen schleift. Die Rollenhersteller liefern zwar Angaben über das jeweilige Fassungsvermögen in Form von Leinenklasse, Leinenart und Länge des Backings (etwa WF 6 + 80m/20lb Backing), jedoch sind dies nur Richtwerte. Am einfachsten lässt sich das Fassungsvermögen der Rolle feststellen, wenn zuerst die Fliegenschnur und anschließend die Nachschnur aufgewickelt wird, bis die richtige Füllmenge, das sind etwa 5 mm unter den Rollenstegen, erreicht ist. Dann wird alles wieder abgespult und mit dem Backing beginnend, neuerlich aufgespult. Das wird am besten im Freien erledigt, wo in einer Länge alles abgelegt und gleichzeitig die vorhandene Schnurreserve festgestellt werden kann. Ausreichendes Backing ist nicht nur im Hinblick auf einen kapitalen Fisch notwendig, sondern dient auch als Unterfütterung der Flugleine, da sie nicht ganz so eng um den schmalen Spulenkern aufgewickelt ist und deshalb beim Abziehen der Schnur auch weniger kringelt (Memory-Effekt). Außerdem geht das Einholen schneller, denn durch den größeren Durchmesser bei halbvoller Spule wird bei jeder Umdrehung mehr Schnur aufgewickelt, als bei fast leerer. Ein mindestens 5 mm freier Spielraum zwischen Flugschnur und Spulenrand muss verbleiben, denn während des Fischens wird die Schnur immer etwas locker aufgewickelt und könnte an den Stegkanten gequetscht werden.

Will man den leidigen Memory-Effekt von vornherein möglichst gering halten, bei gleichzeitig höherer Schnuraufnahme pro Kurbelumdrehung, schafft man sich am besten gleich eine Großkernrolle (Large Arbor Reel) an, die heute von jedem renommierten Hersteller produziert und von den Fachgeschäften angeboten wird. Wie der Name schon sagt, besitzen diese Rollen einen größeren Spulendurchmesser, der nicht nur die Einholgeschwindigkeit beim Aufrollen der Schnur wesentlich erhöht, sondern auch für eine konstante Spannung der Leine beim Abziehen durch den Fisch und für eine gleichmäßigere Bremswirkung sorgt. Rollen der Schnurklasse 4 bis 6 (Typ single action) kommen ohne ein besonders aufwendiges Bremssystem aus, allenfalls besitzen sie eine Hemmung in Form einer gefederten Klickbremse, die jedoch nur das unkontrollierte Überlaufen der Spule verhindert. Beim Drill eines stärkeren Fisches kann mit dem Handballen oder einem Finger feinfühlig am überstehenden Spulenrand („rim-control“) gebremst werden.

Anders verhält es sich bei Rollen ab Schnurklasse 7, die dann zum Einsatz kommen, wenn mit kampffreudigen großen Fischen zu rechnen ist. Ein frischaufgestiegener atlantischer oder pazifischer Lachs, aber auch ein Bonefish oder Tarpon würde beim Mitbremsen mit der Hand unhaltbar davon stürmen und den enttäuschten Fischer mit einer lädierten Hand zurücklassen. Bei dieser Art von Fischen sollte man sich nur für eine hochwertige Rolle entscheiden, wenn man sich nicht selbst betrügen will. Welchem Bremssystem man den Vorzug geben will, ist nachrangig; ausschlaggebend ist die Funktionalität und Robustheit. Zum Beispiel haben sich Antireverse-Rol-

len, die ein Mitdrehen des Griffes bei Schnurabzug verhindern, sowohl beim Salzwasser-, als auch beim Süßwasser-Fliegenfischen bestens bewährt.
Jedoch auch Rollen mit Korkscheibenbremsen, die absolut gleichmäßig arbeiten, sind für härteste Einsätze hervorragend geeignet.
Die Bremsen aller Rollen müssen nach dem Fischen stets gelöst werden, damit die Kompressionsfähigkeit der Bremsscheiben erhalten bleibt.
Ob die Kurbel an der Rolle lieber auf der linken oder rechten Seite betätigt werden soll, muss jeder selbst entscheiden. Ein Rechtshänder wird normalerweise die Rute mit der rechten Hand führen und die Rolle mit der Linken bedienen.

Traditionalisten bevorzugen den Sitz der Kurbel lieber an der rechten Seite der Rolle, da sie befürchten, dass sich die Leine beim Werfen in die Kurbel einhängen könnte und sie vielfach den Fisch über die Schnurhand drillen. Das bedeutet, die Schnur wird mit der Schnurhand gebremst und auch eingeholt. In diesem Fall hat die Rolle nur die Aufgabe der Schnuraufbewahrung, da ihre ganze Funktion auf die Hand übertragen wird. Das funktioniert jedoch nur bei kleineren Fischen.
Bei wehrhaften Fischen wird in sinnvoller Weise das Bremssystem eingesetzt, mit der Maßgabe, dass der Rechtshänder die Rute in die linke Hand wechseln muss, da sich ja die Kurbel auf der rechten Seite befindet.

Die Übersetzungsrollen (Multiplier Rollen), die halb und ganzautomatischen Rollen haben wegen ihres höheren Gewichts und ihrer Störanfälligkeit an Bedeutung verloren und werden hier nicht besprochen.

2.4 Das Vorfach

2.4.1 Die Funktion

Die Bedeutung des Vorfachs für das Fliegenfischen wird häufig unterschätzt. Die Anforderungen an das Vorfach als Übergang von der relativ dicken Fliegenschnur zur Fliege sind vielfältiger Natur.
In der Wurfphase soll die Energie von der sich streckenden Wurfleine auf das Vorfach, bis hin zur Spitze und der daran befestigten Fliege übertragen werden. Auf dem Wasser abgelegt, soll das Vorfach möglichst unsichtbar und gestreckt, natürlich abtreibend, die Fliege dem Fisch unverdächtig präsentieren. Andererseits muss es stark genug sein, um dem Anhieb und Drill standzuhalten. Darüber hinaus hat es die Aufgabe, die Trockenfliege über Wasser zu halten sowie die Nymphe oder den Streamer auf Tiefe zu bringen. Erst das richtige Profil und die ge-

eignete Länge ermöglichen es, verschiedensten Gewässersituationen und Fischereitaktiken besser gerecht zu werden.

2.4.2 Das Vorfachprofil

Für das gute Abrollen und Strecken des Vorfachs ist entscheidend, dass die Verjüngung der Flugleine im Vorfach weiterläuft. Daher ist es notwendig, den Anfang des Vorfachs der Stärke des Endes der Fliegenschnur anzupassen. Dieser so genannte Kraftübertragungsteil, auch butt section genannt, sollte mit einem mindestens 0,50 Millimeter starken Abschnitt beginnen, weil Fliegenschnüre der Gewichtsklasse fünf bis sieben rund 0,80 Millimeter dick sind. Im Mitteilteil (mid section) erfolgt eine meist kürzere stufenweise Reduzierung des hohen Anfangdurchmessers. Das Ende des Vorfaches bildet eine dünne Spitze (tippet) von mindestens 60 cm, deren Durchmesser bis zu 0,10 Millimeter betragen kann *(Abb. 9, Seite 26)*.

Bei leichteren Leinen als der Schnurklasse 5 ist auch ein weniger starker Anfang des Kraftübertragungsteils ausreichend.

Beim Nymphenfischen erzielt man durch die Wahl eines geringeren Durchmessers der ersten Sektion des Kraftübertragungsteils und eines länger abgestuften Mittelteils sowie einer sehr langen Spitze, ein weicheres Vorfach, das sich zwar nicht mehr so gut strecken, aber dafür schneller sinken wird.

A = Fliegenschnur
B = Dickes Vorfachende = butt section
C = Mittelteil = mid section
D = Dünnes Vorfachende = tippet

Abb. 9: Aufbau eines Fliegenvorfachs
Ein erstklassiges Vorfach muss eine gute Streckung, ein sanftes Aufsetzten sowie eine natürliche, dreggfreie Drift der Fliege ermöglichen.

2.4.3 Vorfachlänge

Welche Länge soll nun ein Vorfach haben? Es muss so lang wie notwendig und so kurz wie möglich sein. Je weiter die Fliege von der Flugschnur entfernt ist, desto mehr Bisse sind zu erwarten, jedoch wirft sich ein kürzeres Vorfach besser.

Bei punktgenauen Würfen, wie zum Beispiel beim Trockenfliegenfischen, wo unmittelbar nach dem Wurf mit einem Anbiss zu rechnen ist und das Vorfach im Ablegen schon möglichst gestreckt sein sollte, sind kürzere und steifere Vorfächer mit 9 Fuß oder 2,70 m Länge der Standard. Kürzere nimmt man bei starkem Wind, in kleinen Fließgewässern und vor allem dort, wo es darauf ankommt, die Fliege schnell zu servieren, wie zum Beispiel in den schnellen Voralpenflüssen.

Beim Nymphenfischen sind weichere Vorfächer mit einer Mindestlänge von 3,10 Metern erforderlich. Zum Beispiel kann mit einer Schwimmschnur eine beschwerte Nymphe an einem längeren und weicheren Vorfach, das sich nicht so gut streckt, manchmal sogar in Kringeln stromaufwärts auf das Wasser fällt, schneller auf Tiefe gebracht werden. Das Vorfach und die Fliege sinken ab und werden von der Strömung in die Fischzone transportiert, während die schwimmende, gut sichtbare Schnur bei der Bisserkennung hilft. Bei sämtlichen Stromab-Methoden wie Nassfliegen-, Nymphen- Streamer- und gelegentlich auch beim Trockenfliegenfischen übernimmt die Strömung die Streckung des Vorfaches.

2.4.4 Die Vorfachtypen

Bis vor wenigen Jahren mussten wirklich gute Vorfächer nach einer Formel, die noch auf den Empfehlungen von Altmeister Ritz beruhen, selbst geknüpft werden. Inzwischen werden von der Industrie Vorfachtypen mit unterschiedlichen Eigenschaften angeboten:

2.4.4.1 Geflochtene (braided) und getwistete (furled) Vorfächer

Bei geflochtenen Vorfächern wird der Kraftübertragungsteil und der Mittelteil aus Polypropylen oder Dyneemafasern geflochten, während die getwisteten durchgehend konisch aus Monofilen verzwirnt werden.

Der Kraftübertragungsteil, der am dickeren Ende eine kleine Geflechtschlaufe besitzt, geht, sich stetig verjüngend, ohne Stufung und Knoten in den Mittelteil über. Der Spitzenteil dieser Vorfächer ist aus Nylon oder Fluorocarbon (Polyvinylidenfluorid) und wird mittels einer Schlaufe oder eines Metallringes am unteren Ende des Mittelteils angeknotet. In der Regel sind das strapazierfähige Vorfächer mit guten Streckeigenschaften (turn over), können fast ohne Drall (Memory-Efffekt) von der Fliegenrolle abgezogen werden, sind jedoch unelastisch. Manche Modelle zeigen einen sogenannten Spray-Effekt, indem sie sich mit Wasser vollsaugen und dieses beim Werfen wieder freigeben. Einige Leerwürfe bis das Vorfach entwässert ist, außerhalb der Sichtweite des Fisches, schaffen Abhilfe, um anschließend dieses wieder unauffällig ablegen zu können. Die Geflecht-Vorfächer werden in verschiedenen Längen und für unterschiedliche Einsatzbereiche angeboten. Neben den Vorfächern für das Fischen an der Oberfläche gibt es auch solche für das Fischen unter der Wasseroberfläche bis in große Tiefen. Wird im Geflecht der Sink-Vorfächer Kupfer oder Blei verarbeitet, können unterschiedliche Sinkgeschwindigkeiten erzielt werden. Sink-Vorfächer dieser Art schwingen beim Wurf wegen der gewollt unausgewogenen Gewichtsverteilung nach; je schwerer sie sind, desto mehr klopfen sie im Wurf.

2.4.4.2 Gezogene konische (knotenlose) Vorfächer (knotless tapered)

Die konisch gezogenen, knotenlosen Vorfächer sind in den letzten Jahren enorm verbessert worden. Sie sind für alle erdenklichen Einsatzgebiete geeignet. Der Aufbau solcher Vorfächer besteht aus drei Teilen, die ineinander übergehen oder der Mittelteil wird mit der Spitze durch einen Metallring oder einer Schlaufe (loop) verbunden. Sie sind in Längen von 2,70 m, bis zu 4,80 m im Fachhandel erhältlich. Sie eignen sich in der kürzeren Version für das Trockenfliegenfischen und in der längeren, beispielsweise zum Fischen mit der Schwimmschnur und Goldkopfnymphen in größeren und tiefen Zügen. Sie werden entweder aus Nylon oder Fluorocarbon hergestellt.

Eine ganz neue Generation von Vorfächern sind die, in einer Kombination von einem extrem festen monofilen Kern und einer sich verjüngenden, gewichtsverteilenden weichen Ummantelung. Es kommt hier zu einer für Weitwürfe idealen Gewichtsverteilung mit sehr guten Abrolleigenschaften, auch bei Wind. Da sie an beiden Enden Schlaufen haben, können sie sehr schnell mit einer monofilen Vorfachspitze (Tippet) verbunden werden. Ihre Schwimmeigenschaften bzw. Sinkgeschwindigkeiten reichen von floating über intermediate, slow sink, fast sink, super fast sink bis zu extra super fast sinking. Ihre Längen betragen 150 cm, 300 cm und 430 cm. Mit diesen Vorfächern unter Verwendung einer Schwimmleine ist man allen fischereilichen Anforderungen gewachsen.

Für Sink- oder Sink-Tip-Leinen sind sie entbehrlich, da hier ein monofiles Stück Vorfach von 80 bis 120 cm Länge ausreicht. Ein längeres hätte zu viel Auftrieb, so dass die unbeschwerte Fliege viel zu weit oberhalb der abgesunkenen Sinkschnur abtreiben würde. Außerdem wirft es sich leichter und gewährleistet besseren Kontakt zum Fisch.

2.4.4.3 Geknotete konische Vorfächer (knoted tapered)

Geknotete Vorfächer werden aus mehreren zur Spitze hin immer dünner werdendem Monofil zusammengeknotet. Der Kraftübertragungsteil und der Mittelteil sind daher mehrfach geteilt. In dieser Vielzahl von Teilstücken und Knoten kann sich Kraut festsetzen und gelegentlich Verwicklungen verursachen. Je länger ein Vorfach ist, desto mehr Knoten sind zu seiner Herstellung notwendig.

Die heute nach modernen Formeln geknoteten Vorfächer kommen mit 4 bis 6 Segmenten aus. Wer gerne experimentiert, kann sich seine eigenen Vorfach-Formeln zusammenstellen. Wer diese Vorfächer nicht selber knüpfen möchte, kann sie auch im Fachhandel erwerben.

Die Formel für einen modernen Vorfachaufbau soll anhand von zwei Beispielen erläutert werden.

Beispiel I: Vorfach von etwa 270 cm Länge, das mit 4 Segmenten und nur 3 Knoten auskommt: Butt Section entspricht der Hälfte der Gesamtlänge, in diesem Fall 135 cm einer 0,45 mm Schnur. Mid Section Teil I: Die Hälfte von Butt Section, also 67,5 cm einer 0,35 mm Schnur. Teil II: Die Hälfte von Teil I, entspricht 33,75 cm einer 0,25 mm Schnur. Die Spitze beträgt 60cm einer 0,18 mm starken Schnur und kann bis auf 100 cm verlängert werden. Die einzelnen Segmente werden mit dem Surgeon's Knoten verbunden, so dass zum Schluss genau die gewünschte Länge zurückbleibt, da der Schnurverbrauch für die Knoten in der Formel berücksichtigt ist.

Damit man jederzeit die Vorfachspitze den Erfordernissen anpassen und wechseln kann, erfolgt die Verbindung zwischen Mid Section und der Vorfachspitze, entweder über einen kleinen Schlaufenknoten, oder einen kleinen Metallring *(siehe unter „2.5 Knoten und andere Schnurverbindungen“).*

Beispiel II: 300 cm langes Vorfach, geeignet zum Meerforellenfischen sowohl im Süßwasser als auch im Salzwasser wird nach der selben Formel gebunden: Butt Section = 150 cm einer 0,50 mm Schnur, Mid Section Teil I = 75 cm einer 0,40 mm Schnur, Teil II = 37,5 cm einer 0,30 mm Schnur, Tippet: 60 cm einer 0,25 mm Schnur.

2.4.5 Tipps für Tippets

Beim Trockenfliegenfischen ist es hilfreich, wenn die letzten Zentimeter des Vorfachs entfettet werden, damit dieses Stück besser in den Oberflächenfilm eintauchen kann und so der Balkeneffekt verringert wird. Bevor mit dem Fischen begonnen wird, ist stets eine frische Vorfach-Spitze anzuknüpfen, denn sie ist sowohl statisch als auch optisch makelloser. Um eine Fliege sanft servieren zu können, muss der Durchmesser der Vorfachspitze zu ihrer Größe passen. Zum Beispiel werden buschige und damit windanfällige Fliegen an einer zu feinen Spitze durch die Luft taumeln und auch viel schlechter abtreiben, als an einem dickeren Monofil. Ein dünnes Monofil bringt nicht in jedem Fall mehr Bisse. Nicht nur die Größe, sondern auch das Gewicht der Fliege beeinflussen die Ablegeeigenschaft des Vorfaches. Wenn die Fliege beim Ablegewurf nach unten schlägt, ist das Spitzenteil zu kurz und muss verlängert werden. Steigt die Fliege hingegen auf und bricht das Monofil in sich zusammen, muss es verkürzt werden. In *Abb. 10, Seite 30* ist eine Übersichtstabelle dargestellt, aus der die Empfehlungen für die Ausgewogenheit zwischen Haken- bzw. Fliegengröße und der Vorfachspitze zu entnehmen sind. Außerdem enthält die Tabelle die Kennzeichnungen der Durchmesser der Vorfachspitzen sowohl in Inch (1 inch = 2,54 cm) als auch in mm. Manche Vorfachhersteller geben die Tragkraft des Vorfaches in pound (1 lb = 0,453 kg) an.

Hakengrößen (Redditch-Skala)

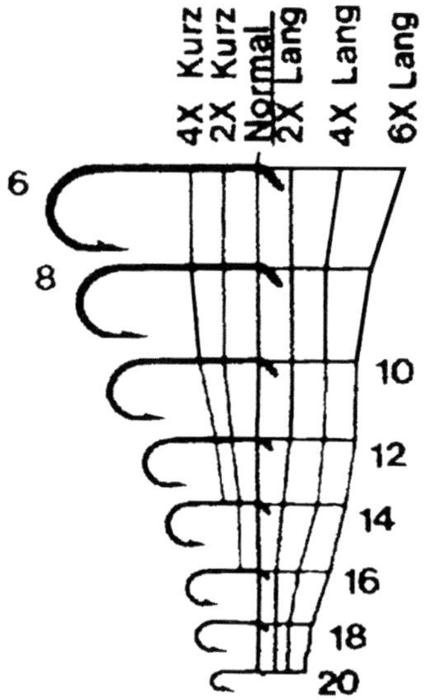

Größe	inch	mm	Fliegengröße
0 X	*.011*	*0.28*	*2, 1/0*
1 X	*.010*	*0.25*	*4, 6, 8*
2 X	*.009*	*0.23*	*6, 8, 10*
3 X	*.008*	*0.20*	*10, 12, 14*
4 X	*.007*	*0.18*	*12, 14, 16*
5 X	*.006*	*0.15*	*14, 16, 18*
6 X	*.005*	*0.13*	*16, 18, 20, 22*
7 X	*.004*	*0.10*	*18, 20, 22, 24*
8 X	*.003*	*0.07*	*22, 24, 26, 28*

Abb. 10: Durchmesser der Vorfachspitze passend zu der Fliegen- bzw. Hakengröße

2.4.6 Die Verbindung mit der Flugleine

Eines der einfachsten und besten Methoden eine dauerhafte Verbindung zwischen Vorfach und der Fliegenschnur herzustellen ist die Loop-in-Loop-Methode. Bei dieser Verbindung wird eine Schlaufe aus einer hohlen geflochtenen Schnur auf die Fliegenleine geschoben und dann mit einem kleinen Schlauch fixiert. Schnell lassen sich in diesen Loop die unterschiedlichsten Vorfächer ein- und ausschlaufen *(Abb. 11, Seite 31).*

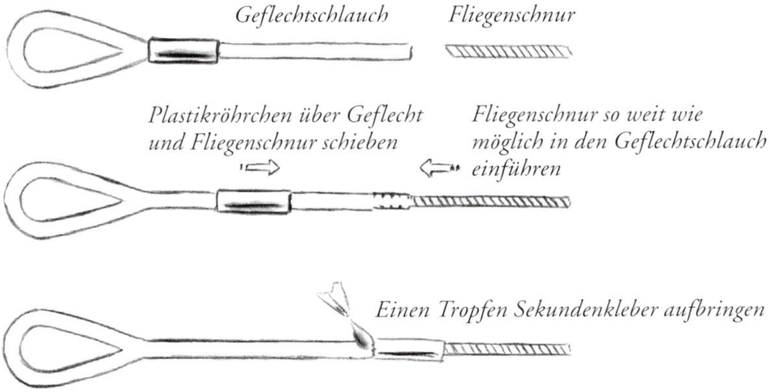

Abb. 11: Die Geflechtsschlaufe (Braided Loop)

Alle weiteren Verbindungen und Knoten sind im nunmehr folgenden Kapitel beschrieben und dargestellt.

2.5 Die Knoten und andere Schnurverbindungen

Wer in der Praxis einen Fisch nicht nur kurz haken sondern auch sicher landen möchte, kommt nicht umhin, die wichtigsten Knoten zu beherrschen.

Die Fertigkeit, Knoten auch unter widrigen Umständen, wie z.B. bei schlechten Lichtverhältnissen, Regen, Wind oder sogar bei Kälte mit klammen Fingern im richtigen Moment rasch selbst herstellen zu können, entscheidet oft über Erfolg oder Misserfolg eines Angeltages.

Jede Kette ist so stark wie ihr schwächstes Glied. Das trifft in diesem Fall insbesondere auf die Knoten zu, für die jeder Angler selbst verantwortlich ist.

Wer schon einmal erleben musste, wie sich ein Fisch verabschiedet hat, weil ein Knoten nachlässig gebunden war und dem Zug nicht standhielt, wird dieses Kapitel ernst nehmen. Dabei spielt es keine Rolle, ob es sich um eine gerade maßige Forelle oder um einen 30pfündigen Lachs handelt.

Beim Knotenbinden am Wasser kann eine Brille oder eine Polaroidbrille mit einem integrierten Vergrößerungsglas und eine kleine Taschenlampe hilfreich sein.

Bevor ein Knoten geknüpft wird, sollte die Schnur auf schadhafte Stellen untersucht werden. Bei irgendwelchen Zweifeln ist das betreffende Stück Schnur grundsätzlich abzuschneiden.

Knoten halten viel besser, wenn sie vor dem Zusammenziehen befeuchtet werden und das Festziehen nicht ruckartig sondern langsam erfolgt, damit keine Reibungshitze entsteht. Das ist auch deshalb wichtig, da man so das Kringeln des Vorfachs verhindern kann. Beim Zuziehen der Knoten ist darauf zu achten, dass die Windungen nicht übereinander rutschen, sondern sauber nebeneinander zu liegen kommen. Sie müssen gleichmäßig und so fest wie möglich zusammengezogen werden. Denn bevor ein Knoten reißt, fängt er an zu rutschen. Das heißt je fester er sitzt, desto mehr Zug kann er aufnehmen. Nach dem Zusammenziehen des Knotens sind die Enden immer knapp abzuschneiden, damit sie nirgends hängen bleiben.

Dieses in Form bringen, auch trimmen genannt, ist für die Belastbarkeit einer Verbindung von entscheidender Bedeutung. In diesem Kapitel werden nicht nur Schnur zu Schnur, sondern auch Schnur zu Hakenverbindungen beschrieben, die sich in der Praxis bewährt haben.

Die nachfolgenden Abbildungen zeigen schrittweise den Aufbau des jeweiligen Knotens und können vom Übenden gut nachvollzogen werden. Wesentliche Punkte des Knotenbindens werden durch entsprechenden Text erläutert.

Welcher Knoten für welche Verbindung?

2.5.1 Knoten zum Befestigen des Backings auf der Rollenachse

Zum Befestigen des Backings an der Spule oder Rollenachse eignet sich:

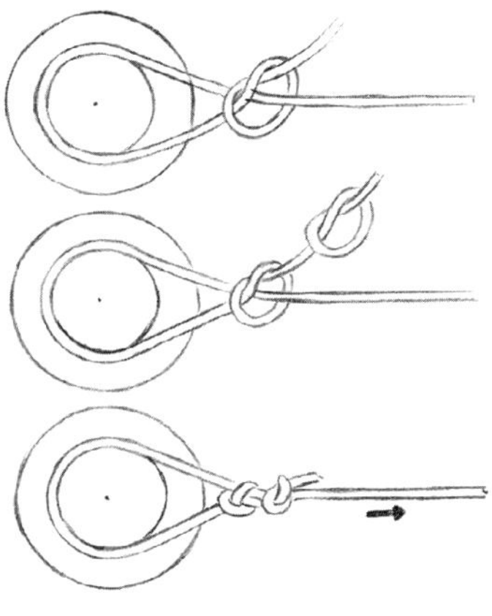

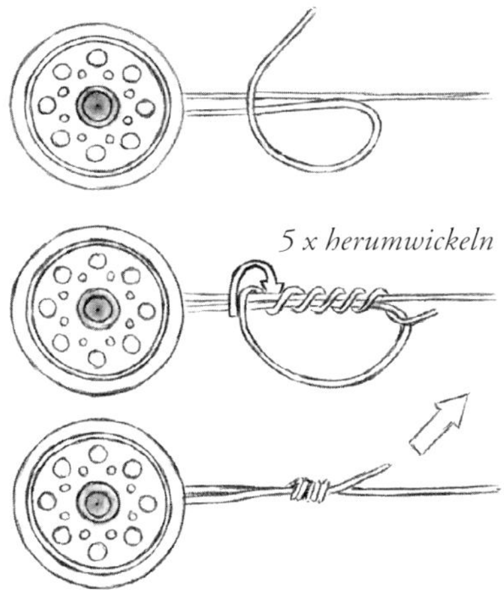

Abb. 12: Der Spulenknoten oder (Arbor- oder Reel-Knot) ***Der Uni-Knoten (Duncan-Loop)***

2.5.2 Verbindung des Backings (Rück- oder Nachschnur) mit der Flugleine:

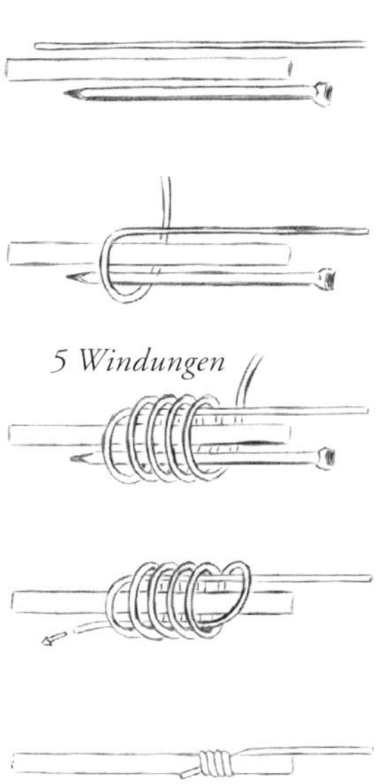

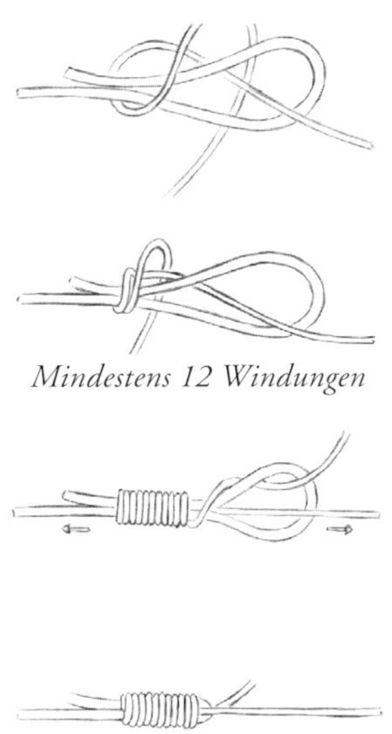

Abb. 13: Der Nagelknoten (Nail Knot) oder ***Der Albright-Knoten***

2.5.3 Verbindung zwischen der Flugleine und dem Vorfach

Hier wird zunehmend die Schlaufen zu Schlaufen-Verbindung (Loop-to-Loop Connection) favorisiert, da die meisten Fliegenschnüre und gekauften Vorfächer am Ende serienmäßig mit einer Schlaufe versehen sind *(siehe auch Abb. 11, Seite 31)*. Sollte sich jedoch an der Flugschnur keine Schlaufe befinden und muss am Fischwasser die alte Leine gegen eine neue schnell ausgewechselt werden, eignet sich als Verbindung zum Vorfach:

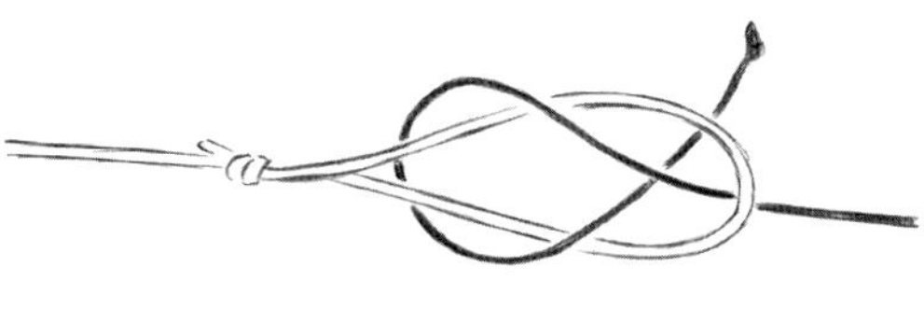

Abb. 14: Der Flaggenstich oder

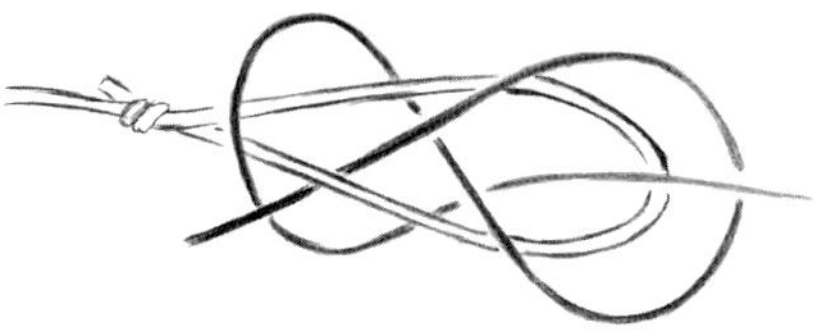

Der Achterknoten

Knüpft man seine Vorfächer selber, empfiehlt sich als Endschlaufenknoten:

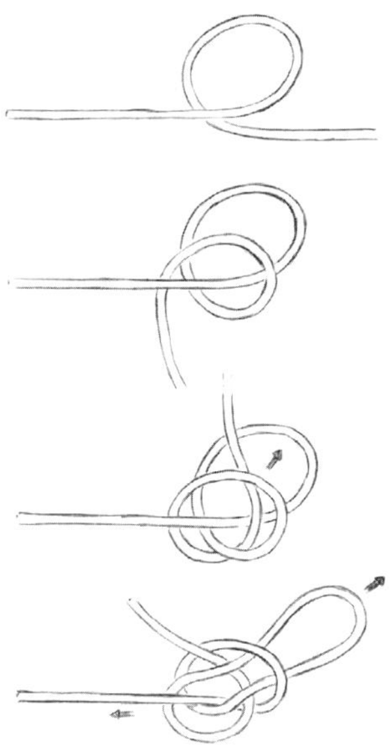

Abb. 15: Der Perfection Loop oder

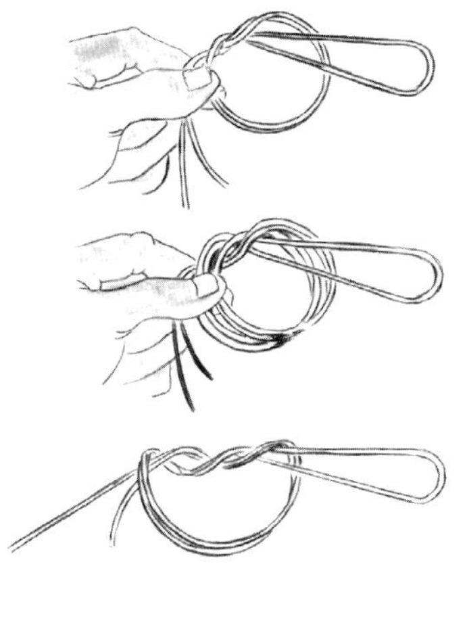

Die Chirurgenschlaufe (Surgeon's Loop)

2.5.4 Verbindung zwischen dem unteren Ende des Vorfachmittelteils und der Vorfachspitze

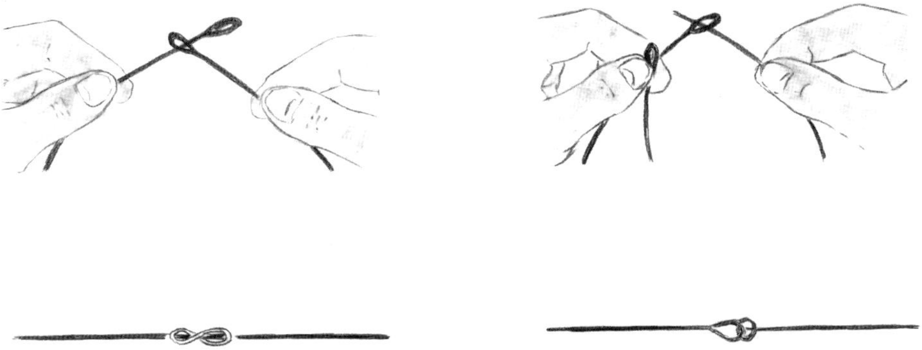

Abb. 16: Dazu eignet sich die ***Loop-to-Loop Connection*** für die der oben aufgeführte Endschlaufenknoten oder die Chirurgenschlaufe verwendet werden kann.

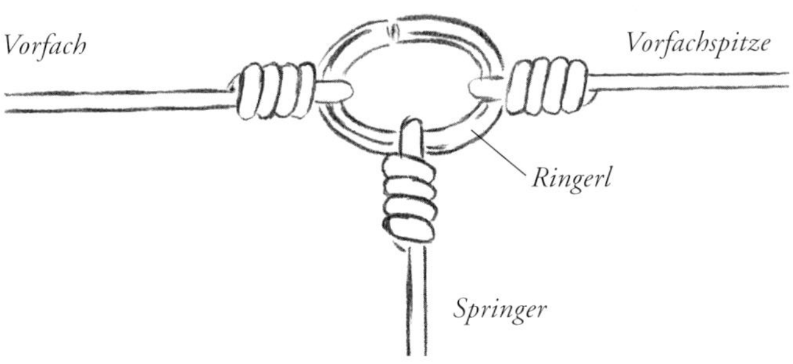

Abb. 17: Als weitere Alternative bietet sich ein ***kleiner Metallring*** an, der am unteren Ende des Vorfachmittelteils angeknotet wird und es ermöglicht, immer wieder die Vorfachspitze zu erneuern, ohne die Länge des Vorfachs einzukürzen. Da diese Öse extrem leicht ist, eignet sie sich auch für schwimmende Vorfächer und beeinträchtig das Abrollverhalten des Vorfachs in keiner Weise. Darüber hinaus kann sie für das Anbinden von Springern verwendet werden. Dennoch besitzt dieses Ringerl aus Speziallegierung eine Tragkraft von ca. 6 kg. Dieser Metallring wird am besten mit dem verbesserten ***Klammerknoten (Improved Clinch Knot)*** befestigt.

2.5.5 Verbindung von Vorfachspitze und Fliege

Als Universalknoten zwischen Fliege und Vorfachspitze gilt:

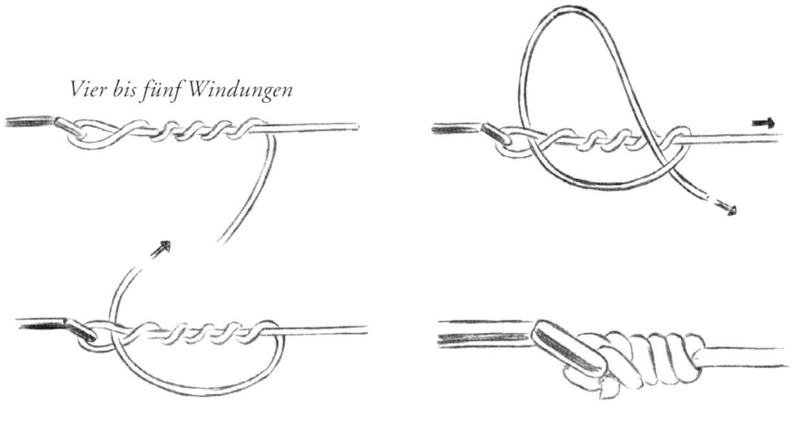

Abb. 18: Der verbesserte Klammerknoten (Improved Clinch Knot) *oder*

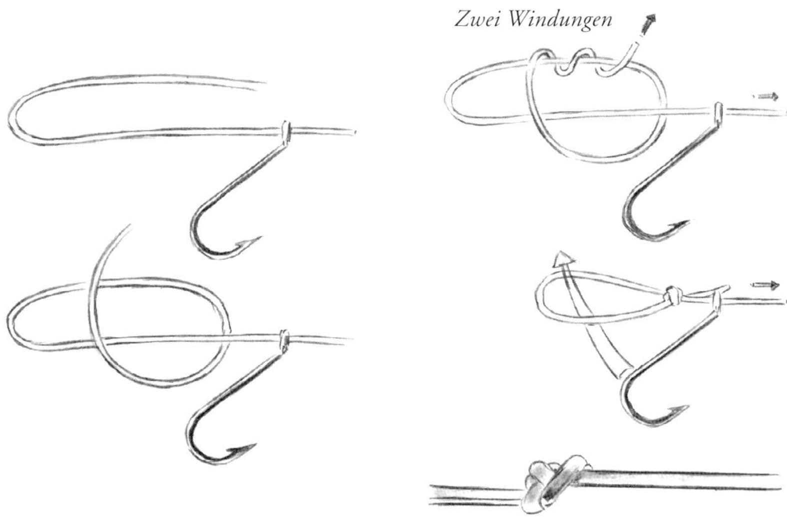

Abb. 19: Der verbesserte Turleknoten (Improved Turle Knot)

als Verbindung von Vorfach und Fliege kann bei Haken mit nach unten oder nach oben abgeschrägten Öhr verwendet werden. Da das Vorfach geradlinig durch das Öhr geführt wird, setzt die Fliege immer korrekt auf der Wasseroberfläche auf.

2.5.6 Das Anbringen zusätzlicher Fliegen am Monofilvorfach

Wenn der Fliegenfischer einen Springer am Vorfach befestigen möchte, benötigt er hierzu eine rechtwinklig abstehende Schlaufe.

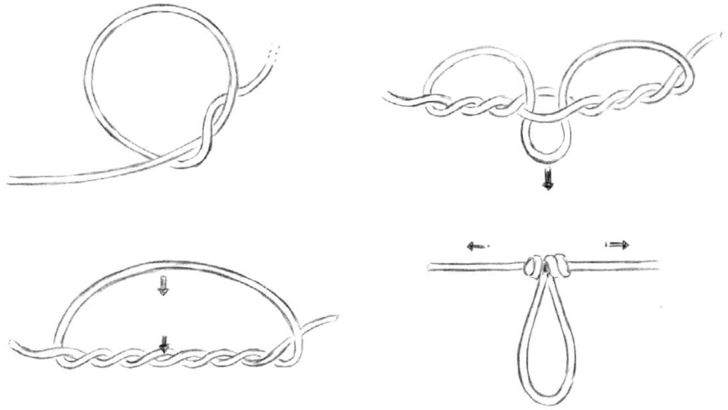

Abb. 20: Die Springerschlaufe (Dropper Loop)

2.5.7 Verbindung zweier Schnurenden

Um zwei Schnurenden gleicher oder unterschiedlicher Stärke miteinander zu verbinden, wird heute nicht mehr der Blutknoten favorisiert, sondern der sichere und einfach zu bindende Chirurgenknoten.

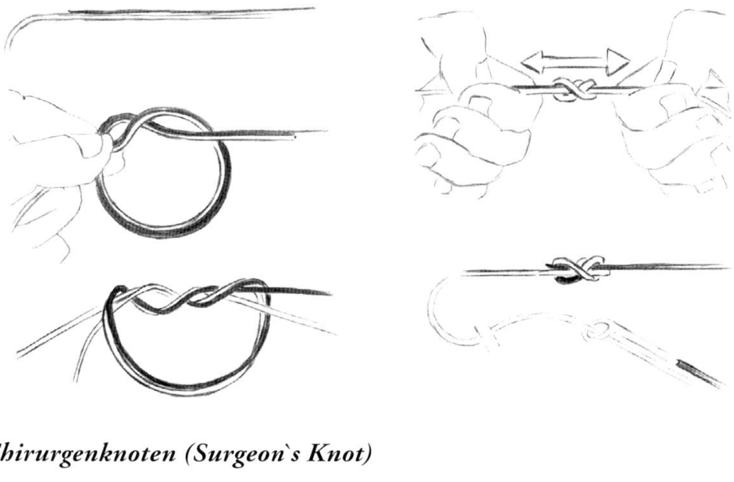

Abb. 21: Chirurgenknoten (Surgeon`s Knot)

2.6 Checkliste für Ausrüstung und Zubehör

Der zukünftige Fliegenfischer benötigt eine Checkliste für seine Erstausrüstung um sich über den Umfang des Notwendigen ein Bild zu machen und später beim Kauf, Wichtiges von Unwichtigem unterscheiden zu können.

Kataloge der Fachgeschäfte können ihm dabei helfen, eine Auswahl zu treffen und die Preise zu vergleichen.

Der fortgeschrittene Fliegenfischer wird sich vor einem Angelausflug oder Urlaub darüber Gedanken machen müssen, was er alles benötig, um nicht später am Wasser feststellen zu müssen, das eine oder andere vergessen zu haben *(Siehe auch Abb. 22, Seite 39)*.

2.6.1 Fliegenrute

Die Auswahl erfolgt nach der benötigten Schnurklasse, eine weitere Rute in Reserve hat noch nie geschadet.

2.6.2 Rolle

Die Rolle muss mit der aufgespulten Leine zur Schnurklasse der Rute passen. Evtl. Ersatzspule oder Rolle mit entsprechender Leine.

2.6.3 Vorfachmaterial

Genügend Vorfächer und vor allem Vorfachspitzen einzeln auf kleinen Plastikspulen oder im Vorfachdispenser in den benötigten Stärken. Für das Forellen- oder das Äschenfischen in den Stärken 0,14, 0,16, 0,18 und 0,20 mm; für das Streamer- und Lachsfischen 0,25 und 0,35 mm.

2.6.4 Bissanzeiger

Als Indikator und Sichthilfe für das Nymphenfischen unentbehrlich.

2.6.5 Fliegendosen

Um stets eine Übersicht über seinen Fliegenvorrat zu behalten, hat sich eine größere Fliegenbox als Vorratsbehälter mit herausnehmbaren Plastik-Einsätzen bewährt. Aus ihr können je nach Bedarf die Einsätze in die dazu passenden kleineren Fliegendosen umgesetzt werden.

2.6.6 Clip und Nadel

Zum Abschneiden von Vorfachmaterial und überstehenden Knotenenden mit einer oftmals integrierten Nadel zum Aufstechen verklebter Nadelöhre.

Abb. 22: Zubehör für Fliegenfischer

2.6.7 Arterienklemme

Sie ist für den Fliegenfischer unerlässlich, denn mit ihr kann man den Widerhaken an der Fliege andrücken oder den Haken aus dem Maul des Fisches schonend lösen. Dazu sollte sie wenigstens im vorderen Bereich glatte Innenbacken aufweisen, damit Fliege und Haken nicht beschädigt werden. Außerdem muss sie lang und kräftig genug sein, um selbst Streamer oder Lachsfliegen aus dem Fischmaul lösen zu können.

2.6.8 Fliegenfett

Für das Fischen mit der Trockenfliege, ausgenommen solche mit Entenbürzelfedern, ist dieses Schwimmmittel unerlässlich. Auf eine erstklassige Qualität ist zu achten, da ansonsten die Gefahr besteht, dass die Fliege verklebt wird.

2.6.9 Sinkmittel

Wichtig, um damit nur die Vorfachspitze beim Trockenfliegen- oder das ganze Vorfach beim Nassfliegen- oder Nymphenfischen zu entfetten und dessen Sinkeigenschaft zu verbessern.

2.6.10 Amadou

Um eine ausgefischte Fliege vom Fischschleim zu befreien, muss sie erst gewaschen und dann von der größten Nässe durch Ausblasen befreit werden. Anschließend wird sie zwischen die Seiten des Amadou-Schwämmchens gelegt um die Restfeuchte aufzusaugen. Hat man diesen aufwendig aufbereiteten Baumschwamm nicht zur Verfügung, tun es auch ein paar Luftwürfe.

2.6.11 Messer und Fischtöter

Beim Forellen- und Äschenfischen reicht ein gewichtiges Taschenmesser aus, um den Fisch zu betäuben und durch einen gezielten Herzstich zu töten. Beim Lachsfischen ist jedoch ein Priest aus Horn oder Metall unerlässlich, will man das edle Tier nicht mit einem Stein oder einem schweren Stück Holz in unwürdiger Weise abschlagen. Sehr gut bewährt haben sich Klappmesser mit einem integrierten Metallkopf.

2.6.12 Maßband

Ein kleines und leichtes Maßband in Form einer Miniatur-Rolle sollte in jeder Fliegenfischerweste Platz finden.

2.6.13 Taschenlampe

Wenn beim Abendsprung eine neue Fliege oder ein Vorfach angeknüpft werden soll oder auch beim „Heimleuchten" ist sie unentbehrlich. Sie ist heute in verschiedenen Miniatur-Ausführungen erhältlich und passt in jede Fliegenfischerweste.

2.6.14 Fliegenfischerweste oder Brusttasche

Fliegenfischerwesten gibt es in verschiedenen Ausführungen und Qualitäten. In ihnen sollte das beschriebene Zubehör verstaut werden können.

Als eine sehr gute Alternative bietet sich eine Brusttasche an, die mit einem Nackengurt versehen ist und deren Taschen sich in Brusthöhe und Griffweite befinden. Selbst beim Tiefwaten bewahrt sie alle notwendigen Utensilien trocken auf. Durch ihren geringen Umfang und ihr leichtes Gewicht trägt sie sich im Sommer besonders angenehm und gewährt volle Bewegungsfreiheit beim Werfen. Sie kann auch als Hüfttasche getragen werden.

2.6.15 Polarisationsbrille

Jede Art des Fliegenfischens ist ohne Augenschutz grob fahrlässig, denn nicht nur bei Wind kann eine Fliege oder Nymphe außer Kontrolle geraten. Eine Streamer- oder Lachsfliege kann in solchen Situationen wie ein Geschoss wirken und böse Verletzungen zur Folge haben.

Eine Polbrille schützt die Augen auch vor den nicht ungefährlichen UV-Strahlen. Ihr eigentlicher Zweck, die Reduzierung der Spiegelungen auf dem Wasser, verhilft dem Fliegenfischer zu einem besseren Sehen, nicht nur der Fische im, sondern auch der Fliege auf dem Wasser. Wenn sie unten auch noch integrierte Vergrößerungslinsen aufweist, unterstützt sie die Sehkraft im Nahbereich zum Beispiel beim Binden von Knoten ganz erheblich.

2.6.16 Watstock

Wer schon einmal beim Waten in einem tiefen und schnellströmenden Gewässer baden gegangen ist, wird den Nutzen eines solchen „dritten Beines" nicht bezweifeln. Beim Waten in trüben, unbekannten Gewässern wird man vor dem Weitergehen den Grund abtasten oder bei entsprechender Wasserwucht sich einen besseren Stand sichern wollen. Er wird zusammengeklappt in einer Gürteltasche geliefert und nimmt sehr wenig Platz ein.

Zum Beispiel hat die Glomma in Norwegen mit ihrem Strömungsdruck bei hohem Wasserstand so manchem Fliegenfischer ohne Watstock zu einem unfreiwilligen Bad verholfen.

2.6.17 Hakenschleifstein

Ein solches Gerät kann sehr nützlich sein, wenn die Fliege häufig mit steinigem Grund in Berührung kommt, die Hakenspitze stumpf wird und nachgeschliffen werden muss. Beim Lachsfischen kann man darauf gar nicht verzichten.

2.6.18 Schnurreiniger

Erhöht wesentlich die Lebensdauer der Leine und verbessert ihre Wurfeigenschaft. Während beim Salzwasserfliegenfischen eine tägliche Reinigung und Imprägnierung empfehlenswert ist, hält sie im Süßwasser oft wochenlang vor. Zur Reinigung wird die Flugschnur zunächst durch einen Schaumstoff-Lappen und anschließend durch einen feinen Lappen oder Filz, getränkt mit dickflüssigem Gel des Dressings, gezogen. Die so präparierte Schnur schießt und schwimmt wieder perfekt.

2.6.19 Vorratsbasis-Tasche

Neben einer großen Fliegenvorratsschachtel hat sich eine kleinere Reisetasche als Vorratsbasis zur Lagerung diverser Rollen und kleinerer Ausrüstungsgegenstände sehr bewährt. Auch eine Pocket-Kamera nebst Filmen kann in ihr aufbewahrt werden.

Dieses Ordnungssystem sollte zu Hause stets in Griffnähe stehen und bei Angelausflügen oder Urlaubsreisen im Auto seinen festen Platz haben. Am Fischwasser angekommen, können aus ihm die notwendigen Gegenstände entnommen und in der Fliegenfischerweste oder in der Brusttasche untergebracht werden.

2.6.20 Hüftstiefel oder Wathose

Wenn das Waten ausdrücklich verboten ist oder an Gewässern die zum Waten ungeeignet sind, hat der Hüftwatstiefel durchaus seine Berechtigung. Darf oder kann jedoch nur ausschließlich vom Ufer aus gefischt werden, reicht ein wadenhoher und leichterer Gummistiefel aus.

Die atmungsaktiven und leichten Wathosen haben das Neoprenmaterial nahezu verdrängt. Sie sind mit angeschweißten Stiefeln oder mit extra zu tragenden leichten oder festeren Schuhen erhältlich. Die Stiefelsohlen sind in der Regel mit einer rutschfesten Filzauflage versehen. Die separaten Schuhe geben im Wildwasser besseren Halt und verfügen über mehr Gehkomfort. Sie sind vor allem dann angebracht, wenn größere Wegstrecken an Land oder im Wasser zurückgelegt werden müssen.

Mit den modernen Wathosen, die mit einem Gürtel zu tragen sind, watet man nicht nur trockener, sondern auch sicherer, denn ein Hüftwatstiefel ist oft in kritischen Situationen zu kurz.

2.6.21 Fischkorb

Auf der Hinfahrt zum Fischwasser kann in dem Weidenkorb der Proviant und die Getränke verstaut werden und auf der Rückfahrt wird er vorher mit frischen Blättern ausgepolstert, um die gefangenen Fische aufzunehmen. Ich unterstelle keinem Fliegenfischer, dass er seine Beute in einer Plastiktüte verstaut.

2.6.22 Der Kescher

Er wurde ganz bewusst an die letzte Stelle der Checkliste gesetzt, da er mir für die Watfischerei entbehrlich erscheint. Anders verhält es sich, wenn man nicht waten kann und von einem hohen Ufer aus einen Fisch landen möchte. In diesem Fall sollte man sich für einen Teleskop-Kescher entscheiden.

2.7 Die Bekleidung

Bereits die Unterwäsche entscheidet darüber, ob ein Angeltag zur eisigen Zitterpartie oder zu einer schweißtreibenden Angelegenheit wird.

Ein Watangler, der oft lange, schweißtreibende Märsche absolvieren muss, bevor er den Angelplatz erreicht, wird sich für ***Funktionsunterwäsche*** entscheiden. Das sind Unterhosen und Unterhemden aus Kunstfasern, welche die Feuchtigkeit im Gegensatz zu Baumwolle nicht in der Faser einschließen. Die Feuchtigkeit verteilt sich in den Zwischenräumen des Gewebes, wo sie rasch verdunsten oder an die nächste Kleidungsschicht abgegeben werden kann. Diese Eigenschaft wird als ***atmungsaktiv*** bezeichnet.

Im Sommer kann entweder eine Hose und ein Hemd aus Baumwolle oder solche aus Kunstfaser getragen werden, da die Funktionsunterwäsche die Feuchtigkeit vom Körper weg zur Außenschicht leitet, in der sie gespeichert wird und anschließend verdunsten kann.

An kühleren Tagen wird man eine atmungsaktive Weste oder Jacke aus Fleece tragen. In diesem Fall ist es besser, ***über*** der Funktionsunterwäsche ein Kleidungsstück aus Kunstfasern, als eines aus Baumwolle anzuziehen, da Baumwolle die Körperflüssigkeit nicht weiterleiten kann und die Atmungsfunktion der Weste oder Jacke konterkariert wird.

Die atmungsaktive Bekleidung aus ***synthetischen Fasern trocknet sehr schnell*** und ist sehr bequem geschnitten. Beim Flugangeln oder beim Herumklettern am Flussufer, ein nicht zu unterschätzender Vorteil.

In der kalten Jahreszeit wird man gerne in eine mollig warme Kombination aus Hose und Pulli aus Fleece schlüpfen, die zusammen mit der darunter liegenden Funktionsunterwäsche dafür sorgen, dass die Körperwärme gespeichert wird und möglichst nicht entweichen kann. Die Luft zwischen den einzelnen Schichten bewirkt bei diesem Mehrlagen- oder Zwiebelschalenprinzip eine zusätzliche Isolation.

Beim Fischen in der kalten Jahreszeit ist es besonders wichtig, die Füße warm zu halten. Deshalb sind den Socken eine große Bedeutung beizumessen. Für den Watangler gibt es Spezialsocken, die nicht nur die Feuchtigkeit speichern , sondern auch schnell vom Fuß wegleiten. In Verbindung mit einem Wollsocken, selbst wenn dieser feucht geworden ist, behält man warme Füße.

Ein Hut mit einer breiten Krempe oder eine Schildmütze vermindert das Blenden bei Gegenlicht und schützt den Fliegenfischer vor zu starker Sonneneinwirkung.

Ein guter Regenschutz sollte leicht und klein zusammenrollbar sein, damit man ihn auch wirklich dabei hat, wenn es zum Regnen kommt. Für diesen Zweck gibt es superleichte Ponchos oder halblange Jacken, die über den oberen Rand der Watstiefel reichen.

Beim Lachsfischen wird man auf eine kurze Watjacke die ausreichend Schutz vor Wind und Regen gibt, nicht verzichten wollen.

3. Die Wurfschule

3.1 Effektiv und zugleich elegant werfen lernen

Jeder Wurfstil hat seine Berechtigung, denn meistens hat er sich aus der Praxis und den dort gegebenen Anforderungen entwickelt. Die teils recht unterschiedlichen Wurftechniken der Fliegenfischerschulen im In- und Ausland zielen auf das gleiche Ergebnis ab. Die Teilnehmer der Lehrgänge sollen nach dem Kurs in der Lage sein, möglichst viele Fische weidgerecht zu überlisten.

Der universelle und auch von einem Anfänger leicht zu erlernende Wurfstil von Hans Gebetsroither, hat wie keine andere Technik das europäische Fliegenfischen nachhaltig geprägt. Die Besonderheiten seines Stils, das Werfen aus der Schulter sowie das „Untendurchziehen“ beim Rückwurf, entstand Anfang der dreißiger Jahre des vorigen Jahrhunderts und war seiner Zeit weit voraus.

Mit dem „Unten durch und oben drüber“, bei dem die Schulter als Pleuellager dient, gelangte ein ganz neues Element in die Technik des Fliegenwerfens und verbesserte seine Effizienz, denn es erlaubt die permanente und maximale Kontrolle über die Flugschnur und die Fliege, unabhängig von deren Art und Gewicht.

Das was Hans Gebetsroither als motorisches Talent intuitiv als zweckmäßig erkannte und praktizierte, wurde erst viel später mittels der Fotografie und Physik als richtig bestätigt.

Jedoch erwies sich das frühere Rutenbau-Material beziehungsweise seine Verarbeitung, verglichen mit den Möglichkeiten der Wurftechnik, als unzureichend. Vor allem durch die leichteren, schnelleren und feinnervigeren Kohlefaserruten entwickelte sich dieser Stil jedoch weiter.

Hans Gebetsroither, dessen Name schon zu seinen Lebzeiten Legende war, wurde am 3. Februar 1903 in Gmunden am Traunsee in Österreich geboren *(Abb. 23, Seite 45)*. Er war Oberfischermeister an der Traun, einem der schönsten und besten Fischwasser zu seiner Zeit. Er verstarb am 13. Dezember 1986 in seinem Geburtsort.

Nach seinem Tod wurde sein werferisches Vermächtnis von seinen Schülern und Freunden in alle Welt getragen. So kann man heute seinen Wurfstil, der nach seinem Ableben weiterentwickelt wurde, nicht nur bei uns in Europa, sondern auch bei Fluganglern in Übersee beobachten. In diesem Zusammenhang wird an die heute nicht mehr wegzudenkenden Rollwürfe bis hin zum Switch-Cast erinnert, die nichts anderes sind als ein halber modifizierter Gebetsroither Wurf.

Die elliptische-runde Ruten- und Leinenführung verleiht der Technik ihr Erscheinungsbild und ist an Eleganz nicht zu überbieten.

Abb. 23: Der Gedenkstein von Hans Gebetsroither

Hans Gebetsroither war schon zu seinen Lebzeiten eine Legende. Nach seinem Tod wurde vor dem Hotel Marienbrücke in Gmunden am Traunsee obiges Denkmal errichtet.

Abb. 24: Beim Flugangeln verbinden die Damen Anmut mit Können
Die Damen haben sich schon längst die Welt des Fliegenfischens erobert. Sie fischen mit der ihnen angeborenen Intuition und Eleganz und stehen den Männern in nichts nach. Jeder Mann darf sich glücklich schätzen, wenn ein weibliches Wesen ihn beim Fischen nicht nur mit dem Strickzeug begleitet.

Dabei spielt es keine Rolle, ob mit einer kurzen oder längeren, schnelleren oder langsameren Rute geworfen wird. Viele Fliegenfischer in aller Welt praktizieren heute diesen Wurfstil, ohne sich letztendlich über seine Herkunft und Entwicklung im klaren zu sein. Wenn ich auch vom „Österreichischen Wurfstil" oder „Austrian Style" spreche, dann schon deshalb, weil unsere ausländischen Freunde „Gebetsroither" kaum aussprechen können und der unvergessene „Neger-Hans" schließlich aus Österreich stammt.

Die vorliegende Wurfschule versucht die einzelnen Phasen des Bewegungsablaufs beim Fliegenwerfen im österreichischen Stil methodisch-didaktisch in Wort und Bild darzustellen. Der erfahrene Fliegenfischer, dem diese Technik noch nicht vertraut ist, wird die Grundzüge und Unterschiede zu seinem bisherigen Werfen erkennen und seine Technik um diese Variante bereichern können. Für ihn wie auch den Einsteiger wird das Wissen um die wurftechnischen Vorgänge und ihre Umsetzung in der Praxis von großem Nutzen sein, um zukünftige Fehler zu vermeiden und bestehende auszumerzen. Dieses Wissen bildet die Basis für die so ***hilfreiche Selbstkontrolle***. Das bewusste Erleben der Bewegungsabläufe und ihre Steuerung versetzt den Fischer in die Lage, auch unter schwierigen Umständen gute Erfolge zu erzielen. Dazu zählen der Wind sowie widrige Strömungs- oder Geländeverhältnisse.

Übrigens: Ich wiederhole in der Wurfschule grundlegende Regeln immer wieder, damit sie sich beim Lesen optimal einprägen und nicht in Vergessenheit geraten. Außerdem erspart es das Suchen nach der entsprechenden Passage in den vorangegangenen Abschnitten.

Diese Wurfschule eignet sich als Anleitung sowohl für den Lehrenden, als auch für den Lernenden. Dem Anfänger wie dem Fortgeschrittenen soll es als Nachschlagewerk dienen, auch in der Praxis am Fischwasser. Damit kann er sich die notwendige Sicherheit aneignen und zu einem erstklassigen Wurfstil finden.

3.2 Vorzüge und Besonderheiten dieses Wurfstils

Der österreichische Wurfstil erweist sich als besonders effektiv, da er bereits mit wenigen Leerwürfen den Fisch erreicht. Bei anderen Wurftechniken muss der Fischer einen Meter nach dem anderen ausspielen und kann erst dann die Fliege servieren. Mühelos lassen sich mit der modernen Methode große Distanzen überwinden und Fische fangen, die vielen anderen Fliegenfischern vorenthalten bleiben.

Die Rasanz der Schnurführung, erzeugt durch den dauernden Druck beim ovalen Beschleunigungsweg, schneidet den Wind zudem viel schneller und ermöglicht noch dann das Werfen, wenn die meisten übrigen Fliegenfischer schon aufgeben.

Abb. 25: Der direkte Weg der Rutenspitze und der erforderliche Schultereinsatz beim Rückwurf.

Die Rutenspitze bewegt sich immer auf einer Geraden, während der Ellbogen mit zunehmender Kraft und Geschwindigkeit in einer Kurve nach hinten geführt wird.

Der direkte Weg der Rutenspitze und die optimale Beschleunigungsmöglichkeit aus dem Schultergelenk ermöglichen die schnellste Schnurführung.

Die Daumen-Zeigefinger-Haltung schränkt das Abkippen des Handgelenks am rückwärtigen Stopp-Punkt ein.

Die Fliegenrute ist in Abbildung 25 und 26 verkürzt dargestellt, um das Wesentliche besser herausstellen zu können.

Abb. 26: Die kreisförmige Bewegung der Rutenspitze bei fehlendem Schultereinsatz.
Wird beim Rückwurf nicht die Schulter eingesetzt, sondern nur der Unterarm zurückgeschwenkt, vollführt die Rutenspitze eine kreisförmige Bewegung. Damit schränkt der Werfer die Möglichkeiten zur Beschleunigung ein, da er die Schnur nicht auf direktem Weg führen kann.
Das Abrollen der Wurfleine über die Rutenspitze verstärkt zusätzlich das Absacken am hinteren Stoppunkt. Weiter begünstigt die Daumengriff-Haltung der Rute das Abkippen des Handgelenks und damit das aktive Überschreiten des rückwärtigen Bremspunktes, so dass die Leine samt Vorfach und Fliege das Wasser oder den Boden berühren kann.

Mit dieser Technik kann der Werfer außerdem Richtung und Aufsetzpunkt viel präziser bestimmen. Er vermeidet damit Fehlwürfe, die den Fisch vergrämen würden.

Die rationellen und rhythmischen Bewegungsabläufe des österreichischen Wurfstils erfordern einen geringen Kraft- und Körpereinsatz. Die Natürlichkeit der Technik vermittelt dem Beobachter den Eindruck spielerischer Eleganz und Leichtigkeit und steht deshalb auch bei den Damen hoch im Kurs *(Abb. 24, Seite 46)*. Das Verblüffende an dieser Wurftechnik ist die Tatsache, dass manch erfahrener Fliegenfischer im Laufe der Jahre von sich aus zu diesem Wurfstil fand – ohne sich dessen richtig bewusst zu sein.

Allerdings stimmt die Behauptung nicht, dass diese Technik nur mit extrem kurzen, harten und schneller Ruten funktioniert. Die seinerzeit von Hans Gebetsroither verwendeten extrem kurzen und harten Ruten sind aus materialbedingten Sachzwängen entstanden, da die leichten, feinnervigen und rückgratstarken Kohlefaserruten noch nicht am Markt waren. Schließlich spielt es keine Rolle, ob der Fischer eine Rute von 6.5, 8 oder 10 Fuß wirft. Vielmehr hängt die Länge von den Gewässer- und Geländeverhältnissen ab und wirkt sich nicht auf den hier vorgestellten Wurfstil aus.

Die ursprüngliche Technik von Hans Gebetsroither fand längst eine ganze Reihe von Interpreten, die sich wie persönliche Handschriften voneinander unterscheiden. Sie stimmen jedoch in folgenden Punkten überein:

a) Der Wurf erfolgt aus der Schulter, nicht aus dem Handgelenk.

b) Beim Rückwurf (Auch Rückwurf oder Rückschwung) bewegt sich die Schnur seitlich unterhalb der Rutenspitze auf einer von vorn nach hinten ansteigenden Geraden.

c) Beim Vorwärtswurf (Vorschwung) liegt die Bewegungsebene deutlich über der des Rückwurfs, die Leine läuft oberhalb der Rutenspitze.

Diese Besonderheiten unterscheiden die österreichische Wurfschule ganz deutlich von anderen Stilrichtungen. Ihre Ursprünge liegen in den schnellfließenden Gewässern des Voralpen- und Alpenlandes, die eine rasche und genaue Präsentation der Fliege erfordern.

Die Wirksamkeit dieses Wurfstils liegt in der Tatsache, dass sich die Rutenspitze, die letztendlich die Schnur führt, beim Rückschwung von einem gedachten Punkt A zu Punkt B auf einem geraden, also direkten Weg bewegt. Das gelingt jedoch nur, wenn aus der Schulter geworfen und der Ellenbogen in einer Kurve nach hinten geführt wird.

Der Ellbogen übernimmt beim Rückschwung, ähnlich der Vorhandschleife im Tennissport, eine leichte Führung *(Abb. 25, Seite 48)*.

Arbeitet der Werfer jedoch nicht aus der Schulter, sondern schwenkt nur den Unterarm zurück, reduziert sich die Beschleunigungsmöglichkeit und die Rutenspitze vollführt von Beginn an (Punkt A) bis zum Endpunkt (B) des Rückwurfs zwangsläufig eine kreisförmige Bewegung. Da die Schnur jetzt über die Rutenspitze fliegt, kann sie nicht den direkten und schnellsten Weg von Punkt A zu Punkt B nehmen. Das Abrollen der Wurfleine über die Rutenspitze verstärkt zusätzlich das Absacken der Schnur am hinteren Stoppunkt *(Abb. 26, Seite 49)*.

Dazu ein Beispiel: Ein Jäger setzt nach Möglichkeit rasante Patronen mit einer gestreckten Flugbahn ein, damit das Geschoss mit möglichst großer Geschwindigkeit und Präzision sein Ziel erreicht. Diese Erkenntnisse aus der Ballistik (Lehre von der Bewegung geschleuderter oder geschossener Körper) gilt es genauso bei der Wurfbewegung mit der Fliegenrute zu beachten, um das optimale Resultat zu erzielen.

Warum beschreibt die Rutenspitze beim Rückwurf eine kreisförmige Bewegung, wenn die Schulter nicht zum Einsatz kommt und nur die Ellbogenhöhe variiert?

Ganz einfach: Je näher die Rute zum Körper kommt, um so mehr verlässt die Spitze den direkten Weg nach oben. Am Ende des Rückwurfs, wenn sie die Seitenachse des Körpers wieder verlässt, senkt sich die Spitze nach unten und der Halbkreis ist annähernd perfekt.

Arbeitet man jedoch aus der Schulter und vollführt mit dem Ellbogen beim Rückwärtswurf von der Seite gesehen eine halbe, nach hinten ansteigende Ellipse, ist der Halbkreis beim Ellbogen zu finden und die Rutenspitze vollführt eine direkte Gerade von Punkt A zu Punkt B. Damit erzielt sie die schnellste Schnurführung und das beste Ergebnis.

Dabei muss der Fischer beim Wurf im Grunde nicht mitdenken: Denn mit dem Werfen aus der Schulter senkt sich der Ellbogen im Rückschwung automatisch ab, bis er seitlich an der Körperachse vorbeikommt. Damit erreicht er gleichzeitig den tiefsten Punkt, worauf er wieder ansteigt. Das heißt für die Praxis, man weicht nach unten aus, um oben den direkten Weg einhalten zu können.

Der direkte Weg der Rutenspitze und die optimale Beschleunigungsmöglichkeit aus dem Schultergelenk führen zu einer rasanteren Schnurführung und ermöglichen es, bequemer und leichter größere Wurfweiten zu erreichen.

3.3 Bemerkungen zum Zifferblattsystem und den figürlichen Darstellungen

Die sogenannte „Fliegenfischer-Uhr“ dient zum besseren Verständnis der räumlichen und zeitlichen Abläufe. Auf dem Zifferblatt erfasst der Betrachter auf eine einfache Weise die Rutenstellung beim Rück- und Vorschwung innerhalb des maximalen Arbeitswinkels.

Oder mit anderen Worten: Durch das Heranziehen des imaginären Zifferblatts einer Uhr können die Wurfbewegungen besser erklärt und die exakte Rutenposition in der jeweiligen Wurfphase dargestellt werden *(siehe Abb. 27, Seite 52)*.

Die Rute bewegt sich jedoch nicht wie der Zeiger einer Uhr im Kreis, vielmehr verläuft der Weg der Rutenspitze während der Beschleunigungsphase immer in einer direkten Geraden von einem gedachten Punkt A zu Punkt B. Deshalb darf der Ellbogen beim Werfen nicht wie die Zeigerachse einer Uhr stehen bleiben, sondern bewegt sich, wie die Rute auch, innerhalb einer ellipsenförmigen Bahn.

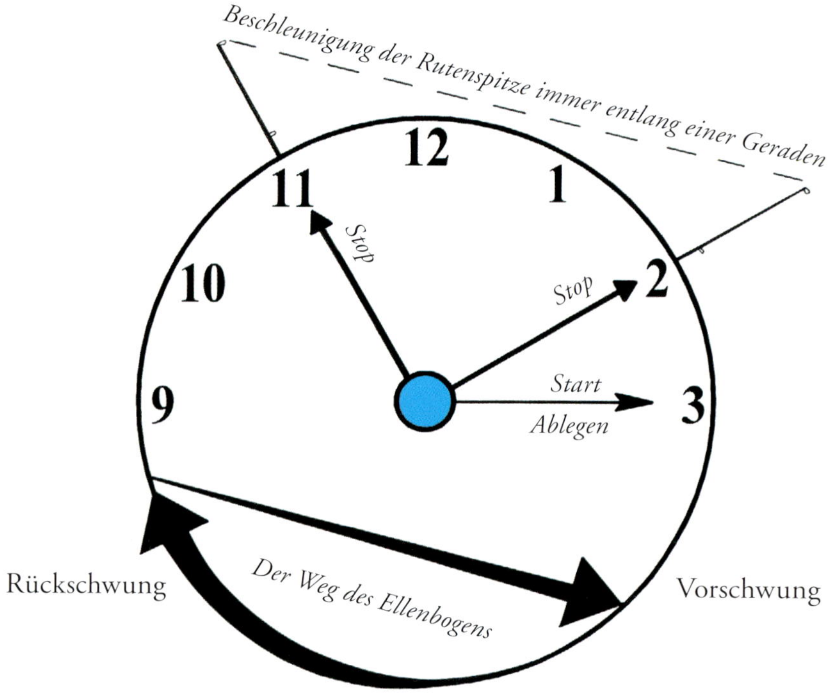

Abb. 27: Die Fliegenfischer-Uhr
Sie zeigt die genaue Rutenstellung innerhalb des maximalen Arbeitswinkels.
Der untere Rand der Uhr zeigt die Linie, auf der sich die Ellbogenspitze bewegen muss.
Je höher der Krafteinsatz und die Geschwindigkeit, desto dicker ist der Strich gezeichnet.
Die Rutenspitze und deren Weg während der Beschleunigungsphase wurde außerhalb der Fliegenfischer-Uhr dargestellt, da sie sich nicht wie der Zeiger einer Uhr im Kreis bewegt.

Bei den meisten Zeichnungen blieb die Rutenbiegung beim Wurf unbeachtet, da sie sich in der Praxis von selbst einstellt.

Die figürlichen Darstellungen zeigen fast immer die rechte Körperseite des Fliegenfischers, der rechtshändig im Uhrzeigersinn den Zielwurf demonstriert. Damit lässt sich die Wurfbewegung aus dem Schultergelenk und die Bahn des Ellbogens besser erkennen.

Dort wo jedoch nicht die Bewegung der Rutenhand, sondern die der Schnurhand erklärt werden soll, wird nicht die rechte, sondern die linke Körperseite des Fliegenfischers gezeigt, der zwar auch rechtshändig, aber jetzt gegen den Uhrzeigersinn wirft.

Das Verstehen komplexer Bewegungsabläufe erfordert sehr viel Vorstellungsvermögen, zumal diese auch noch motorisch umgesetzt werden müssen. Zum besseren Verständnis dieser Abläufe, werden sie in kleine, überschaubare Schritte zerlegt und mit Phasenbildern versehen.

Das Erklären dieser Bewegungsabläufe ist das zentrale Anliegen der nun folgenden Seiten.

3.4 Die Grundlagen der Wurftechnik

Wie bei jedem sportlichen Bewegungsablauf gilt auch beim Fliegenwerfen, das „Wie" zu beantworten und das „Warum" zu begründen. Meine Methode ist so aufgebaut, dass ich die komplexen Bewegungsabläufe beim Werfen der Fliegenschnur sowie die unterschiedliche Dosierung der sie bewegenden Kräfte (sprich die Bewegung des Werfers und der Rute) im zeitlichen Ablauf beschreibe, darstelle und begründe. Zum besseren Verständnis der Wurfabläufe, habe ich sie in Einzelphasen zerlegt, analysiert und ihre Zusammenhänge aufgezeigt. Diese Bewegungsanalysen sollen dazu beitragen, die Wurftechnik motorisch besser umzusetzen und so zu einem harmonischen Wurfstil zu finden.

3.4.1 Die richtige Griffhaltung

Das Fliegenwerfen beginnt mit der richtigen Handlage auf dem Rutengriff. Die drei gebräuchlichsten Möglichkeiten möchte ich vorstellen. Generell sollte die Hand die Rute so locker wie irgend möglich halten, was einer Ermüdung vorbeugt. Nach jedem Ablegen der Fliege sollte die Handmuskulatur völlig entspannen.

3.4.1.1 Die Daumen-Zeigefinger-Haltung

Bei der vergleichsweise neuen Technik verläuft die Mittelachse der Rute zwischen dem gestreckten Daumen und dem gestreckten Zeigefinger. Deshalb spricht man auch von einer Zwickelhaltung. ***Sie vereint die Kraft des Daumens mit der günstige-***

ren Hebelwirkung und größeren Führungsgenauigkeit des Zeigefingers. Diese natürliche Handhaltung entspricht genau dem Arbeitswinkel der Fliegenrute, die sich beim Werfen zwischen 11 Uhr und 3 Uhr bewegt *(Abb. 28, Seite 55).*

Die Daumen-Zeigefinger-Haltung setzte sich inzwischen vor allem unten den jüngeren und weniger konservativen Fliegenfischern als Favorit durch. Sie bewältigt mühelos selbst schwerere Ruten der Schnurklasse 7 bis 10, da sich die gesamte Zug- und Drucklast nicht nur auf einen Finger konzentriert. Voraussetzung ist jedoch, dass der Korkgriff der Fliegenrute passend zur Hand ausreichend groß dimensioniert ist und sich nach vorn verjüngt.

3.4.1.2 Die Zeigefinger-Haltung

Die Zeigefinger-Haltung ist eine ältere Alternative zur Daumen-Zeigefinger-Haltung. Sie wurde von Hans Gebetsroither praktiziert und eignet sich vortrefflich für sehr kurze und leichte Ruten.

Sie zeichnet sich durch große Präzision beim Ablegen der Fliege aus, denn in der Endphase des Wurfs zwingt sie im Unterschied zur nachstehend beschriebenen Daumengriffhaltung nicht zum seitlichen Verdrehen der Wurfhand. Verglichen mit dem Daumen stellt der Zeigefinger einen erheblich längeren und somit günstigeren Hebel dar, was sich grundsätzlich positiv auf die Wurfweite auswirken kann. Der Vorteil der Hebelwirkung besteht jedoch nur so lange, wie die Kraft des Zeigefingers zum Umsetzen des besseren Hebels in Funktion der Rute sowie in größere Geschwindigkeit ausreicht. Die Zeigefinger-Haltung ist deshalb für Ruten von 8.6 Fuß und länger nur bedingt geeignet *(siehe Abb. 29, Seite 55).*

3.4.1.3 Die Daumengriff-Haltung

Wenn der Daumen anstelle des Zeigefingers auf dem Griff liegt, bemerkt der Fischer schnell das Problem. Denn das Handgelenk kann dabei stark abkippen, wodurch die Rute den Arbeits-Winkel, der beim Rückwurf bei 11 Uhr enden soll, einfach überschreitet. Die Rutenspitze schwingt viel zu weit nach hinten beziehungsweise nach unten. Will der Daumengriff-Werfer nicht Gefahr laufen, mit der Schnur hinten den Boden oder das Wasser zu berühren, muss er den Rückschwung durch das Schließen des Handgelenks stoppen. Der Arbeitswinkel der Rute, der beim Vorschwung mit dem Ablegen der Fliege bei 3 Uhr endet, wird nur durch die progressive Biegung des Handgelenks nach vorne erreicht. Der Daumengriff-Werfer verkantet jetzt ganz unbewusst die Hand samt Rolle nach außen, was die Präzision des Zielwurfs von Schnur und Fliege beeinträchtigt. Die Daumengriff-Haltung stammt ursprünglich aus einer Zeit, in der die Fliegenruten noch aus gespließtem Bambus oder Fiberglas hergestellt wurden und wesentlich schwerer und länger ausfielen als die leichten Kohlefaser-Modelle oder die kurzen, feinen Gespließten von heute. Damals mussten Arm und Hand des Fischers bedeutend mehr Kraft auf die Rute bringen, was dem Daumen als dem kräftigsten Finger am ehesten möglich war. Die Daumengriff-Haltung sollte, wenn überhaupt, erst ab Schnurklasse 7 zum Einsatz kommen *(Abb. 30, Seite 55).*

Die drei beschriebenen und gebräuchlichen Griffhaltungen

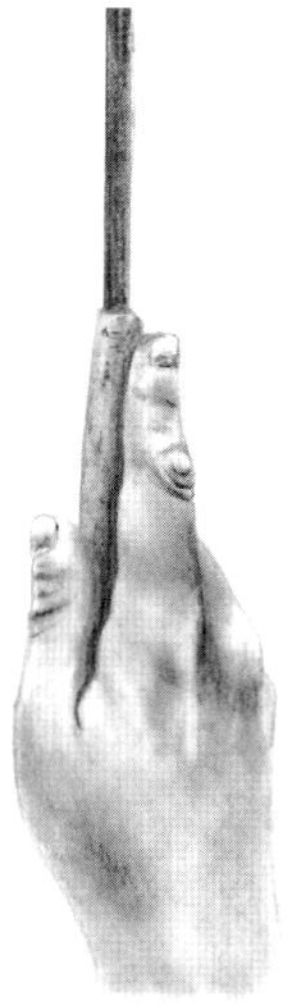

Abb. 28:
Daumen-Zeigefinger-

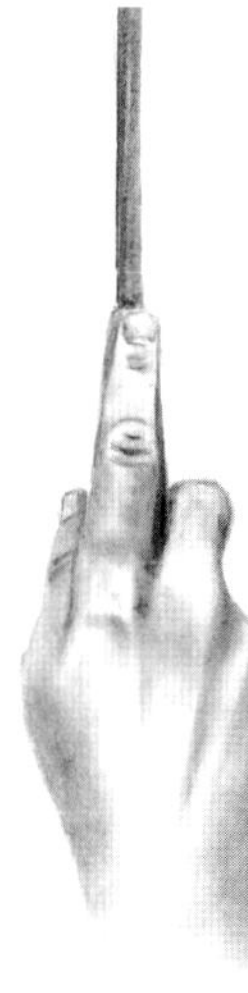

Abb. 29:
Zeigefinger-

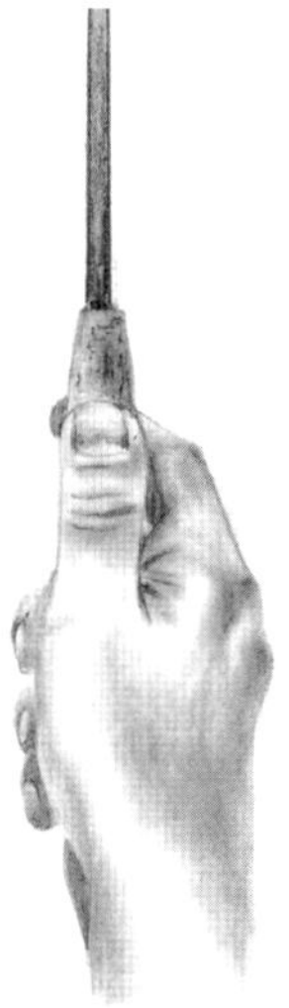

Abb. 30:
Daumengriff-Haltung

3.4.2 Die Grundzüge der Wurfmechanik

Beim österreichischen Wurfstil wird nicht der Unterarm zurück- und vorgeschwenkt und auch nicht aus dem Handgelenk gearbeitet. Denn der Ellbogen als Scharnier- und Rotationsachse reduziert die Beschleunigungsmöglichkeiten und das Handgelenk bildet das „schwächste Glied“ zwischen Hand und Schulter.

Zu den grundlegenden Prinzipien der österreichischen Wurfschule zählt, dass aus der Schulter, als dem stärksten Glied, gearbeitet wird und nicht aus dem Handgelenk. Aus der Schulter arbeiten bedeutet, beim Rückwurf den Ellbogen zunächst einsenken und dann nach hinten ansteigen zu lassen, so dass er eine deutliche Kurve beschreibt. Beim Vorwärtswurf beschreibt die Ellbogenspitze eine leicht nach unten gerichtete, gerade Linie. Die Rutenhand bewegt sich beim Rückwurf nicht höher als bis zur Stirn und beim Vorschwung nicht tiefer als bis zur Brust (Abb. 31, Seite 56).

Abb. 31: Die richtige Bahn des Ellbogens und der Rutenhand
*Der **Ellbogen** beschreibt beim Rückwurf einen Bogen, der zuerst absinkt und dann hinten ansteigt. Der Vorwärtswurf besteht dagegen aus einer gegenläufigen Bewegung, bei welcher der Ellbogen eine leicht abwärtsgerichtete Gerade beschreibt.*
*Die **Rutenhand** bewegt sich zwischen den beiden Linien, nicht höher als bis zur Stirn und nicht tiefer als bis zur Brust.*

Der Wurfmechanismus wird durch das Schultergelenk und den Ellbogen bei gesperrtem Handgelenk in Bewegung gesetzt. Der Ellbogen übernimmt dabei eine leichte Führung, die Kraft kommt aus dem Oberarm. Das ermöglicht ein ermüdungsfreieres Werfen – anders als beim Arbeiten aus dem Unterarm oder dem Handgelenk.

Ohne das fatale Abkippen des Handgelenks verlängert sich die Rute praktisch bis zum Ellbogen. Deshalb sollte mit ausgestrecktem Zeigefinger geworfen werden, da diese Griffhaltung die Beweglichkeit des Handgelenks aufgrund der menschlichen Anatomie etwas einschränkt und die Gefahr des Abkippens nach hinten verringert. Gleichzeitig vermittelt der gestreckte Zeigefinger ein ausgeprägtes Gefühl für den Neigungswinkel der Rute in der jeweiligen Wurfphase. So kann man den Stoppunkt genau erfassen, besonders beim Rückwurf. Während dem Vorschwung fällt das Ausrichten auf den Zielpunkt leichter und die Zielgenauigkeit wächst.

Es wäre jedoch falsch zu glauben, dass das Handgelenk beim Werfen steif bleiben muss. Für den Lehrer ist es bequemer, dem Schüler und Anfänger zu erklären, dass es für ihn besser ist, das Handgelenk so wenig wie möglich zu bewegen. Der Fortgeschrittene und erfahrene Fliegenfischer kann jedoch durchaus mit dem Handgelenk einen zusätzlichen und zielgerichteten Beschleunigungsimpuls auslösen. Er erfolgt kurz vor dem Stoppunkt der Rute und optimiert den Flug von Schnur und Fliege. Dieser „Schwipp" muss jedoch genau dosiert erfolgen, sonst schadet er mehr als er nützt.

3.4.3. Wurfbewegung innerhalb des Arbeitswinkels

Durch die richtige Griffhaltung bildet die Rute, die Hand und der Unterarm eine Einheit, die beim Werfen bestehen bleibt.

Die Fliegenrute als lineare Verlängerung des Unterarms wird aus der Schulter heraus innerhalb eines sogenannten Arbeitswinkels geführt, indem der Arm beim Rückwurf eine Zug- und beim Vorwärtswurf eine Schub-Bewegung vollzieht.

Die Rutenspitze, die letztendlich die Schnur führt, bewegt sich in einer direkten Geraden von einem gedachten Punkt A zu Punkt B. Das bewirkt eine schnelle und gestreckte Schnurführung mit enger Schlaufe. Der Arbeitswinkel begrenzt den Aktionsbereich der Rute.

Der Arbeitswinkel liegt zwischen der 11-Uhr-Stellung hinten und der 2-Uhr-Position vorn. Damit dieser maximale Arbeitswinkel im Wurf nicht überschritten wird, muss hinten und vorn ein deutlicher Stop erfolgen.

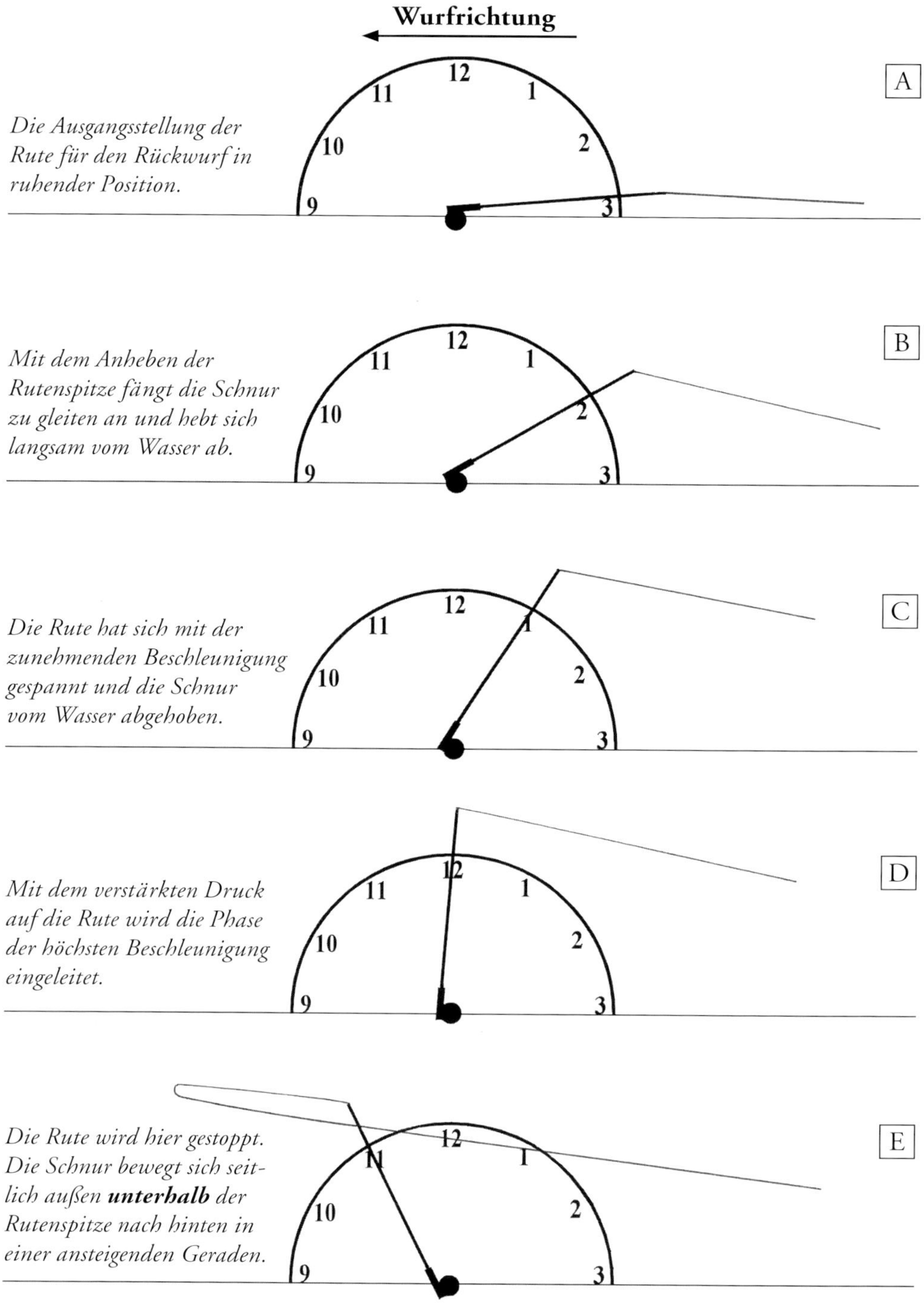

Abb. 32: Der Rutenwinkel in den einzelnen Wurfphasen beim Rückwärtswurf

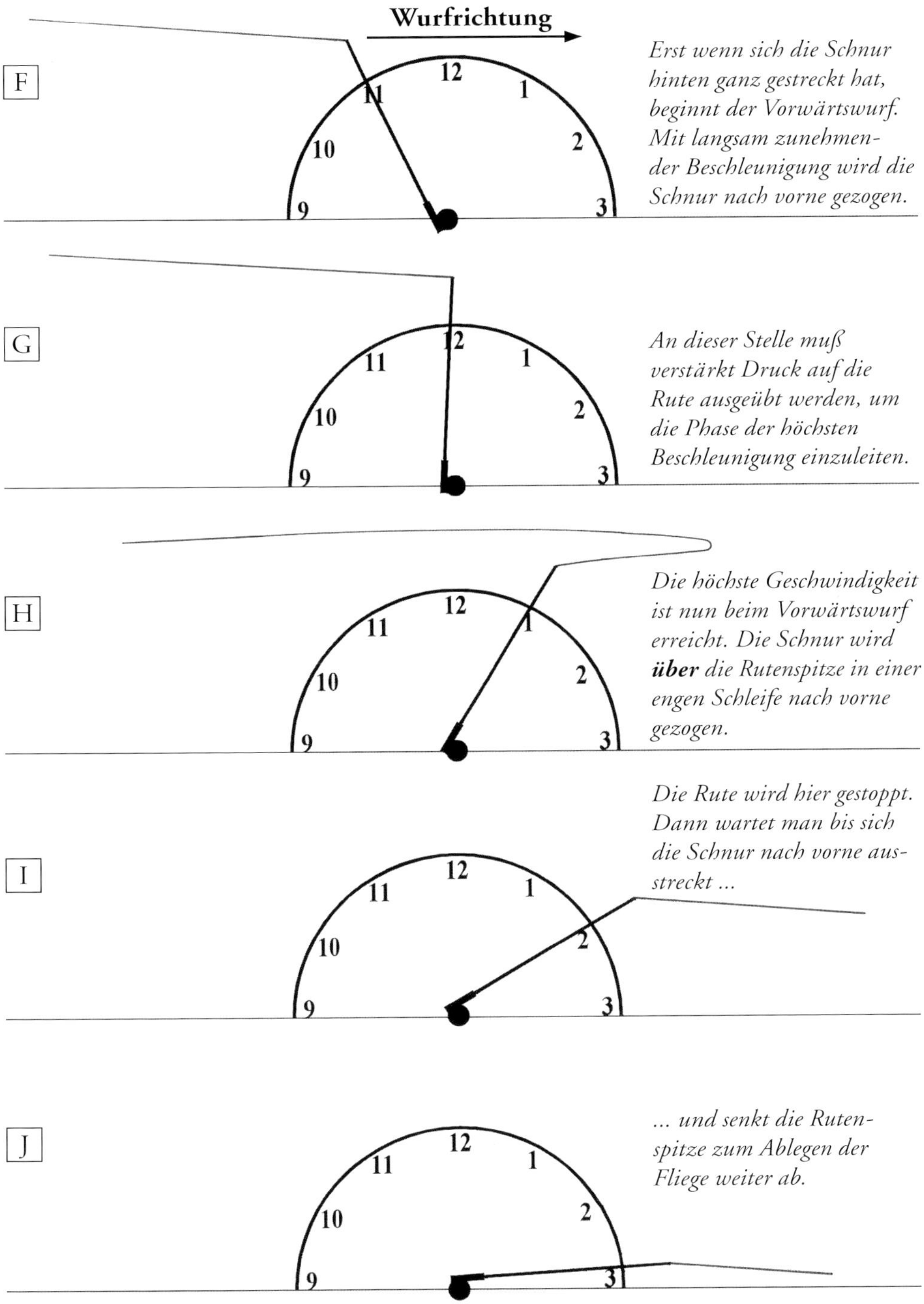

F: *Erst wenn sich die Schnur hinten ganz gestreckt hat, beginnt der Vorwärtswurf. Mit langsam zunehmender Beschleunigung wird die Schnur nach vorne gezogen.*

G: *An dieser Stelle muß verstärkt Druck auf die Rute ausgeübt werden, um die Phase der höchsten Beschleunigung einzuleiten.*

H: *Die höchste Geschwindigkeit ist nun beim Vorwärtswurf erreicht. Die Schnur wird* ***über*** *die Rutenspitze in einer engen Schleife nach vorne gezogen.*

I: *Die Rute wird hier gestoppt. Dann wartet man bis sich die Schnur nach vorne ausstreckt …*

J: *… und senkt die Rutenspitze zum Ablegen der Fliege weiter ab.*

Abb. 33: Der Rutenwinkel in den einzelnen Wurfphasen beim Vorwärtswurf

Ohne präzises Einhalten dieser Bremspunkte gelingt keine enge Schnurschlaufe.

Beim ***Rückwurf*** beschreibt die Rutenspitze die mittlerweile bekannte von vorn nach hinten ansteigende Gerade. Damit der Werfer sie einhalten kann, muss der Ellbogen mit zunehmender Kraft und Geschwindigkeit in einer Kurve nach hinten geführt werden.

Nach dem Stop in der 11-Uhr-Stellung wird der Oberarm noch ein wenig im Schultergelenk angehoben und die Rute etwas in den Himmel gepikst.

Beim ***Vorwärtswurf*** beschreibt sowohl die Ruten- als auch die Ellbogenspitze mit ***ansteigender*** Beschleunigung eine leicht abwärts gerichtete Gerade, die mit dem Stop in der 2-Uhr-Stellung endet. Soll Schnur abgehoben oder abgelegt werden, erweitert sich der Arbeitswinkel nach vorn bis zur 3-Uhr-Stellung.

Die verschiedenen Rutenstellungen (Rutenwinkel) in den einzelnen Wurfphasen veranschaulichen die Zeichnungen am Zifferblatt der Fliegenfischer-Uhr *(Abb. 32 und 33, Seite 58 und 59).*

Die Schnur wird weder geschnellt noch gepeitscht, sondern mit zunehmender Beschleunigung gezogen, wobei der Rutenarm eine Zug-Schub-Bewegung ausführt. Diese Art von Rutenführung ähnlich einer Sägebewegung, verhindert das vorzeitige Abkippen der Rute und unterstützt die geradlinige Beschleunigung der Wurfleine.

3.4.3.1 Der Rückwurf

Die ***Rute*** wird beim Rückschwung aus der 3-Uhr-Stellung heraus immer stärker nach rückwärts beschleunigt, wobei sie bis zur 11-Uhr-Stellung zurückgeführt wird. Der Rückschwung wird jetzt konsequent gestoppt, um den Arbeitswinkel nach hinten nicht zu überschreiten. Der Rückschwung der Rute erfolgt nicht über Kopf, sondern seitlich, innerhalb eines von der Körperachse seitlich weggeneigten Winkels von etwa 45 Grad.

Die ***Schnur*** bewegt sich beim Rückwärtswurf auf einer von vorn nach hinten ansteigenden Geraden. Die Bewegungsebene liegt etwa 50 Zentimeter unterhalb und seitlich der Rutenspitze. Die Schnur wird also am oberen Rutendrittel außen vorbeigezogen, wobei sie nach hinten ansteigt. Die Schnur streckt sich nach dem Stop bei 11 Uhr nicht waagerecht nach hinten, sondern leicht nach oben gerichtet aus.

3.4.3.2 Der Vorwärtswurf

Die ***Rute*** wird beim Vorschwung mit zunehmender Beschleunigung in einem Winkel zwischen 11 Uhr und 2 Uhr bewegt. Soll die Schnur abgelegt werden, läuft die Rute nach dem Stop weiter in die 3-Uhr-Position.

Die ***Schnur*** wird, sobald sie sich im Rückwurf nach hinten oben gestreckt hat, über die Rutenspitze in einer engen Schlaufe geradlinig nach vorn gezogen. Die Bewegungsebene des Vorwärtswurfs liegt damit über der des Rückwurfs. Im Leerwurf endet der Vorschwung mit einem Stop in der 2-Uhr-Stellung. Sobald die Schnur nach vorn gestreckt ist, kann für einen Leerwurf der nächste Rückschwung eingeleitet werden. Will man die Schnur jedoch ablegen, wird die Rute in die 3-Uhr-Position weiter abgesenkt. Die flache Schnurschleife im Vorwärts-Wurf ist entscheidend für den geringen Luftwiderstand der Wurfleine. Je schneller sie fliegt, desto besser streckt sie sich und um so genauer trifft sie das Ziel beim Ablegen.

3.4.4 Die elliptische Ruten- und Schnurführung

Die Schnur beschreibt beim Rück- und Vorwärtswurf insgesamt eine nach hinten ansteigende flache Ellipse *(Abb. 34, Seite 62)*. Auf gleich geneigten Ebenen bewegen sich jeweils folgerichtig sowohl die Wurfhand wie auch der Unterarm und der Ellbogen. Das bedeutet, dass sich auch der Oberarm in einem Rahmen bewegt, der einer Ellipse ähnelt. Das Aktionszentrum ist das Schultergelenk.

Der Bewegungsimpuls erfolgt zwar durch die Schulter, er wird jedoch durch den Ellbogen ausgelöst und führt über eine runde Ruten- und Schnurführung des Werfers (Impulsgeber) zu einer nach hinten ansteigenden flachen Schnur-Ellipse (Oval-Movement). Die Wurfbewegung wird durch die Impuls-Stoppunkte (bis dorthin, wo die Kraft aktiv eingesetzt werden kann) begrenzt. Der Beschleunigungsimpuls darf nicht punktuell, sondern muss langsam und progressiv, also ansteigend erfolgen.

Beim ***Rückwurf*** nach dem Stop sollte die Rute inaktiv der Schnur noch einige Zentimeter nach oben folgen, ohne den Rutenwinkel zu verändern. Damit fängt sie das Gewicht der Wurfleine auf und bremst sie ab, ohne die Rute jedoch schockartig zu belasten. Somit ist der sanfte Übergang vom Rück- in den Vorwärtswurf gewährleistet. Diese gleitende Überleitung in die Umkehrbewegung stabilisiert die Rute, die Schnur fliegt ruhiger. Zudem wird der Arbeitsweg für den Vorschwung verlängert, ohne den Arbeitswinkel zu erweitern.

Beim ***Vorwärtswurf*** wird die Rute nach dem Stop und dem Strecken der Schnur nach vorn inaktiv leicht abgesenkt, ohne den Arbeitswinkel zu verändern. Jetzt kann der Fischer den nächsten Rückwurf einleiten. Das Nachgehen oder Führen bei gleichzeitig inaktivem Heben und Absenken der Rute wird als ***Rück- oder Vorwärtsdrift*** bezeichnet.

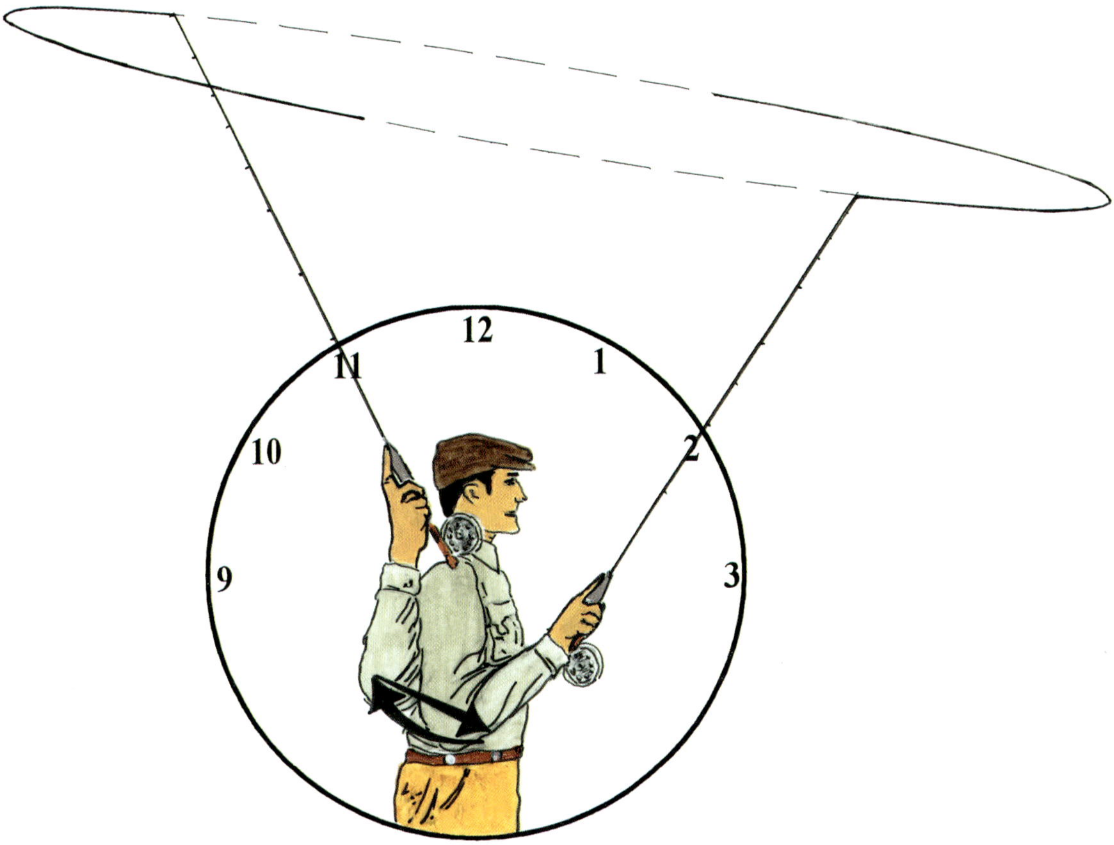

Abb. 34: Die elliptische Ruten- und Schnurführung

Erfolgt die Ruten- und Schnurführung aus der Schulter heraus mit einer langsam ansteigenden Zug-Schub-Bewegung innerhalb des Arbeitswinkels, entsteht automatisch eine nach hinten ansteigende mehr oder weniger flache Schnur-Ellipse (je nach Wurfart und Leinenlänge).

Beim Rückwurf wird der Ellbogen eingesenkt und die Hand hinter die Schulterachse gebracht. Nach dem Stop wird der Rutenarm etwas angehoben, um die sich streckende Leine abzubremsen und in die Umkehrbewegung umzuleiten.

Beim Vorwärtswurf wird der Ellbogen und die Hand in gerader Linie nach vorne geschoben und die Rute gestoppt. Nach dem Strecken der Schnur wird die Rute leicht abgesenkt.

Das „Unten durch und oben drüber" ist das wesentliche Element beim Wurfstil von Hans Gebetsroither.

Das Umlenken der überschüssigen Energie von der linearen Flugebene über eine Kurve nach oben beim Rückwurf oder nach unten beim Vorwärtswurf sowie der gleitende Übergang in die Umkehrbewegung bewirkt in beiden Richtungen einige Dinge: Die Leine liegt wie gezogen in der Luft, das Gewicht der Schnur ist ständig zu spüren und die Rundungen an den Umkehrenden können – je nach Wurfart und Leinenlänge, vom Werfer gesteuert – größer oder kleiner ausfallen.

In der Wurfpraxis – unten durch und oben drüber – kann es helfen, sich die Bewegungsellipse vorzustellen und nachzuvollziehen. Die ovale Ruten- und Leinenführung führt zu einem rhythmisch-harmonischen Wurfstil mit perfektem Timing, bei dem jede Bewegung koordiniert erscheint, frei von jedem unnötigen Kraft- und Körpereinsatz. Das weiche und geschmeidige Ziehen der Schnur von einer Flugbahn in die andere, vermittelt dem Beobachter den Eindruck spielerischer Leichtigkeit. Sie sind das Charakteristikum dieses Wurfstils und ein Ausdruck von Ästhetik und Eleganz.

3.4.5 Zusammenhang zwischen Wurfrhythmus und Arbeitsweg

Die dynamischen Abläufe des Fliegenwurfs sind theoretisch schwer zu vermitteln. Trotz dieser Erkenntnis will ich versuchen, das Wesentliche möglichst praxisnah verständlich zu machen und die Zusammenhänge aufzuzeigen.

3.4.5.1 Der Wurfrhythmus

Die Wurfbewegung erfolgt in einem bestimmten Rhythmus. Er läuft nicht immer in der gleichen Geschwindigkeit ab und wirkt sich auf die Wurfbewegung in ***mehrfacher*** Weise aus.

Einerseits ist folgendes zu beachten: Je kürzer die Schnur, desto kürzer ist der Arbeitsweg der Rutenspitze und um so eher muss hinten und vorne gebremst werden. Damit vollzieht sich die Wurfbewegung in einem schnelleren Rhythmus. Die Geschwindigkeit, mit der die Rute zurück- und vorbewegt wird, ist dagegen langsamer und die eingesetzte Kraft geringer.

Ein längere Schnur erfordert einen längeren Arbeitsweg mit einem stärkeren Druck auf die Rute und eine größere Geschwindigkeit, jedoch einen langsameren Wurfrhythmus, denn die Leine benötigt jetzt mehr Zeit, bis sie sich hinten und vorn gestreckt hat. Folglich ist die Zeitspanne zwischen Rück- und Vorschwung länger. Das Bemessen der Streckpausen oder die Wartezeit an den Umkehrpunkten heißt ***„Timing“*** und ist für einen synchronen Wurfablauf unverzichtbar. Daraus folgt, dass sich das Timing und der Druck auf die Rute nach der Länge der Schnur richten müssen.

Andererseits beginnt der Wurfrhythmus mit langsamer Geschwindigkeit, die sich bis vor dem Stop steigert. Beim Rückwurf, der aus der 3-Uhr-Position erfolgt, beginnt der verstärkte Druck auf die Rute bei etwa 12 Uhr und endet mit dem Stop der Rute bei 11 Uhr. Nachdem sich die Schnur hinten streckte, erfolgt der Vorwärtswurf. Seine schnellste Phase liegt etwa zwischen 12 Uhr und 1 Uhr. Anschließend wird die Rute weiter bis in die 2-Uhr-Stellung geschoben und dort abgefangen, damit Schnur, Vorfach und Fliege beim anschließenden Ablegen nicht hart auf das Wasser klatschen. Nach dem Stop bei 2 Uhr und dem Strecken der Schnur senkt der Werfer die Rute in die 3-Uhr-Position. Soll ein Zwischen- oder Leerwurf erfolgen, gibt man nach dem Stop der Schnur sowie dem Vorfach genügend Zeit zum Auslaufen und setzt aus der 2-Uhr-Position zum weiteren Rückwurf an. Der Druck auf die Rute sollte beim Rückschwung deutlich stärker ausfallen als beim etwas weicheren Vorwärtswurf. Unterbleibt die unterschiedliche Dosierung des Krafteinsatzes, erreicht man nur ein mechanisches Schleudern der Wurfschnur.

Damit die schnelle und präzise Schnurführung mit enger Schlaufe entsteht, darf der Fischer die Wurfenergie beim Rück- und Vorwärtswurf nicht punktuell, sondern muss sie langsam ansteigend – also progressiv einsetzen. Außerdem muss er die Phase der höchsten Beschleunigung möglichst eng begrenzen. Die Größe der Schnurschlaufe hängt insgesamt in erster Linie von der Weite des Arbeitswinkels zwischen den beiden Bremspunkten (Stops) ab und weit weniger von der Länge des Arbeitsweges.

3.4.5.2 Der Arbeitsweg

Die Länge der Schnur bestimmt den Arbeitsweg der Rutenspitze.

Eine kurze Schnur erfordert einen kurzen Arbeitsweg, mit wenig Druck auf die Rute und einen schnellen Wurfrhythmus. Soll jedoch eine lange Schnur bewegt werden, ist ein langer Arbeitsweg erforderlich, mit hohem Druck auf die Rute und einem langsamen Wurfrhythmus.

Das bedeutet, dass das Bewegen größerer Schnurlängen eine stärkere Beschleunigung und erhöhte Geschwindigkeit erfordert, die sich jedoch nicht durch schnellere Rück- und Vorschwünge erreichen lassen. Die notwendige Steigerung von Beschleunigung und Endgeschwindigkeit erziel der Werfer nur dann, wenn die eingesetzte Kraft über eine weitere Strecke wirksam wird. Das heißt, der Arbeitsweg muss verlängert werden. Bei langer Schnur verlängert man den Arbeitsweg durch Verschieben des Ellbogens und behält den engen Arbeitswinkel möglichst bei *(Abb. 35, Seite 65)*.

Da die Größe der Schnurschlaufe hauptsächlich von der Weite des Arbeitswinkels zwischen den beiden Bremspunkten abhängt und weit weniger von der Länge des Ar-

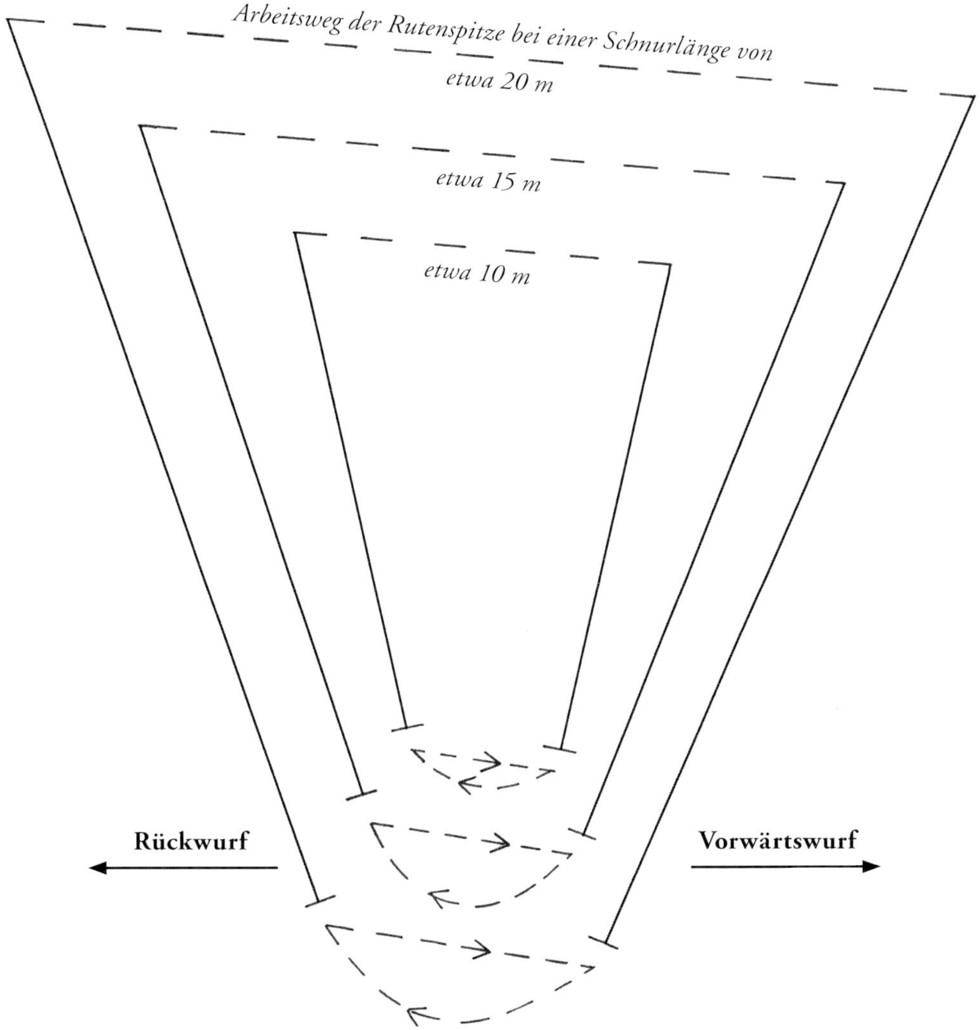

Abb. 35: Der Arbeitsweg der Rutenspitze und die Bahn des Ellbogens bei unterschiedlichen Schnurlängen.

beitsweges, dürfen die Stopwinkel nicht überschritten werden. Denn mit einer engen Schnurschlaufe ist der Flug von Fliege und Schnur wesentlich dynamischer und erfordert einen geringeren Krafteinsatz, als mit einer weiten. Sie schneidet den Wind viel besser und benötigt weniger Platz für die Flugbahn von Wurfleine und Vorfach sowohl beim Rück- als auch beim Vorwärtswurf, um Hindernisse zu überwinden und die Fliege noch in einer Lücke zwischen zwei Bäumen präzise zu servieren.

Es wird damit klar und deutlich, wie wichtig das Untersuchen und Begreifen der einzelnen Elemente der Wurftechnik samt ihrem Zusammenspiel ist. Nur dadurch findet der Fischer zu einem koordinierten und harmonischen Wurfablauf.

3.4.6 Die senkrechte und seitliche Trennung der Wurfebenen

Die Rutenspitze und die Schnur bewegen sich sowohl beim Rück- als auch beim Vorwärtswurf immer ***geradlinig***, jedoch auf zwei deutlich ***getrennten*** Wurfebenen, um sich die Fliege verlässlich von Leib und Rute zu halten.

Für klar getrennte, unterschiedliche ***Flugbahnhöhen*** ist allein der Ellbogen zuständig. Er beschreibt, wie bereits zu lesen war, beim Rückwurf einen Bogen, der zuerst absinkt und dann nach hinten ansteigt. Beim Vorwärtswurf beschreibt der Ellbogen eine leicht abwärts gerichtete Gerade. Durch die Ellbogenbewegung wird nicht nur eine vertikale Trennung der Flugbahnen beim Rück- und Vorschwung in „Unten durch und oben drüber", sondern auch eine rasante Schnurführung erreicht *(Abb. 34, Seite 62).*

Je enger die Wurfebenen übereinander liegen, desto enger wird sich die Schnurschlaufe entwickeln. Mit einer flachen bzw. verengten Ellipse kann man nach vorne mehr Höhe und Wurfweite gewinnen. Werden die Wurfebenen jedoch geöffnet, führt das nicht nur zu einer größeren Schnurschlaufe, sondern kostet auch Wurfweite. Je nach Wurfart und Leinenlänge wird die Bewegungsellipse unterschiedlich ausfallen.

Neben der senkrechten Trennung der Ebenen der Rück- und Vorwärtsbewegung muss noch die ***seitliche*** Trennung der Flugbahnen erfolgen. Dafür ist allein der Winkel des Unterarms zur Körperlängsachse zuständig, der etwa 45 Grad beträgt. Beim Rückwurf kippt die Rutenspitze leicht nach außen und geht beim Vorwärtswurf wieder näher zum Körper zurück *(Abb. 36, Seite 67).* Auch bei der ***seitlichen*** Trennung der Flugbahnen darf die Rutenspitze die ***lineare*** Bahn nicht verlassen, sonst kommt es zu einem eklatanten Wurffehler *(Abb. 38, Seite 74).*

3.4.7 Die Aufgabe der linken Hand

Es ist wichtig zu wissen, dass der gestreckte Wurf der Fliege von der ununterbrochenen Spannung der Schnur abhängt.

Das bedeutet, dass die linke Hand die Schnur unter konstanter Spannung halten muss. Lockert sich die Spannung, bricht die Wurfschnur zusammen. Wird die Spannung plötzlich wieder hergestellt, so versetzt der jähe Ruck die Schnur in Wellenbewegungen.

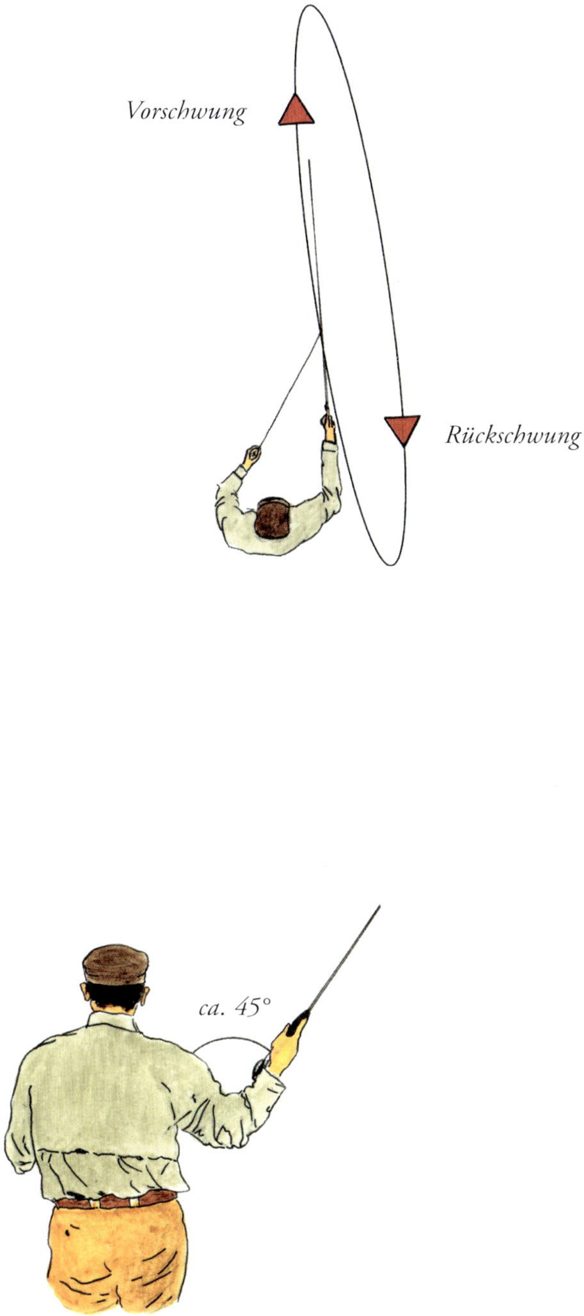

Abb. 36: Der richtige Armwinkel und die seitliche Trennung der Flugbahnen von Rück- und Vorwärtswurf

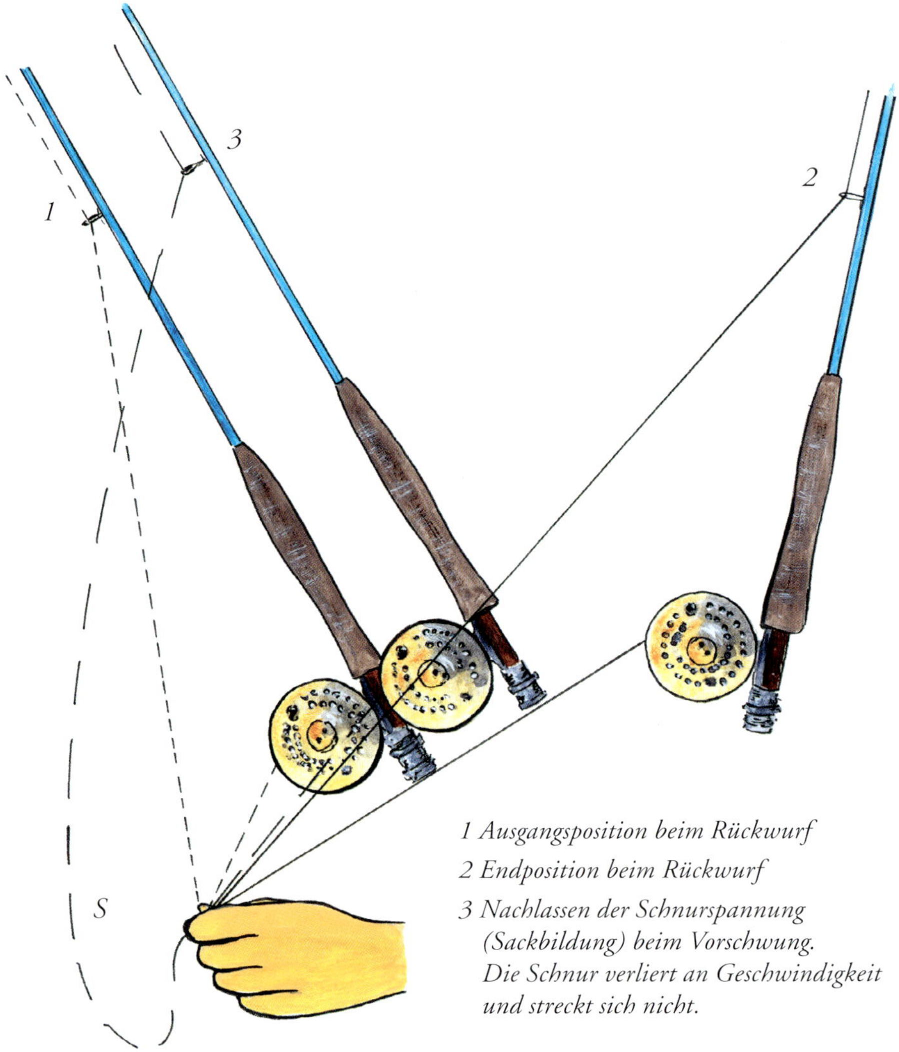

Abb. 37: Das Verharren der Schnurhand während des Wurf in einer starren Position führt zu Wurffehlern

Beide Einflüsse stören die Harmonie des gezogenen Wurfs. Sie beeinträchtigen zudem das Strecken der Wurfschnur und das Gefühl für das Timing. Das passiert dann, wenn die Schnurhand während des Wurfs in einer starren Position verharrt und damit ein unausgeglichenes Verhältnis zur Bewegung der Rutenhand verursacht *(Abb. 37, Seite 68).*

Denn die rechte Hand bewegt sich beim Führen der Fliegenrute rückwärts und vorwärts. Bleibt die Schnurhand dann stets am gleichen Punkt, so zieht sie an der Schnur, wenn sich die rechte Hand rückwärts von ihr entfernt. Sie lässt aber die Schnur erschlaffen, wenn sich die rechte Hand ihr in der Vorwärtsbewegung wieder nähert. Der Spannungszustand stellt sich mit einem Ruck wieder her, sobald der Vorschwung beendet ist und man erneut zum Rückschwung ansetzt. Das Gleichgewicht zwischen Rückschwung und Vorschwung geht verloren, das Timing gerät in Unordnung.

Genau betrachtet laufen die Bewegungen bei starrer linken Hand in zwei Phasen ab. So herrscht beim Rückwurf eine hohe Schnurgeschwindigkeit mit großer Spannung bei verkürzter Schnur. Beim Vorwärtswurf entsteht hingegen eine geringe Schnurgeschwindigkeit mit mäßiger Spannung bei länger werdender Schnur. Zwischen den beiden Vorgängen wird ein Ruck spürbar, sobald sich der Spannungszustand wieder herstellt. Er fällt um so heftiger aus, je länger die geworfene Schnur und je schwerer das Schnurgewicht sind. Das plötzliche Durchfedern der Rutenspitze durch den Spannungsausgleich verursacht Wellenlinien in der Schnurführung.

Die unbewegliche Haltung der linken Hand ist damit in vielen Fällen die Ursache für das Misslingen weiter Würfe. Daher muss die linke Hand den Bewegungen der rechten Hand folgen, stets im gleichen Abstand zum ersten Rutenring. Am bequemsten ist es, die Schnurhand etwa in Gürtelhöhe zu halten. Die Mitarbeit der linken Hand erweist sich außerdem beim Verlängern der Schnur als unverzichtbar. Diesen Punkt bespreche ich jedoch im Kapitel „Von der Theorie zur Praxis des Fliegenwerfens".

Vor dem Schritt von der Theorie zur Praxis des Fliegenwerfens sollten alle Einzelheiten der Wurftechnik durchdacht und im Gedächtnis eingeprägt sein. Nur dann kann unser Gehirn die Wurfelemente in der Praxis aufeinander abstimmen, um sie motorisch umzusetzen und so einen ebenso ökonomischen wie eleganten Stil zu erreichen.

3.4.8 Die zehn wichtigsten Gebote der Wurftechnik

1. Die Rutenspitze bewegt sich, sowohl beim Rück- als auch beim Vorwärtswurf, auf einer nach vorn geneigten Geraden.

2. Damit diese Gerade eingehalten werden kann, senkt sich der Ellbogen beim Rückwurf zuerst und steigt dann nach hinten an. Beim Vorwärtswurf beschreibt seine Spitze eine leicht abwärts gerichtete Linie.

3. Beim Werfen erfolgt hinten und vorn ein deutlicher Stop, damit der maximale Arbeitswinkel nicht überschritten wird. Dadurch entsteht eine enge Schnurschlaufe, die wiederum eine schnelle Schnurführung ermöglicht und zu einem geringen Luftwiderstand führt.

4. Der Rückschwung muss stärker ausfallen als der etwas weichere Vorwärtswurf, wobei sich die Geschwindigkeit vor den beiden Bremspunkten steigert.

5. Beim Rückwurf muss die Schnur außen und unterhalb der Rutenspitze auf einer von vorn nach hinten ansteigenden Geraden laufen. Beim Vorwärtswurf liegt die Bewegungsebene der Wurfleine über der Rutenspitze. Dieses: „Unten durch und oben drüber“ erfolgt durch eine Zug-Schub-Bewegung aus dem Schultergelenk innerhalb einer elliptischen Bahn.

6. Die Rutenhand bewegt sich nicht höher als bis zur Stirn und nicht tiefer als bis zur Brust.

7. Mit der korrekten Griffhaltung und dem technisch richtigen Wurf darf die Rolle nicht verkanten und zeigt stets in Wurfrichtung.

8. Die Rute bewegt sich seitlich innerhalb eines Winkels von etwa 45 Grad zur Körperlängsachse.

9. Beim Werfen muss die linke Hand immer mitarbeiten.

10. Der Druck auf die Rute, der Wurfrhythmus und das Timing passen sich der Schnurlänge an.

3.5 Von der Theorie zur Praxis des Fliegenwerfens

Ein perfekter Wurfstil kann sich nur dann entwickeln, wenn das theoretische Wissen in die Praxis umgesetzt und eingeübt wird. Das geht jedoch nicht ohne montierte Fliegenrute, dem wichtigsten Handwerkszeug der folgenden Übungen. Am besten gehen wir auf eine kurz zuvor gemähte Wiese, auf der man (möglichst ohne Zuschauer) ungestört trainieren kann. Auch ein Gewässer ist geeignet, am besten ein stehendes. Grundsätzlich sollte genügend Platz zum hindernisfreien Werfen zur Verfügung stehen.

Das Werfen erfordert die volle Konzentration auf den Bewegungsablauf in seiner ganzen Vielfalt. Deshalb sollte man die Wurfübungen nicht mit dem Fischen verbinden, da beides volle Aufmerksamkeit benötigt. Der Anfänger wäre völlig überfordert, wenn er sich gleichzeitig auf seine Wurfprobleme und die steigenden Fische konzentrieren sollte.

3.5.1 Die erste Übung – Der Leerwurf

Bei der Körperstellung ist zu beachten, dass das Körpergewicht auf dem rechten Bein ruht und das linke etwas vorgesetzt wird. Der ganze Körper dreht sich ein wenig nach rechts, was die späteren Bewegungen aus der Schulter sehr erleichtert. Aus diesem sicheren Stand ist auch der Blick nach hinten möglich, um die Bewegung der Schnur zu kontrollieren.

Der Oberkörper bleibt beim Vorwärts- und Rückwurf ruhig. Von der montierten Rolle zieht man entsprechend der AFTMA-Gewichtsklasse die richtige Schnurlänge ab. Die einfache Formel lautet: Klasse = Meter. Bei einer Rute der Klasse 5 befinden sich demnach fünf Meter der Leine plus das Vorfach vor dem Endring. Bevor sie gestreckt vor der Rute ausgelegt wird, muss der angehende Fliegenfischer noch ein Büschel Wollfäden an das Vorfach binden. Die folgende Übung zielt darauf ab, die Schnur vom Boden abzuheben und in Leerwürfen hin und her zu schwingen. Jede Verlängerung im Wurf unterbleibt.

Damit keine zusätzliche Schnur versehentlich von der Rolle rutscht, klemmt der Mittelfinger der rechten Hand die Leine vor der Rolle unter dem Rutengriff fest. Die linke Hand hat zunächst Pause und ruht in der Hosentasche. Die leicht nach außen gestellte Rute liegt mit der richtigen Griffhaltung und leicht vorgestrecktem Arm in der 3-Uhr-Position. Aus dieser ***Ausgangsstellung des Rückwurfs*** heraus hebt der Werfer die Rute und den Unterarm von der 3-Uhr- in die 2-Uhr-Stellung an, wobei er sie langsam ziehend beschleunigt. Dann nimmt er sie mit zunehmender Geschwindigkeit bis in die 11-Uhr-Stellung zurück und stoppt. Die Schnur hebt sich vom Wasser oder von der Wiese ab und bewegt sich seitlich außen, unterhalb der Rutenspitze nach hinten oben in einer ansteigenden Geraden. Anschließend wird der Wurfarm etwas angehoben, um die überschüssige lineare Energie in einer Kurve umzulenken und somit einen gleitenden Übergang in die Umkehrbewegung zu schaffen.

Die leicht ausgestellte Haltung beim Anheben der Rute bewirkt, dass die Rute und der Unterarm während des Bewegungsablaufs etwa 45 Grad von der Körperlängsachse abstehen. Die Position dient gegenüber dem angelegten Arm dem bequemeren Werfen und erleichtert das Trennen der seitlichen Flugbahnen beim Rück- und Vorwärtswurf. Da aus der Schulter und nicht mit dem Handgelenk geworfen wird, kann auch der Ellbogen nicht stehen bleiben. Der Unterarm, der die Verlängerung der Rute bildet, bestimmt zusammen mit der Ellbogengelenk den Haltewinkel und die Rutenstellung in den einzelnen Wurfphasen. Die Wurfhand kommt wie immer nicht höher als bis zur Stirn und nicht tiefer als bis zur Brust.

Die Endstellung des Rückwurfs ist zugleich die ***Ausgangsposition für den Vorschwung***, der im Winkel zwischen der 11-Uhr und der 2-Uhr-Stellung verläuft. Der Werfer leitet ihn erst ein, wenn sich die Schnur und das Vorfach im Rückschwung nach hinten streckten. Die Leine wird mit langsam zunehmender Beschleunigung über die Rutenspitze geradlinig nach vorn gezogen. Der Stop erfolgt dann, wenn die Rute die 2-Uhr-Stellung erreicht. Will man aus dieser Position zu einem weiteren Rückwurf (Leerwurf) ansetzen, darf sich die Schnur nach dem Stop die Zeit zum Auslaufen nehmen. Darauf senkt sich die Rute etwas ab, ohne den Arbeitswinkel zu verändern und erreicht so die richtige Ausgangsstellung für den Beginn des Rückschwungs.

Die geringe Länge der Schnur erfordert bei dieser Übung nur einen kurzen Arbeitsweg mit wenig Druck auf die Rute, bei relativ schnellem Wurfrhythmus. Sowohl beim Rück- als auch beim Vorwärtswurf muss ein deutlicher Stop gesetzt werden. Nach jedem Halt müssen sich die Schnur und das Vorfach nach hinten beziehungsweise nach vorn strecken. Der Druck auf die Rute ist beim Rückwurf deutlich höher als beim Vorschwung. Bei der geringen Leinenlänge fällt die geradlinige Zug- und Schubbewegung jedoch entsprechend verkürzt aus.

Das Üben des Leerwurfs vermittelt das Gefühl für eine ***runde oder ovale Ruten- und Leinenführung***, die richtige zeitliche Einteilung sowie das Regulieren des Wurftempos. Das richtige Timing und der unterschiedlich schnell zu dosierende Rhythmus muss in Fleisch und Blut übergehen, will man sich stilistisch weiterentwickeln. Gelingen die Leerwurfserien, so ist die Voraussetzung für die nächste Übung gegeben, das Ablegen der Schnur mit Vorfach und Fliege.

3.5.2 Die zweite Übung – Das Ablegen der Schnur

Die wichtigste Forderung bei der Übung lautet, dass die Schnur mit Vorfach und Fliege gestreckt und gerade abgelegt wird. Beim Leerwurf endet der Vorschwung in der 2-Uhr-Stellung. Der Rutenwinkel bleibt nach dem Stop zunächst unverändert, bis sich die Schnur und das Vorfach nach vorne ausstreckten und die Rute zum Ablegen der Fliege (bei den Übungen das Wollbüschel) in die 3-Uhr-Position weiter abgesenkt wird. Unterbleibt der 2-Uhr-Stop und wird der Vorschwung ganz nach vorne durchgezogen, klatschen Schnur und Vorfach samt Fliege möglicherweise auf das Wasser.

Bei den Übungen sollte man den Blick über die rechte Schulter auf die Rute sowie die Schnur richten und die Flugbahn überwachen. Der ***Rückwurf*** muss ***„unten durch"*** und der ***Vorwärtswurf „oben drüber" – innerhalb einer elliptischen Bahn – erfolgen***. Die enge Begrenzung des Arbeitswinkels der Fliegenrute muss ständig überprüft werden. Wird der Arbeitswinkel geöffnet, entsteht eine weite Schnurschlaufe. Eine enge Schlaufe im Vorwärts-Wurf ist jedoch entscheidend für die Rasanz und den geringen Luftwiderstand der Leine.

Sie wird weder geschnellt noch gepeitscht, sondern gezogen. Das ist jedoch nur dann möglich, wenn die Rute aus der Schulter heraus mit zunehmender Beschleunigung nach rückwärts gezogen und nach vorne geschoben wird. So entsteht eine nach hinten ansteigende flache Schnurellipse.

Die Ellipse entsteht automatisch, wenn der Ellbogen samt der Wurfhand innerhalb der richtigen Bahn und die Rute mit zunehmender Kraft und Geschwindigkeit zwischen den beiden Stoppunkten in runder und geschmeidiger Form bewegt wird. Die kontrollierte Kraft kommt aus dem Oberarm, das Schultergelenk bildet das Zentrum der Bewegung (Abb. 34, Seite 62).

Für die Selbstkontrolle ist es wichtig zu wissen, wie Fehler bei den Übungen entstehen können: Wenn nicht aus der Schulter gearbeitet wird, bleibt der Ellbogen automatisch stehen. Das hat zur Folge, dass sich die Rutenspitze, die ja die Schnur führt, mehr in einem Kreis als in einer Geraden bewegt. Das führt zu einer schlaffen Schnurführung und einer weiten Schlaufe bei verminderter Zielgenauigkeit.

Läuft die Schnur beim Rückwurf über die Rutenspitze, ist das ein sicheres Zeichen dafür, dass der Ellbogen stehen blieb, das Handgelenk eingesetzt oder die Rute zu früh abgekippt wurde.

Beim Vorschwung kann es vorkommen, dass sich die Schnurschlaufe unten durch bewegt. Das hat seine Ursache darin, dass der Werfer seiner Schnur zu wenig Zeit gab, sich nach hinten zu strecken und den Druck auf die Rute zu früh ausübte.

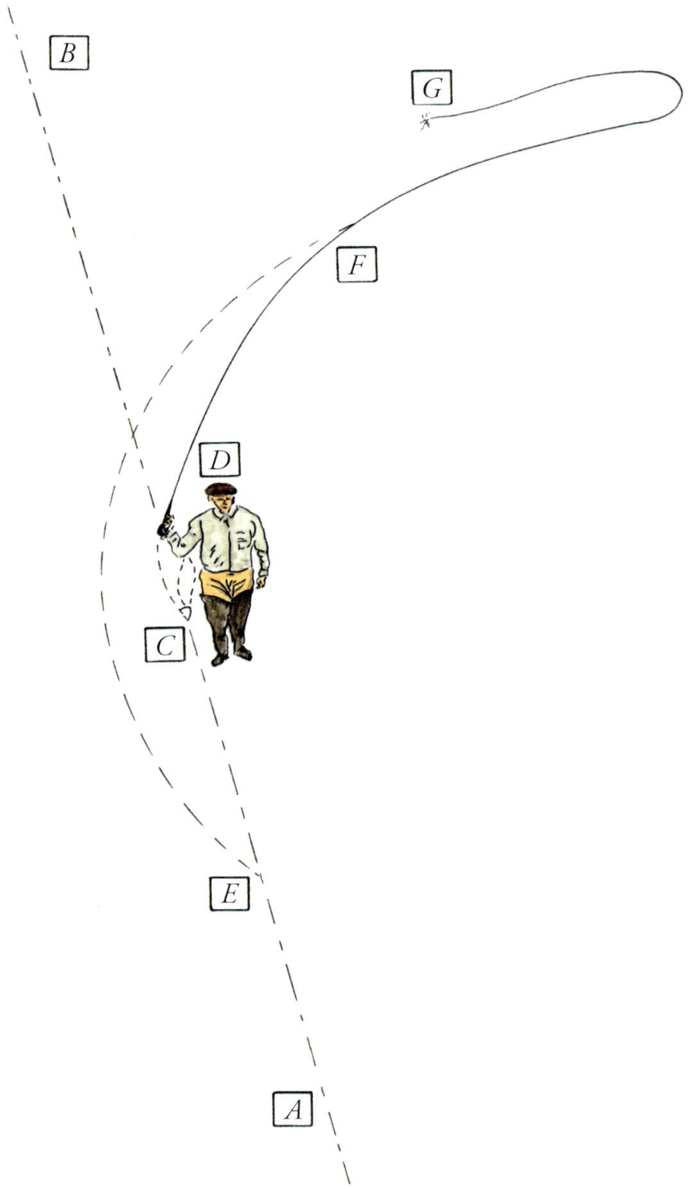

Abb. 38: Ein häufiger und eklatanter Wurffehler:
*Das Verlassen der geradlinigen Bahn (Punkt A bis Punkt B) durch das **Auswärtsdrehen der Wurfhand** (verkanten der Rolle Punkt C bis D) und das **Einwärtsdrehen der Rutenspitze** (Punkt E bis F) führt zu einem seitlichen Bogen der Wurfleine hinter dem Körper des Werfers (Punkt G). Der Werfer fühlt plötzlich nicht mehr das Gewicht der Schnur, die zugleich an Flughöhe und an Geschwindigkeit verliert. Das kostet nicht nur Wurfweite, sondern führt zu dem gefürchteten **„Tailing loop“**.*

Wenn der angehende Fliegenfischer beim Vorschwung die Rute zu früh abkippt, weil die Höchstgeschwindigkeit viel zu früh auftritt, entsteht eine birnenartige, weite Schlaufe. Die auch „Tailing loop" genannte Erscheinung führt möglicherweise zum Verfangen der Fliege in der Wurfleine und dem Vorfach – ein wesentlicher Wurffehler!

Ist der Druck auf die Rute beim Rückschwung zu schwach und wird der Stop in der 11-Uhr-Stellung nicht gesetzt oder sogar überschritten, fällt die Schnurschlaufe hinten auf das Wasser und der Vorschwung misslingt.

Verkantet die Rolle beim Rückwurf nach außen, gerät die Schnur hinter den Fliegenwerfer. Beim Vorschwung streift die Fliege den Werfer zwangsläufig. Deshalb muss die Rolle immer in Wurfrichtung zeigen.

Das Verkanten der Rolle ist oft ein Zeichen, dass die Hand am Ende des Rückwurfs nach außen gedreht wurde und die Rutenspitze durch Einwärtsdrehen die geradlinige Bahn verlassen hat. Automatisch weicht die Leine dadurch von der linearen Flugbahn ab, öffnet sich und läuft in einem seitlichen Bogen hinter dem Körper des Werfers *(Abb. 38, Seite 74)*. Der Angler fühlt nun nicht mehr das Gewicht der Schnur, die zugleich an Flughöhe verliert. Das hat zur Folge, dass er den Vorwärtswurf zu früh sowie ruckartig einleitet. Dadurch bilden sich Schockwellen nach vorn in der Schnur, was die Wurfweite beieinträchtig und zum Tailing loop führt. Wenn sich Fliege und Vorfach dann noch verhängen und das Ganze klatschend ins Wasser stürzt, kommt beim Angler mit Sicherheit keine Freude auf.

3.5.3 Die dritte Übung – Die Mitarbeit der linken Hand

Im theoretischen Teil der Grundlagen der Wurftechnik stellte ich unter dem Kapitel 3.4.7 die Aufgabe der linken Hand eingehend dar. Deshalb beschränke ich mich hier auf die praktischen Anweisungen. Zunächst wird wieder die Schnur vor dem Wurf gestreckt auf dem Boden oder dem Wasser ausgelegt.

Die linke Hand greift die Schnur bei gestrecktem Arm so nahe wie möglich unterhalb des ersten Rutenrings und klemmt sie zwischen der Rinne an den Mittelgelenken vom Mittel-, Ring- und Zeigefinger fest. Die Schnur läuft über die Mitte des Daumens zu seiner Spitze in die Rutenringe und wird mit dem zweiten Glied des gekrümmten Zeigefingers festgeklemmt. Die Daumenkuppe registriert das Gewicht der Wurfleine und fühlt ihre Spannung. Durch leichtes Anstrecken der Schnur wird der direkte Kontakt zwischen Hand und Schnurspitze hergestellt, die Schnur also auf Zug gebracht. In dieser Ausgangsstellung befindet sich die linke Hand etwa einen halben

Meter neben der Rutenhand. Während des Wurfs bleibt dieser Abstand möglichst erhalten, die linke Hand begleitet konsequent die rechte. Dabei agiert der linke Ellbogen abgewinkelt vor der Brust.

Wenn die Übung mit der bisherigen kurzen Wurfleine gelingt, wird sie auf neun Meter verlängert und mit langer Schnur weiter geübt. Bei jedem Verlängern der Wurfschnur ist zu berücksichtigen, dass der längere Arbeitsweg einen stärkeren Druck auf die Rute erfordert und der Wurfrhythmus sowie das Timing um so langsamer werden, je mehr Schnur beim Wurf in der Luft liegt. Andererseits wird die Zug-Schubbewegung flüssiger und die Ausholbewegungen weiträumiger, ohne jedoch den Arbeitswinkel zu erweitern. Grundsätzlich müssen der Wurfrhythmus und das Timing der Schnurlänge angepasst werden. Man muss lernen, variabel zu werfen. Viele Fliegenfischer werfen zu schnell, wodurch sich die Schnur weder hinten noch vorn korrekt streckt. Im Rückschwung ist die Schnur noch nicht gestreckt und schon beschleunigt der Vorschwung sie erneut. Die Folge ist eine Schleife am Schnur-Ende. Der berühmte, vom Vorfach erzeugte Peitschenknall führt zum Verheddern der Fliege in der Schnur und lässt die sogenannten Windknoten im Vorfach entstehen.

Richtiges Timing bedeutet, dass sich einerseits Schnur und Vorfach fast gänzlich strecken müssen, andererseits darf die Schnur hinten nicht unter die Horizontale absinken, um so die optimale Kraftübertragung der Rute zu gewährleisten. Die längere Schnur zwingt dazu, die Bewegungsabläufe bei Rück- und Vorwärtswurf noch stärker und genauer zu betonen und zu koordinieren.

Der Rückwurf muss bei schräg nach oben verlaufender Schnurführung konsequent in der 11-Uhr-Stellung abgestoppt werden. Jeder größere Neigungswinkel der Rute nach hinten ist schädlich. Gerade jetzt beim Wurf mit längerer Leine würde die Schnur unweigerlich nach hinten absinken, den Boden oder das Wasser berühren und den Vorwärtswurf ruinieren.

Beim Vorwärtswurf muss der Stop in der 2-Uhr-Stellung erfolgen, um dann in der Schluss-Phase zum Ablegen den Zeigefinger allmählich auf das Ziel nach vorn und nicht nach unten auszurichten. Denn das Ziel liegt für den Zeigefinger etwa einen Meter über dem Wasser und bewirkt, dass die Fliege sanft wie ein natürliches Insekt auf das Wasser schwebt

3.5.4 Die vierte Übung – Das Verlängern der Schnur

Bei dieser Übung wird die erforderliche Schnurlänge nicht mehr vor dem Wurf ausgelegt. Vielmehr verlängert der Werfer die Leine von der Rolle weg. Dazu liegt bei

Wurfbeginn wenigstens ein Meter Schnur vor dem Spitzenring. Das Vorfach allein ist meist zu leicht und kann in Aktion kaum weitere Schnur aus den Ringen ziehen. Eher rutscht es bei einem Versuch in die Ringe zurück und schnell bildet sich im oberen Rutenteil eine Perücke. Will man die Schnur aus dem Spitzenring ziehen, darf die Hand nicht am Rutengriff bleiben. Denn bei einem Zug mit der anderen Hand an der Leine biegt sich die Rutenspitze so stark, dass sie beim Zerren am Nylon brechen kann. Besser steht die Rute mit der Rolle auf einer weichen Unterlage, damit letztere nicht verschrammt. Dann zieht der Fischer den ersten Meter Schnur ohne Biegen der Spitze durch den Ring.

Jetzt darf der Wurf beginnen. Zunächst zieht die linke Hand beim Rückschwung Schnur von der Rolle. Dabei folgt die linke Hand beim Verlängern der Schnur der rechten ausnahmsweise nicht, sondern wirkt in entgegengesetzter Richtung. Die Linke fasst die Schnur an der Rolle und zieht sie nach links unten ab. In der Endphase des Vorschwungs geben die Finger die Leine frei und die bereits durch die Luft schneidende Schnur zieht sie durch die Ringe nach vorn – die Schnur „schießt", so die Fachbezeichnung.

Die linke Hand kann begrenzt durch die Armlänge mit jedem Rückschwung bestenfalls etwa einen Meter Schnur abziehen. Daraus folgt, dass für das Ausspielen von zehn Meter Schnur zehn Leerwürfe erforderlich sind. Besonders dann, wenn ein steigender Fisch ausgemacht wurde und damit die Zeit drängt, ergibt sich die Notwendigkeit der Leerwürfe mit Schnur-Verlängerung. Soll sich die Fliegenschnur schnell verlängern, kann man vor Beginn der Leerwürfe die vorgesehene Schnurlänge von der Rolle abziehen. Die Leerschnur lässt man entweder mit der Strömung abtreiben oder die linke Hand nimmt sie in gleichmäßigen Schlingen oder Klängen auf. Jetzt kann jeder Vorschwung größere Längen mitnehmen. Damit erreicht die Fliege mit einer geringeren Anzahl von Leerwürfen ihr Ziel.

Sobald etwa vier bis fünf Meter Schnur vor dem Spitzenring liegen, beginnt die Rute allmählich „zu arbeiten" – die Hand fühlt deutlich die Schnellkraft der Rute. Jede weitere Verlängerung der Schnur erfordert eine stärkere Beschleunigung und eine erhöhte Geschwindigkeit. Es wäre jedoch falsch, beides durch schnellere Vor- und Rückschwünge erreichen zu wollen. Das notwendige Steigern von Beschleunigung und Endgeschwindigkeit lässt sich nur erzielen, wenn die eingesetzte Kraft über eine weitere Strecke wirkt. Das heißt, der Arbeitsweg muss länger ausfallen und damit der Weg der rechten Hand nach hinten oben erweitert werden. Der Fischer erreicht das durch das Verschieben des Ellbogens und durch das zunehmende Strecken des Wurfarms und des Oberkörpers in der Endphase des Rückwurfs. Dabei bleibt der Arbeitswinkel möglichst eng und die Wurfhand übersteigt nie die Stirnhöhe.

Für den Anfang sollte die Schnurlänge 12 bis 15 Meter nicht überschreiten. ***Gerade bei längeren Würfen ist es nötig, die geradlinige Zug-Schub-Bewegung entsprechend zu verlängern und die Bewegungsellipse zu verengen. Wie gehabt folgt die Schnurhand stets der Wurfhand und hält die Schnur unter Spannung.***

Beim Normalwurf liegt die Grenze bei einer Schnurlänge von 18 Metern. Will man jedoch sehr weite Distanzen überbrücken, kommt die entscheidende Beschleunigung nur aus der Schnurhand – genau genommen kommt der Doppelzug zum Einsatz. Ich erkläre ihn zusammen mit weiteren Spezialwürfen im nächsten Abschnitt.

Die Grundschule der Wurftechnik schließe ich mit der folgenden Erklärung des Grundwurfes mittels eines Uhrzifferblattes ab.

3.5.5 Der Ablauf des Zielwurfs anhand der Fliegenfischer-Uhr

Der Rückwurf: *(siehe auch Abbildungen 32 und 39, Seite 58 und 80).*
Ausgangsstellung: Die Schnur liegt gestreckt auf dem Wasser. Die Rute (Daumen-Zeige-Finger-Haltung) bildet mit der Hand und dem Unterarm eine Einheit und befindet sich waagerecht in der 3-Uhr-Stellung. Aus dieser Position wird das so verlängerte Wurfgerät in einem seitlich von der Körperachse weggeneigten 45-Grad-Winkel geführt. Die linke Hand hält die Schnur.

Von 3 bis 2 Uhr: Die Rutenspitze wird aus dem Schultergelenk sachte angehoben, wobei der Ellbogen eine leichte Führung übernimmt. Die Schnur beginnt zu gleiten und erhebt sich langsam vom Wasser. Gleichzeitig setzt die Ellbogenspitze auf einer bogenförmigen Bahn zum Absinken nach hinten an. Die Schnurhand bleibt passiv, hält die Schnur jedoch auf Zug.

Von 2 bis 1 Uhr: Die Rute wird mit zunehmender Beschleunigung nach hinten geführt, wobei sie sich „auflädt", also durch den Zug des Arms verbunden mit dem Widerstand von Schnur und Wasser unter Spannung gerät. Die Rute ist aufgeladen und hat die Schnur vom Wasser abgehoben. Zudem erreicht der Ellbogen seine tiefste Position.

Von 1 bis 12 Uhr: In dieser Wurfphase ist es wichtig, das Abkippen der Rute nach hinten zu verzögern, damit sie sich optimal aufladen kann. Der Ellbogen steigt nach hinten an.

Von 12 bis 11 Uhr: Jetzt ist die höchste Beschleunigung erreicht. Die Rute kippt von der 12-Uhr- in die 11-Uhr-Stellung ab und wird anschließend gestoppt. Der Ellbogen erreicht auf seiner bogenförmigen Bahn die höchste Position, die Wurfhand befindet sich maximal in Ohrhöhe. Hier ist die Endstellung des Rückwurfs erreicht. Die Schnur rollt seitlich außen und unterhalb der Rutenspitze nach hinten in einer ansteigenden Geraden aus.

Ideal ist es, nach dem Stop bei gleichem Rutenwinkel der Schnur noch einige Zentimeter nach hinten zu folgen. Damit stabilisiert sich die Rute, die Schnur fliegt ruhiger und der Arbeitsweg wird für den Vorschwung verlängert, ohne den Arbeitswinkel zu erweitern.

Der Vorwärtswurf: *(siehe auch Abbildungen 33 und 40, Seite 59 und 81).*
Ausgangsstellung: Die Endstellung des Rückwurfs ist zugleich die Ausgangsposition für den Vorwärtswurf.

Von 11 bis 12 Uhr: Erst wenn sich die Schnur mit dem Vorfach hinten fast ganz gestreckt hat, beginnt der Vorschwung. Durch einen geradlinigen Arm-Schub wird die Schnur mit langsam zunehmender Beschleunigung angezogen. Dabei lädt sich die Rute optimal auf und die Ellbogenspitze beschreibt eine leicht abwärts gerichtete Gerade. Auch in dieser Wurfphase muss das vorzeitige Abkippen der Rute unterbleiben.

Von 12 bis 1 Uhr: Durch den erst jetzt verstärkten Druck auf die Rute leitet der Werfer die Phase der vollen Beschleunigung ein und zieht die Schnur über die Rutenspitze nach vorn. Die Ellbogenspitze bewegt sich weiter auf der geraden Linie.

Von 1 bis 2 Uhr: Die Rute kippt von der 1-Uhr- in die 2-Uhr-Stellung ab und wird dann abgefangen. Nach diesem Stop und dem Ausrollen der Schnur.

Von 2 bis 3 Uhr: ...wird die Rute weiter abgesenkt. Der Fischer legt die gestreckte Schnur samt Vorfach und Fliege sanft auf dem Wasser ab. Der Ellbogen erreicht wieder seine Ausgangsposition.

Das Ablegen und makellose Präsentieren der Fliege gelingt am besten, wenn der zielgerichtete Beschleunigungsimpuls nach vorn und nicht nach unten erfolgt.

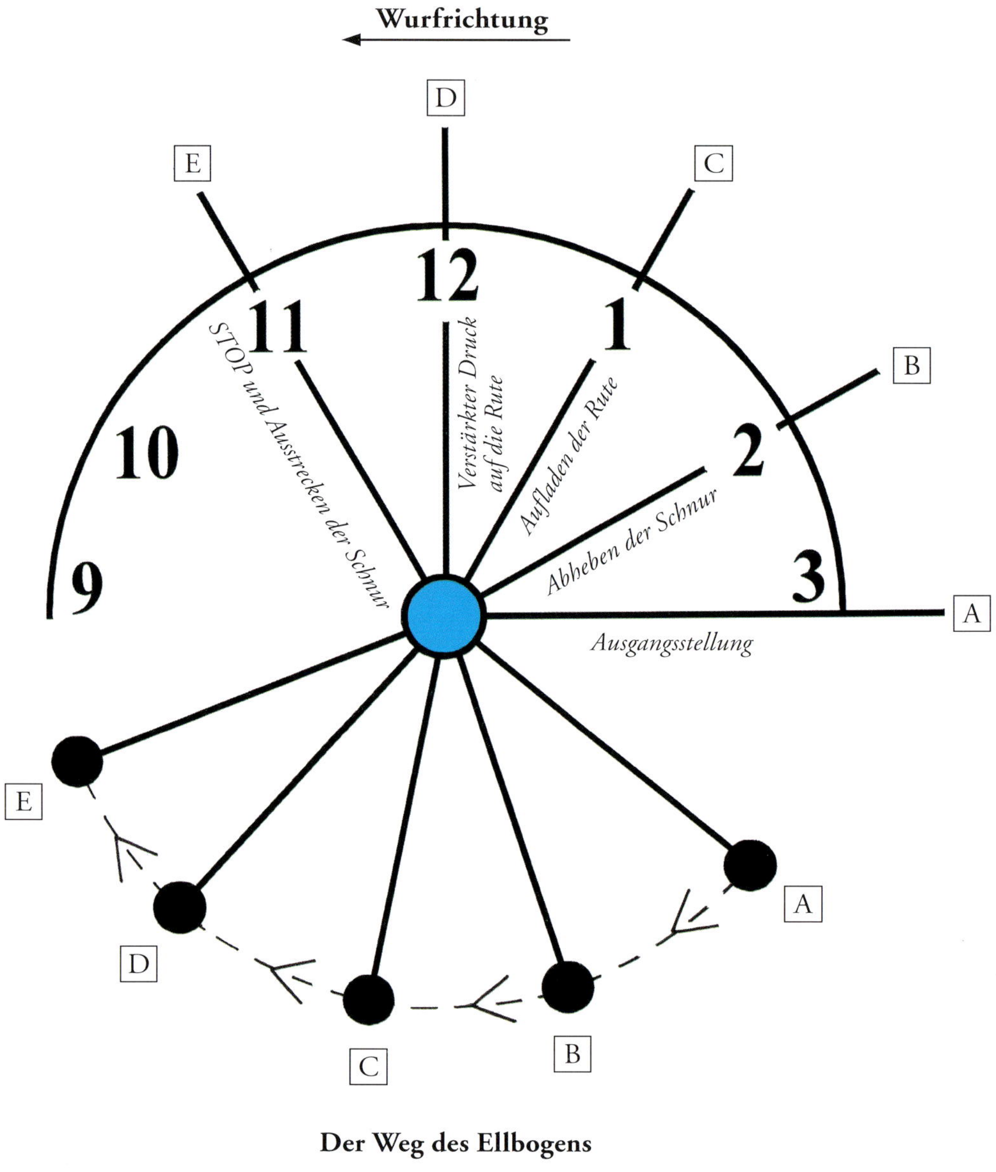

Abb. 39: Die Rutenstellung und die Position des Ellbogens in der jeweiligen Wurfphase beim Rückwärtswurf

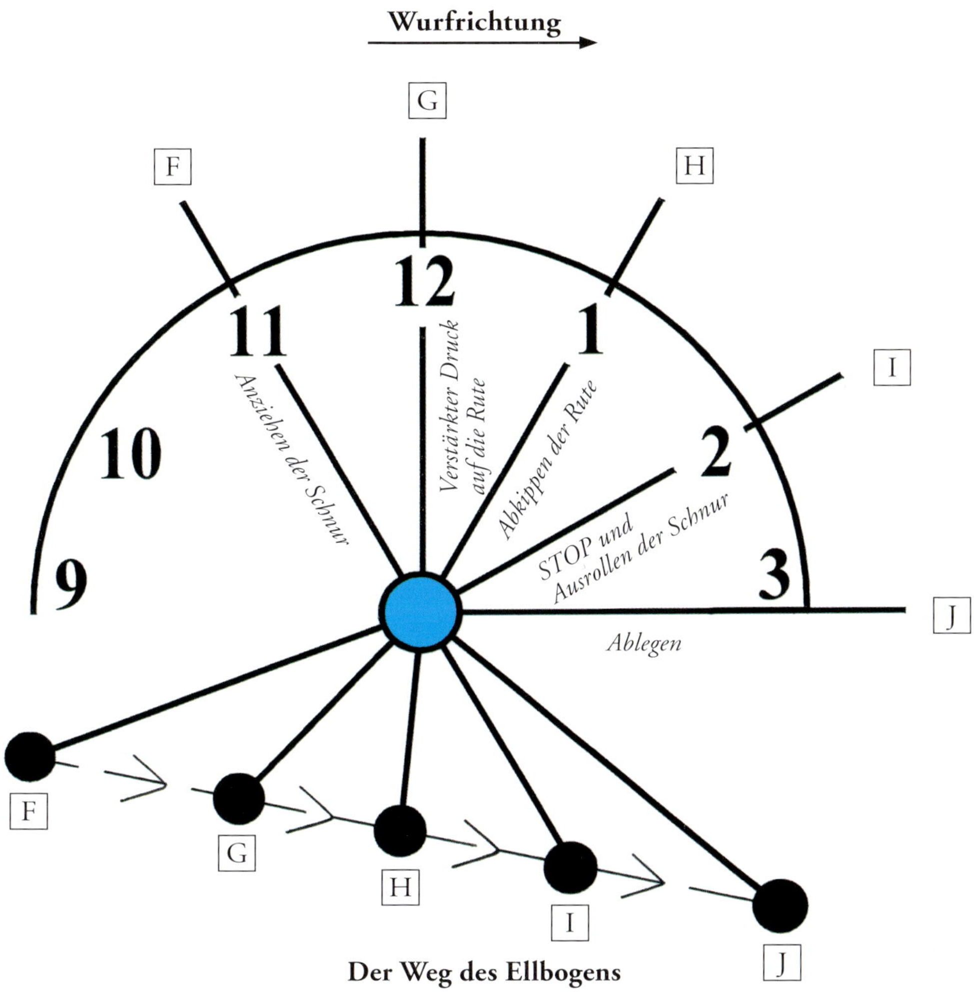

Abb. 40: Die Rutenstellung und die Position des Ellbogens in der jeweiligen Wurfphase beim Vorwärtswurf.

3.6 Die Wurfvarianten und die wichtigsten Spezialwürfe

Spezialwürfe können das Fischen an schwierigen Stellen mit unterschiedlichen Strömungen, überhängenden Zweigen und anderem sehr erleichtern. Eine Herausforderung ist es auch, einen Fisch im Kehrwasser zu überlisten oder die Schnur im Wind zu beherrschen. Jedoch sollte man sich erst an die „Trickwürfe" heranwagen, wenn die Standard-Wurftechnik wirklich stimmt. Am einfachsten fällt der Einstieg mit den leichteren Wurfvarianten, die sich später mit fortschreitendem Können durch die schwierigeren Spezialwürfe ergänzen lassen. Insgesamt gilt es, die erlernte Basis-Wurftechnik in Variationen und in Spezialwürfe umzusetzen. Erst wenn man alle Ausführungen des Wurfs beherrscht, ist der Schritt vom Werfer zum Fischer wirklich geschafft.

3.6.1 Die Verlagerung des Arbeitswinkels

Hier muss man zwischen vertikalen und horizontalen Arbeitswinkelverlagerungen unterscheiden. Beide sind Varianten des Standardwurfs, die in einem anderen Winkel zur Körperachse erfolgen.

3.6.1.1 Die vertikale Arbeitswinkelverlagerung

Wenn der Fliegenfischer erhöht zum Wasserspiegel steht und sich in seinem Rücken ein Steilufer oder Sträucher und Bäume befinden, kommt er beim Werfen mit einem normalen Arbeitswinkel nicht zurecht. Unter solchen Bedingungen verlegt er den Arbeitswinkel ***nach vorn***. Der Rückwurf endet mit dem Stop bereits bei 1 Uhr, spätestens jedoch bei 12 Uhr.

Der Watfischer verlagert den Arbeitswinkel dagegen ***nach hinten***, damit die Fliege oder sogar die Schnur nicht bei jedem Vorschwung das Wasser berührt und die Fische verscheucht. Die tiefe Position des Watfischers ergibt einen geringeren Spielraum zwischen Wurfleine und der Wasseroberfläche. Das zwingt zu einem forcierten Tempo beim Werfen, wobei der Stop des Vorwärtswurfs bei etwa 1 Uhr und der des Rückwurfs entsprechend weiter hinten erfolgt.

Wichtig ist dabei zu wissen, dass die Länge des Arbeitsweges der Rutenspitze bei der Verlagerung gleich bleibt. Was man vorn dazugibt, wird hinten abgezogen und umgekehrt.

3.6.1.2 Die horizontale Arbeitswinkelverlagerung

Von einer horizontalen Arbeitswinkelverlagerung spricht man, wenn der Seitenwurf ***(Sidecast)*** oder der Rückhandwurf ***(Backhand)*** eingesetzt wird.

Mit dem ***Seitenwurf*** lassen sich über Wasser hängende Zweige eines Strauches oder Baumes unterwerfen. Beim Sidecast muss der Wurfrhythmus, ähnlich wie beim Watwurf, etwas schneller ablaufen, da der Schnur nur wenig freier Raum zwischen Wasseroberfläche und Hindernis bleibt. Deshalb muss die Rutenspitze parallel zum Wasserspiegel oder Ufergelände laufen.

Der ***Rückhandwurf*** empfiehlt sich immer dann, wenn das Wasser von links kommt oder der Wind von rechts heranweht und beim Normalwurf die Schnur mit der Fliege in Richtung Fischer saust. Der Backhand bietet sich ebenfalls an, wenn zur rechten Hand störende Hindernisse wie Sträucher oder Uferbauten liegen. Beim Rückhandwurf darf die Rutenhand zur linken Seite nicht über die Nasenspitze hinauswandern. Die Schnur bewegt sich beim Rückwurf links außen unterhalb der Rutenspitze nach hinten und kommt beim Vorwärtswurf oben über die Spitze wieder zurück. Der Unterarm kann bis zu 90 Grad zum Normalwurf weiter nach links versetzt arbeiten, im Extremfall noch mehr.

Einige weitere Spezialwürfe basieren auf dem Seiten- oder Rückhandwurf, was ich später noch erläutere.

3.6.2 Das Verkürzen der Schnur

Manchmal kommt es vor, dass während des Werfens überraschend ein guter Fisch in der Nähe des Fischers steigt und sich nur mit verkürzter Leine erreichen lässt. Hier heißt es schnell zu reagieren und die Wurfleine noch in der Luft zu verkürzen. Das funktioniert nur, wenn die linke Hand die Schnur nach dem Vorschwung bei gleichem Wurfrhythmus zum rechten Mittelfinger bringt, der sie gegen den Rutengriff klemmt. So lässt sich nach jedem weiteren Rückwurf hinter der rechten Hand Schnur einholen, ohne den Wurf zu unterbrechen. Die eingeholte Leine – auch Leerschnur genannt – kann in Klängen in der linken Hand liegen, um sie zu gegebener Zeit wieder auszuspielen.

3.6.3 Der Wurf stromaufwärts

Beim Wurf gegen die Strömung muss die linke Hand die Wurfleine nach dem Ablegen im Tempo der Fließgeschwindigkeit des Wassers verkürzen, um mit der Fliege in Fühlung zu bleiben. Dieser Wurf ist lediglich ein Normalwurf, bei dem die Rutenspitze beim Ablegen knapp über dem Wasserspiegel zum Halten kommt. Die Position der Rutenspitze verändert sich auch beim Verkürzen der Schnur nicht und zeigt immer in die Richtung der antreibenden Fliege. Bei sehr schneller Strömung ist es jedoch besser in einem steileren Rutenwinkel, möglichst viel Schnur vom Wasser zu halten.

Jetzt gilt es, die auf den Fischer zutreibende Leine mit der linken Hand zur Rutenhand zu führen. Dabei klemmt er die Wurfleine zwischen dem Mittelfinger der rechten Hand und dem Rutengriff, ohne die Fliege aus den Augen zu verlieren. Gelingt es vor einem Biss nicht, die antreibende Schnur vom Wasser zu bekommen, geht der Anhieb fast immer ins Leere. Damit schon beim Servieren der Fliege kein Zentimeter

Schnur zu viel auf dem Wasser landet, muss der Vorwärtswurf mit extrem gestreckter Leine erfolgen.

Dazu übt der Werfer in der Endphase des Vorwärtswurfs verstärkt Druck auf die Rute aus und senkt gleichzeitig die Rutenspitze tief auf die Wasseroberfläche. Allerdings unterläuft dem Anfänger jetzt oft ein entscheidender Fehler. Er hält rechts die Fliegenrute und reißt mit der linken Hand hinter dem Leitring die Schnur aus den Ringen. Sobald er nachgreift, lässt die linke Hand die Schnur los und erfasst sie hinter dem Leitring aufs neue. Sollte in diesem Augenblick der Fisch anbeißen, geht der Anhieb daneben. Die linke Hand nimmt die Schnur hinter der rechten auf (nicht hinter dem Leitring). Sobald die linke nachgreift, klemmt der Fischer die Leine ***automatisch*** mit dem rechten Mittelfinger fest. Packt ein Fisch zu, sitzt der Anhieb auf alle Fälle. Durch diesen Kniff findet der Fischer die Schnur im Nachgreifen außerdem wesentlich einfacher und kann sich, statt auf die Rute zu schauen, ganz auf die antreibende Fliege und den Fisch konzentrieren. Da er die aufgenommene Schnur zum neuen Wurf wieder durch die Ringe schießen lassen muss, treibt sie zweckmäßigerweise einfach im Kielwasser.

Der Fisch sollte übrigens beim ***Aufwärtsfischen*** – wenn möglich – ***leicht schräg*** angeworfen werden, damit ihm die Schnur nicht vor der Fliege über den Kopf schwimmt. Entweder ***leicht schräg nach links oder aus der Rückhandstellung leicht schräg nach rechts.*** Nur wenn die Schuppenträger ausreichend tief stehen, kann der Nymphenfischer sie ohne zu stören direkt überwerfen.

3.6.4 Die zurückgestoppten Würfe

Die zurückgestoppten Würfe zählen zu den wichtigsten Wurfarten zum Servieren einer Trockenfliege in strömendem Wasser. Beim Fischen quer zur Strömung und stromabwärts steht der Werfer vor dem Problem, wie er die Fliege über eine längere Strecke unbehindert frei mit der Strömung schwimmen lassen oder unterschiedliche Strömungsverhältnisse überbrücken kann.

Jede an einer gestreckten Schnur schulmäßig abgelegte Fliege läuft in der Strömung auf dem Radius eines Kreises, dessen Mittelpunkt die Rutenspitze ist. Wird die Fliege quer zur Strömung abgelegt, beginnt sie abzutreiben, gerät schnell in eine Driftbewegung und beendet stark ziehend (dreggend, furchend) ihre Bahn. Sie hat dabei nur ein Viertel ihres Kreises durchlaufen. Um die Bewegung auf der Kreisbahn in ein unbehindertes Abtreiben überzuleiten, muss man die Fliege von der Fessel des Schnurzugs befreien. Dazu eignen sich verschiedene Techniken.

Die ***erste Methode*** des zurückgestoppten Wurfs unterscheidet sich vom Normalwurf durch die von der Rolle gezogenen Schnurmenge. Es ist weitaus mehr, als man dann tatsächlich beim Servieren der Fliege durch die Ringe schickt. Der Rest der Wurfleine wird sofort nach dem Servieren – also nachträglich – vor der Rutenspitze auf das Wasser gelegt. So unterbricht sie die Direktverbindung zwischen Spitzenring und Fliege. Der Köder kann jetzt ungehindert schwimmen, wobei die Strömung die zusätzliche Schnur langsam aufzehrt.

Die ***zweite Methode*** unterscheidet sich vom Standardwurf dadurch, dass der Wurf in der Luft frühzeitig (zurück-) gestoppt wird. Der in der Luft gestoppte Zielwurf unterscheidet sich zwar von der ersten Methode, kann jedoch mit dieser kombiniert werden, sofern man genügend Leerschnur in der Hand behält.
Eine Variante der zweiten Methode stellt der „Bounce“ oder „Kickback-Cast“ dar.

Als ***dritte Methode*** sei der Vollständigkeit halber der „Reach Cast“ erwähnt. Bevor sich die Wurfleine ganz ausrollte oder sogar streckte, wird die Rutenspitze beim Vorschwung mit einer „Ausstreck- (engl. „reach“) Bewegung“ auf die stromaufwärtige Seite geführt und abgesenkt. Gleichzeitig gibt die Schnurhand genügend lose Leine frei.

Alles zusammen betrachtet wird deutlich, warum der Einsatz von Leerschnur so wichtig ist. Deshalb empfiehl sich selbst bei kurzen Würfen, Leerschnur im Wasser treiben zu lassen, ohne sie auf die Rolle zu nehmen. Beim Fischen vom Ufer aus hält man zweckmäßigerweise die abgezogene Leerschnur in Schlingen in der linken Hand. Dadurch vermeidet man das Verwickeln an Grashalmen oder Ästen.

3.6.4.1 Der zurückgestoppte Wurf quer zur Strömung

Kommt die ***Strömung von links***, wird die Schnur zunächst mit einem Normalwurf gestreckt auf das Wasser gelegt. Unmittelbar nach dem Absetzten der Schnur gibt die linke Hand die Leerschnur frei und die gesenkte Rutenspitze beschreibt waagerecht einen Bogen gegen die Strömung, in diesem Fall ***nach links***. Dabei wird die Leerschnur durch die Ringe gezogen und vor die Rutenspitze gebracht. Die Bewegung ist vergleichbar mit der eines Tennisspielers, der zum Rückhandschlag ausholt. Nun hat man neben der beim normalen Wurf abgelegten Schnur noch etwa 2 Meter Schnur vor der Rutenspitze. Auf sie kommt es an, wenn das Furchen verzögert werden soll. ***Aus der Rückhandstellung*** schlägt die Hand die lose Schnur sofort mit einer kleinen Bewegung aus dem Handgelenk nach vorn. Dabei zeigt die Rutenspitze automatisch wieder in die Normalstellung und somit in Richtung der Fliege.

Nun treibt die quer zur Strömung liegende Schnur samt Fliege ab, ohne dass letztere zum Dreggen kommt. Erst im Abtreiben beansprucht die Wurfleine die vor der Rutenspitze liegende Leerschnur, die sich im weiteren Ablauf auch zuerst ausstreckt. Die Schnur zwischen Rutenspitze und Fliege streckt sich erst wieder, wenn sie mehrere Meter unbehindert schwimmen konnte. Die freie Strecke lässt sich zusätzlich verlängern, wenn man mit der Rutenspitze der Fliege folgt. Wegen des Zurückstoppens der Schnur bewegt sich die Fliege nicht mehr auf einer Kreisbahn, sondern vollzieht eine spannungslose Parallelverschiebung. Der dabei zurückgelegte Weg ist so bemessen, dass die Strecke zwischen Aufsetzpunkt und Anbiss in der Regel ohne Furchen überbrückt werden kann.

Kommt die ***Strömung von rechts***, kommt die gleiche Technik seitenverkehrt zum Einsatz. Das heißt, nach dem Standardwurf gibt die linke Hand die Leerschnur frei. Gleichzeitig beschreibt die Rute mit gesenkter Spitze einen Viertelkreis nach rechts. Der rechte Arm zeigt in der Endphase der Bewegung gestreckt flussaufwärts.

Die durch die Bewegung vor die Spitze gezogene Leerschnur wird durch eine kurze Handgelenksbewegung ***aus der Vorhandstellung*** nach vorn geschlagen. Sofort setzt sich die nach unten gesenkte Rutenspitze flussabwärts in Bewegung, um der abtreibenden Schnur und damit der Fliege in Fließgeschwindigkeit zu folgen.

Die Notwendigkeit zum Zurückstoppen des Wurfs quer zur Strömung wird noch deutlicher, wenn zwischen Fliege und Fischer eine schnellere Strömung verläuft. Legt der Fischer sie gestreckt und ohne Rückstopp ab, bildet sich wegen des Auftreffens der schnelleren Strömung auf die gespannte Leine ein Bogen. Er kann sich allmählich fast bis zum Halbkreis erweitern. Unmittelbar nach dem Aufsetzen fängt die Fliege zu furchen an und zieht in immer schnellerer Fahrt in einer Kurve ab. Liegt hingegen durch den Rückstop genügend Leerschnur vor der Rutenspitze, geht die Leine zuerst in den sich bildenden Bogen auf. Erst nachdem die Leerschnur aufgebraucht ist, beginnt das Dreggen der Fliege.

Die Endphase des Wurfs, das Umlegen der Rute und das Vorschlagen der Schnur müssten nach einigen Übungen harmonisch ineinander fließen. Die Bewegungen folgen zwar zeitlich nacheinander, die Aktionen müssen jedoch fließend ineinander übergehen.

Bei der ***zweiten Methode*** führt man bei den Leerwürfen mehr Schnur in der Luft, als zum Erreichen des Aufsetzpunkts nötig wäre. Die Schnurreserve benötigt man wie bei den zuvor genannten Techniken, damit die Fliege unbehelligt den Standort des Fisches erreichen kann. Beim Ablegen der Fliege wird der letzte Vorwärtswurf mit mehr

Druck ausgeführt, jedoch frühzeitig und sachte (zurück-) gestoppt, so dass man mit der Rutenspitze der abschwimmenden Fliege lange folgen kann und so das Furchen vermeidet. Zusätzlich kann man jetzt noch Leine nachlegen, wenn man genügend Leerschnur in der Hand behalten hat.

Nach dem gefühlvollen Stop darf man mit der Rutenspitze allerdings nicht in der Wurfbahn stehen bleiben, da sonst Schnur und Fliege auf die Rute treffen und sich verhängen.

Deshalb muss der Werfer die Bahn sofort in einem Halbkreis seitlich nach unten stromaufwärts verlassen, damit sich die Schnurschlaufe elegant über der Rutenspitze entwickeln kann. Kommt das Wasser aus der Sicht des Werfers von ***links***, muss der Wurf ***aus der Backhand-Haltung*** kommen. Fließt die Strömung von ***rechts***, erfolgt der Wurf ***aus der Vorhand***.

Die zweite Methode lässt sich mit den vorangegangenen Erklärungen leicht auf andere Strömungsverhältnisse übertragen und kann deshalb in den noch folgenden Kapiteln vernachlässigt werden.

3.6.4.2 Der zurückgestoppte Wurf schräg stromabwärts

Die Vorteile des zurückgestoppten Wurfs quer zur Strömung mussten im einzelnen herausgestrichen werden, damit man sie erkennt. Der Rückstop beim Fischen schräg stromabwärts bietet sich dagegen fast von selbst an. Wenn irgend möglich, wählt der Fischer zum Servieren der Fliege diese Position und geht lieber einige Schritte stromaufwärts. Jetzt kann der Wurf schräg stromab erfolgen. Die Vorteile liegen auf der Hand. Zunächst treibt die Fliege dem Vorfach schön voraus. Außerdem bleibt die Schnur im Abtreiben besser gestreckt, da unterschiedlich schnelle Strömungen nicht im rechten Winkel, sondern nur schräg einwirken. Die durch das Zurückstoppen ausgegebene Leerschnur bildet zusammen mit der im Wurf abgelegten Schnur nahezu eine Gerade, was einen sicheren Anhieb ermöglicht. Beim Zurückstoppen schräg stromabwärts sind die Bewegungsabläufe sehr natürlich und deshalb recht leicht auszuführen.

Kommt die Strömung ***von rechts hinten***, so wird der Wurf schräg abwärts normal abgesetzt. Sobald die Schnur auf dem Wasser liegt, gibt die linke Hand die Leerschnur frei. Gleichzeitig beschreibt die Rute stromaufwärts direkt über der Wasseroberfläche einen waagerechten Kreisbogen von wenigsten 90 Grad, wobei die Leerschnur durch die Ringe rutscht. Während der Bewegung ist der rechte Arm gestreckt und steht in der Endphase der Bewegung mindestens im rechten Winkel vom Körper ab. Darauf schlägt die Rute die ausgezogene Leerschnur sofort nach vorn.

Dadurch kommt die Rute wieder in die Ausgangsposition zurück, ihre Spitze ist auf die Fliege gerichtet. Nur so kommt der Anhieb perfekt zum Fisch durch. Lässt der Fischer die Rute dagegen nach dem Zurückstoppen rechtwinklig zum Körper stehen und geht erst im Verlauf des weiteren Abtreibens der Schnur nach vorn, bleibt für den Anhieb kein Weg nach hinten mehr offen.

Während der Rückstopbewegung muss sich die Rutenspitze knapp über dem Wasser bewegen. Nur so hält die Oberflächenspannung des Wassers (Adhäsion) die bereits auf dem Wasser liegende Schnur optimal fest. Dadurch schwimmt die Fliege beim Herausziehen der Leerschnur ruhig weiter. Zieht der Werfer die Rute jedoch schräg nach oben, reißt er zwangsläufig einen Teil der abgelegten Schnur aus dem Wasser und damit die Fliege unnatürlich zurück.

Kommt die Strömung ***von links hinten***, läuft der ganze Vorgang in der gleichen Reihenfolge ab. Das Zurückstoppen erfolgt jetzt allerdings in der ***Rückhandstellung***.

Perfekt ausgeführt, gehen Service und Rückstoppbewegung beim Wurf schräg stromabwärts nahtlos ineinander über. Das Ausziehen der Leerschnur wird zur letzten Phase des Wurfs. Nach einiger Übung gelingt der Wurf perfekt.

3.6.4.3 Der zurückgestoppte Wurf direkt stromabwärts

Beim Fischen direkt stromabwärts, ist dem makellosen Abtreiben der Fliege praktisch keine Grenze gesetzt – sofern genügend Leerschnur zur Verfügung steht. Das nachträgliche Verlängern des Wurfs um zehn Meter ist ohne weiteres möglich.

Soll die Fliege beispielweise acht Meter stromab vom Standort aufsetzen und anschließend zehn Meter abtreiben, verlängert man zunächst die Leine mit Leerwürfen auf acht Meter. Dann legt man die Schnur ab und lässt die Fliege einfach treiben. Darauf zieht man zehn Meter Leerschnur von der Rolle und lässt sie hinter der linken Hand aufs Wasser laufen. Erst dann wird erneut auf acht Meter serviert. Man setzt normal flussabwärts auf und gibt die Leerschnur frei. Die rechte Hand beschreibt mit der Rute vorhand, parallel zur Wasseroberfläche, den größtmöglichen Kreisbogen. Dadurch werden etwa drei Meter Leerschnur vor die Spitze gezogen. Diese Länge schlägt man sofort nach vorn. Die Rute wird flussabwärts aufs Wasser gesenkt, sie zeigt auf die Schnur und die Fliege.

Jetzt wartet der Fischer, bis sich die vor der Rutenspitze liegende lose Schnur flussabwärts gestreckt hat. Kurz bevor sie gerade liegt, beginnt die Rutenspitze mit kleinen

Wippbewegungen ähnlich denen zum Bewegen einer Nassfliege. Diese Bewegungen ziehen die restliche Leerschnur Meter für Meter durch die Ringe. Durch die Adhäsion der abtreibenden Schnur bleiben die (richtig bemessenen) Impulse ohne Wirkung auf die Fliege – vorausgesetzt, die mit dem Wurf abgelegte Schnur ist lang genug für eine ausreichende Oberflächenspannung zum störungsfreien Abschwimmen der Fliege. Auf diese Weise lässt sich eine beliebig lange Strecke mit einwandfrei abtreibendem Köder befischen.

Das Zurückstoppen beim Fischen flussabwärts kann selbstverständlich auch in Rückhandstellung erfolgen. Eine praktische Sache, wenn Hindernisse zur rechten Hand den normalen Wurf behindern.

Und stehen Fische in kürzerer Entfernung im eigenen Kielwasser, empfiehl sich die zweite Methode des (zurück-) gestoppten Wurfs.

3.6.5 Die Fallschirmwürfe

Dem Fliegenfischer stehen zwei Fallschirmwürfe zur Verfügung:
Die zurückgestoppte Variante ist mit dem in der Luft (zurück-) gestoppten Wurf verwandt, während der „Gebetsroither Parachute" aus einem Normalwurf mit vertikal nach hinten verlagertem Arbeitswinkel besteht.

Beide Spezialwürfe kommen beispielsweise dann in Frage, wenn Fische von schnell fließenden Strömungen umgeben im ruhigen Kehrwasser stehen. In so einer Situation scheidet der Standardwurf aus, da die Strömung die an der gestreckten Schnur servierte Fliege meist mit großem Tempo aus dem ruhigen Bereich reißt. Da bleibt dem angeworfenen Fisch kaum Zeit zum Anbiss. Es kommt also darauf an, Vorfach und Fliegenschnur nicht gestreckt auf das Wasser zu bringen. Damit kann der Fischer den Köder längere Zeit (wenn auch manchmal nur einige Sekunden) natürlich präsentieren.

3.6.5.1 Der zurückgestoppte Fallschirmwurf

Zuerst messen Leerwürfe die passende Schnurlänge ab. Dabei ist zu berücksichtigen, dass die Wurfleine diesmal im Wurf zurückgestoppt und die Fliege vom Gewicht der Schnur zurückgezogen wird. Zuweilen empfiehlt es sich sogar, die Distanz durch einen Probewurf hinter den Fisch abzumessen. Sobald die Schnur vor dem Aufsetzen nach vorne fliegt, bremst man den Vorschwung zwischen der 1-Uhr- und 12-Uhr-Stellung ab und geht gefühlvoll in die 12-Uhr-Position zurück. Man senkt die

Wurfhand rasch mit senkrecht gehaltener Rute, so tief man kann, während die linke Hand die Schnur hält. Die Rute bleibt in dieser Stellung, bis die Schnur, entspannt und kraftlos sich eher verkürzend, auf das Wasser sinkt. Gleich nach dem Aufsetzen senkt man die Rutenspitze unverzüglich bis zur 3-Uhr-Stellung und folgt der abtreibenden Fliege.

3.6.5.2 Der Gebetsroither Parachute

Auch bei diesem Fallschirmwurf muss beim Leerwurf mehr Schnur in der Luft bewegt werden, als das Ziel entfernt ist. Mehr heißt etwa zwei bis drei Meter, wobei beim letzten Leerwurf der vertikale Arbeitswinkel nach hinten verlagert wird. Denn beim Ablegen erfolgt der Stop bereits in der 1-Uhr-Stellung. Nach dem Halt der Rute und während die Schnur hoch hinaus schießt, wird die Rutenspitze unverzüglich in die 3-Uhr-Position beziehungsweise zur Wasseroberfläche abgesenkt. Die schwere Fliegenschnur schwebt dabei zuerst kraftlos auf das Wasser, gefolgt von dem mehr oder weniger gestreckten Vorfach und der Fliege. Wie ausgeprägt der „Fallschirm" ausfällt, hängt primär vom Steigungswinkel der Schnur ab. Bei unseren angelsächsischen Freunden ist er unter den Namen „Puddle Cast" bekannt.

Dieser Spezialwurf lässt sich in der Praxis des Fliegenfischens sehr universell einsetzen, da er auch in schwierigen Situationen das Furchen der Fliege ausreichend verzögert und drüber hinaus leicht zu erlernen ist.

3.6.6 Der Schlangenwurf

Dieser Spezialwurf sorgt für eine Pufferzone zwischen dem werfenden Fischer und der Fliege. Mit seiner Hilfe kann die Fliege unter verschiedensten ungünstigen Strömungsverhältnissen angeboten werden, ohne dass es sofort zum Dreggen kommt. Er ist vor allem für das Fischen schräg stromabwärts geeignet.

Der Schlangenwurf wird im letzten Vorschwung bei etwa 1 Uhr gestoppt. Sofort nach diesem Stop muss man die Rutenspitze schlängelnd zwei- bis dreimal kurz nach links und dann nach rechts ausschlagen, bevor die Schnur auf das Wasser fällt. Während die vor dem Werfer bereits in der Luft gestreckte Fliegenschnur sich durch die seitlichen Wippbewegungen der Rutenspitze in zahlreiche horizontale, schlangenförmige Schnurbögen legt, hält die linke Hand die Schnur fest. Anschließend wird die Rutenspitze bis in die 3-Uhr-Stellung abgesenkt. Der Wurf heißt in den angelsächsischen Ländern „Wiggle Cast".

3.6.7 Der Bogenwurf

Auch der Bogenwurf ist ein spezieller Wurf, der das Furchen der Fliege unterbindet. Genau genommen bevor sie einen Fisch erreicht, der in der Höhe des Fischers oder etwas unterhalb nach Insekten steigt. Auch beim Wurf stromaufwärts liegt man damit richtig, wenn der Fischer selbst mit schrägen Würfen nicht verhindern kann, dass der Fisch die Wurfleine vor der Fliege sieht. Wie der Name dieses Wurfs schon sagt, wird die Schnur in einem immer gegen die Strömung gerichteten Bogen abgelegt. Jetzt kann die Fliege ungehindert abtreiben, bis die Strömung den Bogen geradegedrückt hat.

Die unmittelbar nach dem Stop und vor der Absetzphase sich entfaltende Schnur wird durch ein einmaliges Ausschlagen der Rute aus der Sidecast- oder Backhand-Position gegen die Strömung und durch sofortiges Zurücknehmen in die Ausgangsstellung in einen Bogen verwandelt, der sich dann so aufs Wasser legt.

Kommt die ***Strömung von rechts***, wird die Leine mit dem ***„Sidecast“*** in einem Bogen nach ***rechts*** abgelegt.

Fließt die ***Strömung von links an***, gelingt der Bogen entsprechend nach ***links*** nur mit der ***„Backhand“***.

Erreicht die Strömung den Fischer ***von vorn***, werden die Fische auf der ***linken*** Seite mit dem ***„Sidecast-Bogenwurf“*** angeworfen, die Fische auf der ***rechten*** Seite jedoch mit dem ***„Backhand-Bogenwurf“***.

Eine weitere Variante des Bogenwurfs ist der ***„Airmend“***.

Der Service erfolgt ***querüber***. Nach dem Stop und während die Schnur durch die Ringe gleitet, wird durch ein einmaliges seitliches Ausschlagen der Rute gegen die Fließrichtung und durch sofortiges Zurücknehmen in die Ausgangsstellung ein halbkreisförmiger Bogen geformt, der so aufs Wasser fällt. Dabei wird meistens etwas lose Leine aus der Schnurhand freigegeben.

Der Werfer kann die Schnurbögen übrigens unterschiedlich platzieren und formen.

Erfolgt die Seitwärtsbewegung erst gegen Ende des Wurfes, wenn sich die Schnur schon fast gestreckt hat, kommt der Bogen näher zur Rutenspitze hin zu liegen. Um die Leine nicht durch die Seitwärtsbewegung der Rute aus der Wurfrichtung zu reißen, muss man zum Schluss etwas lose Leine schießen lassen.

Wird die Seitwärtsbewegung gleich zu Anfang des Wurfes ausgeführt, wenn sich die Schnur gerade zu entfalten beginnt und lässt man gleichzeitig lose Leine schießen, so wandert der Schnurbauch mit und legt sich in der Nähe der Schnurspitze ab.

3.6.8 Der Hakenwurf

Der Hakenwurf erweist sich als große Hilfe beim Service quer zur Strömung auf vorfachscheue Fische, bei denen zuerst die Fliege ins Sichtfenster treiben sollte. Das bewusste Abweichen von der geradlinigen Bahn führt zu diesem weiteren Trickwurf. Dabei wird der Ablagewurf nach vorn nicht gerade, sondern gekrümmt ausgeführt. Die Wurfleine verläuft bei diesem Wurf zuerst gestreckt, schwenkt am Ende und noch in der Luft liegend ansatzlos herum. Dadurch gelingt es, das Vorfach im fast rechten Winkel abzulegen. Beim Hakenwurf nach links erfolgt der entscheidende Impuls erst am äußersten Ende des Energieschubs und wird durch den zusätzlichen Druck und das Einwärtsdrehen der Wurfhand unterstützt.

3.6.9 Der Pendelwurf

Will man eine Fliege unter überhängendes Astwerk servieren, bietet sich eine weitere Ablagevariante an, der Pendel- oder Alterwurf. In einer solchen Situation ist es ratsam, den Sidecast einzusetzen, indem die Rute auf einer gekrümmten Wurfebene von hinten nach vorne ins Ziel gependelt wird.

3.6.10 Der einfache und der Doppelzug

Beim praktischen Fliegenfischen reichen Wurflängen bis 15 Metern in den meisten Fällen aus. Es wäre jedoch falsch, die in der Grundschule des Fliegenwerfens erlernte Wurftechnik nicht zu erweitern. Man würde sich durch diese Selbstbeschränkung um den Reiz bringen, Fische auch auf größere Distanzen sicher anzuwerfen und zu fangen. Allerdings lässt sich die Schnurgeschwindigkeit durch ein weiteres Verlängern des Arbeitsweges der Fliegenrute im Normalwurf bei einer Schnurlänge ab etwa 18 Metern nicht mehr steigern. Will man seinen Aktionsbereich erweitern, ist es notwendig, der Wurfleine weitere Geschwindigkeitsimpulse zu vermitteln.

Die einzige Möglichkeit, der Schnur zusätzlich Rasanz zu verleihen, liegt im ***rhythmischen Verkürzen*** der Leine durch den Einsatz der linken Hand. Durch diesen Gegenzug steigert der Werfer die Geschwindigkeit der Schnur so stark, dass sie beim Schießenlassen (Shooting) eine große Länge Leerschnur kontrolliert durch die Ringe zieht. Wird der Gegenzug nur beim Vorwärtswurf ausgeführt, spricht man vom einfachen Zug; erfolgt der Gegenzug sowohl beim Rück- als auch beim Vorwärtswurf, heißt er Doppelzug. Das bewirkt einen ***kürzeren Arbeitsweg*** der Rutenhand und ermöglicht einen ***engeren Arbeitswinkel***, der wiederum eine ***engere Schlaufe*** ergibt. Durch die engere Schlaufe erhält die Wurfleine automatisch eine ***höhere Geschwindigkeit***. Die ***engere Schlaufe*** schneidet den Wind viel besser; bei schwierigen Windverhältnissen ein oft entscheidender Vorteil. Der geringere Luftwiderstand und die

Rasanz der Wurfleine gewährleisten eine gute Streckung der Schnur sowie eine optimale Zielgenauigkeit.

Das Ausführen des Doppelzuges setzt ein entwickeltes Gespür für den richtigen Zeitpunkt der Wurfbewegung voraus. Die linke Hand muss die Veränderung des Zugs der fliegenden Wurfleine sofort wahrnehmen. Deshalb sollte man zum Einüben des Doppelzugs eine möglichst schwere Wurfschnur verwenden, um ein ausgeprägtes Gefühl für das Schnurgewicht in der linken Hand zu bekommen. Wie in der Grundschule des Werfens beschrieben, führt die linke Hand die Leine über den Daumen. Sie folgt dabei der rechten soweit wie möglich. Im Verlauf des Vor- und Rückschwungs vermittelt der Daumen ein deutliches Gefühl für das Gewicht der Schnur.

Es empfiehlt sich jedoch, nicht gleich mit dem Doppelzug zu beginnen. Denn die Koordination der Aktion der Schnurhand mit dem Timing der Rutenhand bereitet dem Anfänger meist große Schwierigkeiten. Deshalb sollt man zunächst mit dem Üben des einfachen Zugs beginnen.

3.6.10.1 Der einfache Zug und das Schießenlassen der Schnur

Während der Doppelzug die Schnur sowohl im Rück- als auch im Vorschwung zusätzlich beschleunigt, beschränkt man sich beim einfachen Zug auf das Verstärken des Vorschwungs. Er wird in der Praxis dann angewandt, wenn mit verhältnismäßig kurzer Wurfleine beim Ablegen möglichst viel Leine schießen soll. Auf diese Weise ist es möglich, eine Reihe von Leerwürfen einzusparen und schneller zu servieren. Die Übungen beginnen am besten mit zehn Metern Wurfleine und normalen Leerwürfen. Zusätzlich liegen etwa fünf Meter Leerschnur vor dem Werfer. Die linke Hand führt die Schnur über den Daumen und begleitet die rechte im Rhythmus des Wurfs. Sobald die Endphase des Rückschwungs erreicht ist, befindet sich die linke Hand auf der Höhe des rechten Ellenbogens. Während des letzten Vorschwungs vor dem Ablegen, zieht die linke Hand die festgeklemmte Schnur mit kräftigem Zug aus den Ringen.

Der einfache Zug verkürzt und beschleunigt die sich nach vorn ausrollende Schnur. Die Zugrichtung geht von rechts oben nach links unten, als wollte man in die Hosentasche greifen. In der Endphase des Vorschwungs gibt die linke Hand die Schnur frei und lässt sie schießen. Der Shoot zieht die vor dem Werfer zusätzlich ausgelegte Schnur durch die Ringe.

Beherrscht man den einfachen Zug, ist der Weg zum Doppelzug schon zur Hälfte geschafft.

3.6.10.2 Der Doppelzug

Für Distanzen von mehr als 20 Meter reicht der einfache Zug nicht mehr aus. Der erforderliche Geschwindigkeitszuwachs ist einfach zu gering. Zugbewegungen müssen deshalb sowohl im Vorschwung als auch im Rückschwung die Fliegenrute zusätzlich aufladen. Durch den Doppelzug kann der Werfer die Schnur bereits im Laufe der Leerwürfe auf 20 Meter verlängern und beim Ablegen durch das Schießenlassen der Leerschnur auf beträchtliche Endweiten bringen.

Zum Einfühlen in den Bewegungsablauf genügen zwölf Meter Wurfschnur. Sobald der normale Rhythmus im Leerwurf gefunden ist, zieht die linke Hand während des Rückschwungs etwa 30 Zentimeter Schnur aus den Ringen. Die Hand hält dabei die Schnur fest und gibt die abgezogene Länge sofort wieder zurück, ohne den Griff zu lockern oder gar Leine schießen zu lassen. Ziehen und Nachgeben vollziehen sich während des Rückschwungs. Man sollte darauf achten, die Zugbewegung während der ersten Hälfte des Rückschwungs zu forcieren.

Das Nachgeben erfolgt etwas verzögert und fällt in die Phase, in der sich die Wurfschnur nach hinten streckt. Sobald die rechte Hand den Vorschwung einleitet, beginnt die linke Hand erneut mit der gleichen Aktion. Zug und Nachgeben sind mit dem endenden Vorschwung abgeschlossen.

Das Problem besteht darin, die Bewegungen der linken und der rechten Hand aufeinander abzustimmen und ein zeitlich richtiges Zusammenspiel zu erreichen. Es empfiehlt sich daher, anfangs nicht mit zu großen Schnurlängen zu arbeiten, um sie wirklich leicht und sicher zu bewältigen. Ebenso sollen die Zugbewegungen der linken Hand zunächst knapp und sparsam ausfallen, wobei der Daumen das Schnurgewicht unter Kontrolle hält *(siehe Abb. 41 und 42, Seite 96 und 97).*

Das richtige Timing kann nur durch Übung entstehen.

Erst wenn die ersten Schritte gut funktionieren, sollte der Werfer die Schnur verlängern. Die Zugbewegungen der linken Hand erfolgen dann jedoch länger und gleichzeitig intensiver. Je nachdem, wie stark und schnell die linke Hand eingesetzt wird, kann der Wurfrhythmus beschleunigt oder verlangsamt werden.

Der Doppelzug spart nicht nur Arbeitsweg, sondern ermöglicht gleichzeitig einen ***engeren Arbeitswinkel***, der zwischen der 11.30-Uhr-Stellung hinten und der 1-Uhr-Stellung vorn liegen kann. Kurze Würfe erfordern einen kurzen Doppelzugweg. Lange Würfe machen einen langen Weg notwendig.

Bei sehr weiten Würfen wird der Arbeitsweg für Arm und Rute durch Strecken des Oberkörpers verlängert, möglichst ohne den Arbeitswinkel zu erweitern. Der Oberkörper wird beim Rückwurf zurückgebeugt, um den Freiraum nach unten für die Schnur voll auszunutzen und so für den Vorwärtswurf einen möglichst langen und geraden Arbeitsweg zu erhalten. Die Wurfebenen müssen eng übereinander liegen, um nach vorn mehr Höhe zu gewinnen und der Schnur dadurch einen längeren Flug zu ermöglichen. Damit sich die Schnur im richtigen Abschusswinkel entwickeln kann, muss bei diesem Vorschwung die Körperdynamik einer imaginären Linie folgen, die schräg nach oben zeigt. Die ***entscheidende Beschleunigung*** für sehr weite Distanzwürfe kommt nur ***aus der Schnurhand***. Das bedeutet, dass die Rute beim Rück- und Vorschwung die Führung übernimmt, jedoch ohne einen Impuls zu geben.

Wie bereits gesagt kommt das Weiten-Potential aus der unterstützenden Zugbewegung der Schnurhand. Deshalb muss der letzte Rückschwung etwas kräftiger ausfallen.

Zum Ablegen wird beim letzten Vorschwung die Schnur kräftig abwärts in Richtung linker Hosennaht durchgezogen und dann losgelassen, kurz bevor die restliche Wurfleine durch die Rutenringen schießt.

Das abschließende Shooting gelingt jedoch nur dann, wenn vorher genügend Leerschnur bereitliegt und unbehindert ablaufen kann. Denn der beste Doppelzugwurf misslingt, wenn die Leerschnur im Shooting plötzlich gestoppt wird, Vor einem Doppelzugwurf sollte der Platz zum Ablegen der Schussleine deshalb auf eventuelle Hindernisse wie Grashalme abgesucht werden. Beim Watfischen treten solche Schwierigkeiten nicht auf, da die Leerschnur von der Strömung erfasst und mitgenommen wird.

Beim Doppelzug wird oft versucht, zum erneuten Werfen die vorher abgelegte und damit auch die „nachgeschossene“ Schnur in einem abzuheben – meist ein sinnloses Unterfangen. Denn die Adhäsion des Wassers wirkt so stark auf die Schnur, dass das Abheben selbst mit dem Doppelzug nicht fehlerlos gelingt. Die Schnur bricht oft schon beim Rückschwung zusammen und berührt hinten den Boden oder das Wasser. Auch gelingt es mit einer sehr langen Leine häufig nicht, die für den neuen Wurf nötige Richtungsänderung im Leerwurf vorzunehmen.

Besser ist es jedoch, die Leine vor dem neuen Wurf mit der linken Hand auf normale Wurflänge einzuholen und abzulegen. Erst jetzt hebt der Fischer die restliche Leine vom Wasser ab. Mit einfachen Leerwürfen ändert man die Richtung und bringt sich erneut in Wurfposition. Jetzt ist der Moment gekommen, erneut mit dem Doppelzug zu beginnen und dabei die Wurfschnur zu verlängern.

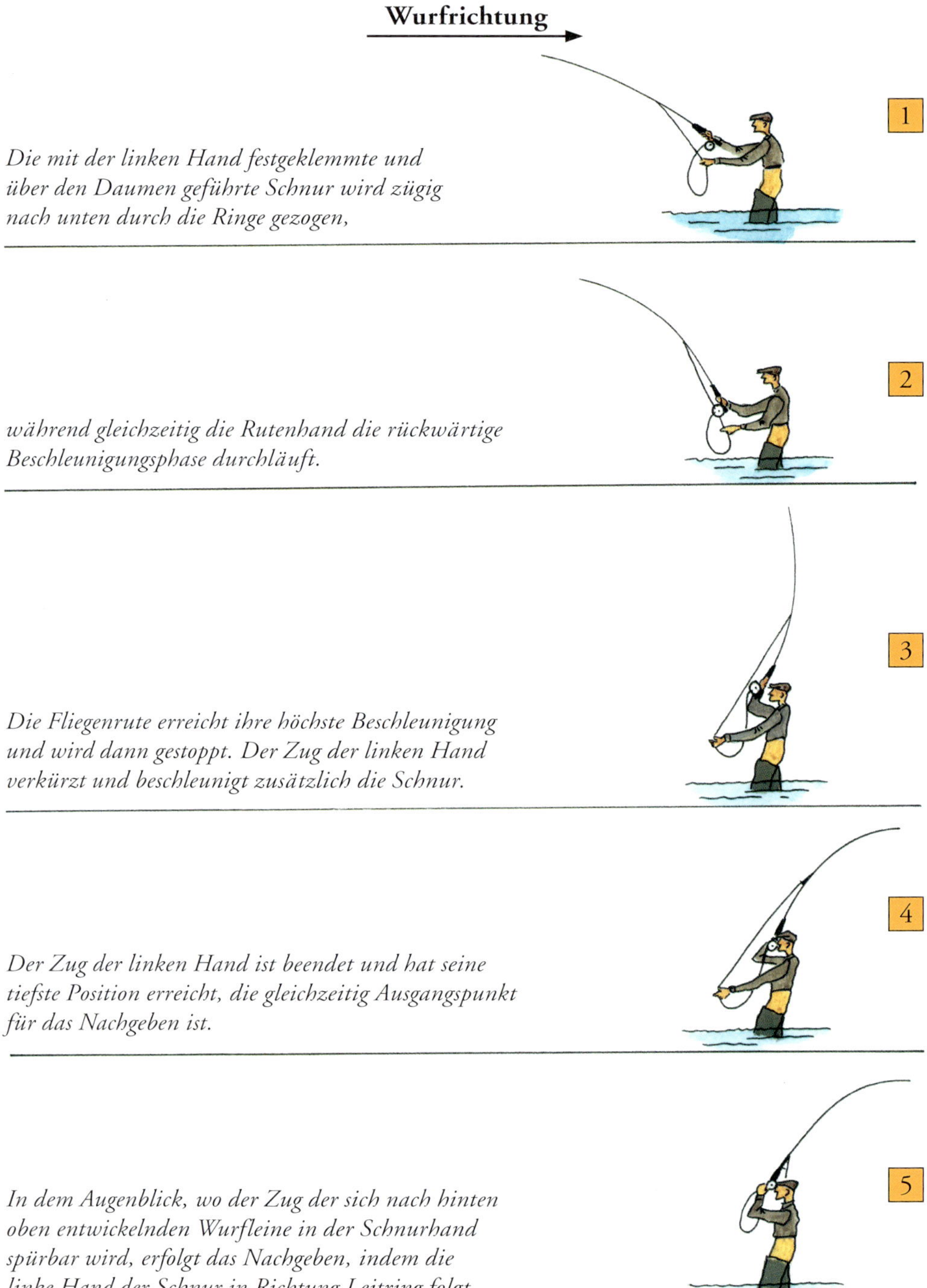

Abb. 41: Der Doppelzug in den einzelnen Wurfphasen beim Rückschwung

6

Während die Rutenhand den Vorschwung einleitet, beginnt die linke Hand erneut die Schnur zu verkürzen und durch die Ringe nach unten zu ziehen.

7

Die rechte Hand führt die Rute mit steigender Geschwindigkeit nach vorne, wobei die entscheidende Beschleunigung aus der Schnurhand kommt.

8

Die Rute kippt durch die Dynamik der sie bewegenden Kräfte ab, während zeitgleich die sich nach vorn entwickelnde Schnur durch den kräftigen Zug abwärts bis zur Hosennaht zusätzlich beschleunigt wird.

9

Nach dem Stop der Rute wird zum Ablegen die Schnur erst dann losgelassen, wenn sie in der Schnurhand spürbar wird und bevor die restliche Wurfleine mit großem Tempo durch die Ringe schießt.

Anmerkung:

Bei den Abbildungen 41 und 42 wird die linke Körperseite des Fliegenfischers gezeigt, da die Schnurhand beim Doppelzug den entscheidenden Anteil der Kraftübertragung auf die Wurfleine übernehmen muß. In den Abbildungen wurde, zur Vermeidung von Missverständnissen, alle lose Schnur auf die Rolle gewunden. In der Praxis würden einige Schnurklänge auf der Wasseroberfläche zum Schießenlassen auf das Ziel beim nächsten Wurf bereit liegen.

Abb. 42: Der Doppelzug in den einzelnen Wurfphasen beim Vorschwung

3.6.11 Der Wasserzug

Der Wasserzug, der leicht zu erlernen ist, kommt dann zum Einsatz, wenn beim Watfischen in dicht mit Sträuchern und Bäumen bewachsenen Bächen und Flüssen die Fische weder mit einem Rollwurf noch mit einem Sidecast zu erreichen sind, geschweige denn mit einem normalen Rück- und Vorwärtswurf.

Die Ausgangposition eines Watfischers in einem tunnelartig bewachsenen Fließgewässer befindet sich unterhalb der zu befischenden Stelle. Zunächst füttert man die notwendige Leinenlänge aus und lässt sie stromabwärts treiben. Der Wasserzug, die Angelsachsen sagen „Water Haul" oder „Montana-Wurf" gelingt am besten bis zu einer Schnur-Länge von etwas 8 m. Nachdem Schnur und Rutenspitze gestreckt stromab weisen, macht man sich die Adhäsion zu Nutze und beschleunigt die Rute in einer flachen Kurve stromauf in Richtung des anvisierten Ziels, in dem die Fliege aufsetzen soll. Die für den Wurf notwendige Aufladung oder Spannung der Rute, die beim Standard-Wurf durch den Rück- und Vorwärtsschwung in der Luft erreicht wird, erzielt man beim Wasserzug durch das Haftvermögen der Leine ans Wasser.

Da die Schnur immer der Rutenspitze folgt, können Würfe sowohl stromauf, als auch querüber abgelegt werden.

Diese Methode eignet sich vortrefflich für das Nymphen und Streamerfischen stromaufwärts, jedoch auch für das Fischen mit der Trockenfliege, wenn sie gut gefettet oder besonders schwimmfähig ist. Auch beim Fischen vom Boot aus, kann man mittels des Montanawurfs die Fliege von Steuerbord nach Backbord oder umgekehrt ablegen.

Das Ausnützen des Haftens der Schwimmleine auf dem Wasser als Widerstand für das Aufladen der Rute spielt vor allem auch bei den nun folgenden Rollwürfen eine besondere Rolle.

3.6.12 Die verschiedenen Rollwürfe

Der Rollwurf mit seinen Wurfvarianten ist neben dem Doppelzug wohl der wichtigste Spezialwurf in der Praxis. Auch eine Richtungsänderung, die mit dem Abheben der Leine und dem erneuten Ablegen verbunden ist, lässt sich mit Rollwürfen elegant bewerkstelligen.

Denn immer dann, wenn nicht genügend Platz am und um das Wasser vorhanden ist, erweist er sich nicht nur beim Anbieten einer Nymphe, Nassfliege oder Streamer als unverzichtbar, sondern wird mit Erfolg auch beim Trockenfliegenfischen eingesetzt.

3.6.12.1 Der einfache Rollwurf

Der einfache Rollwurf gelingt bis zu einer Wurfdistanz von etwa 10 Meter ohne große Schwierigkeiten. ***Er ist im Prinzip ein halber Standardwurf im „Gebets-***

roither Stil". Er macht immer dann Sinn, wenn sich hinter dem Werfer Bäume und Sträucher befinden oder bei starkem Rückenwind, da in einer solchen Situation ein Luftwurf mit einem entsprechenden Rückschwung nicht möglich ist. Um sich die notwendige Fertigkeit anzueignen, übt man den Rollwurf anfangs am besten an einem stehenden Gewässer.

Zunächst wird die Schnur durch waagerechte Leerwürfe quer voraus auf die benötigte Länge gebracht oder die Strömung nimmt die zum Erreichen des Ziels erforderliche Leine mit. Die auf dem Wasser ausgelegte Schnur wird mit dem Anheben der Rute aus der 3-Uhr-Stellung bis in die 11-Uhr-Stellung langsam seitlich rechts nach hinten gezogen, so dass ein Teil der Schnur hinter dem Rutenarm als Bauch durchhängt. Der größere Teil der Schnur mit Vorfach und Fliege liegt jetzt gestreckt vor dem Werfer. Aus dieser Stellung heraus wird die Rute entschlossen in einem Zug nach vorn zur Wasseroberfläche geschlagen, wobei der Druck mehr in Richtung der 2-Uhr-Position verstärkt wird als nach unten. Das Verzögern des Abkippens der Rute nach unten vermindert die Adhäsion der Fliegenschnur. Dadurch läuft die sich bildende Rolle mehr in der Luft als auf dem Wasser der Schnur entlang und streckt sich dann nach vorn aus. Je mehr Schnur auf dem Wasser liegt, desto größer ist die Oberflächenspannung und um so stärker muss der Druck auf die Rute ausfallen.

Mit zunehmender Übung streckt der Fischer die Leine beim Abheben so stark an, dass Fliege, Vorfach und Schnur knapp über dem Wasser auf ihn zufliegen. Je mehr Schnur sich zwischen Endring und Fliege vom Wasser abgehoben in der Schwebe befindet, desto besser ist die Ausgangsposition. Das Gelingen dieses ***Luftrollwurfs*** hängt davon ab, wie der Werfer die Anstreckbewegung dosiert.

Auch den Rollwurf sollte man aus ***Vorhand- und Rückhandstellung*** beherrschen. Damit verhindert man in bestimmten Situationen, dass sich beim Abrollen Vorfach und Fliege in der Schnur verfangen. Konkret heißt das: Würfe auf Ziele, die ***links*** vom Ausgangspunkt der Fliege liegen, werden über die ***rechte*** Schulter angeworfen; Würfe auf Ziele ***rechts*** von der Fliege, erfolgen über die ***linke*** Schulter.

Vor allem beim Fischen mit Nymphe oder Streamer ist es hilfreich, einige ***Wurfvarianten*** zu beherrschen, die eine ***Richtungsänderung*** oder das Fischen ***bei Wind*** ermöglichen.

Dazu einige Beispiele:

Ein Angler steht im Bereich des rechten Ufers in einem nicht zu tiefen Fließgewässer. Er will die ausgefischte Fliege von unten nach oben versetzen. Das heißt, er möchte die Schnur erneut direkt quer zur Strömung ablegen. Hierzu ist eine Richtungsänderung von 90 Grad erforderlich. Die Rute wird langsam aus der 3-Uhr- in die 1-Uhr-Position angehoben, um von oben nach unten eine Rolle in die Schnur zu schlagen, die sich dann auf der linken Seite des Anglers befindet. Anschließend wird die Leine mittels eines rückhändigen Rollwurfs, also über die linke Schulter, quer zur Strömung abgelegt.

Bläst der Wind stromaufwärts, während die ausgefischte Schnur bereits links vom Angler stromab im Wasser liegt, ist es hilfreich mit einem Anstrecken der Leine stromaufwärts und einem anschließenden Rollwurf die Richtungsänderung durchzuführen. Ähnlich wie beim Wasserzug wird die Schnur, die vorher auf ideale Wurflänge verkürzt wurde, aus dem Wasser gelöst und die Rute zügig in einem aufsteigenden Bogen vor dem Körper vorbei geführt. Die Leine folgt dem Weg der Rutenspitze und löst sich dabei ganz aus dem Wasser. In dem Moment wo die Rute bereits leicht nach rechts und stromauf zeigt, ändert man die Bewegungsrichtung, indem man die Rute seitlich abkippt und in einer harmonischen Bewegung am Körper vorbei nach hinten schwingt, um sie in die Ausgangsposition für einen Rollwurf zu bringen. Sobald die Schnurspitze nebst Vorfach und Fliege die Wasseroberfläche knapp stromauf des Angler kurz berührt haben, wird die Leine über die rechte Schulter mit progressiver Beschleunigung quer über die Strömung rolliert. Sind größere Distanzen zu überbrücken, kann jetzt mit längerer Leine ein Switch Cast ausgebracht werden, der im nachfolgenden Abschnitt besprochen wird.

Eine andere Situation ergibt sich, wenn nicht nur das Wasser, sondern auch der Wind von rechts kommen, während die ausgefischte Leine stromab, also nach links weist. Die Schnur wird stromauf abgehoben und gleich wieder zurück über die rechte Schulter nach links rolliert, um dann aus der Backhandposition einen zweiten Rollwurf über die linke Schulter nach vorne quer zur Strömung auszuführen. Der abschließende Rollwurf kann auch hier als Switch Cast erfolgen.

3.6.12.2 Der schnelle angestreckte Rollwurf (Switch Cast)

An breiteren Gewässern, wo größere Wurfentfernungen zu überbrücken sind, ohne dass genügend Platz für einen gestreckten Rückwurf vorhanden ist, muss der Angler das Anhaften der Wurfleine in der Oberflächenspannung des Wassers (Adhäsion) verringern und die Wurfenergie erhöhen. Das gelingt am besten mit einem schnellen, angestreckten Rollwurf, dem sogenannten „Switch-Cast“. Die Leine wird bei der Ausholbewegung so stark beschleunigt, dass sie ganz vom Wasser abhebt und nur ein kurzes Stück davon als Widerlager die Wasseroberfläche seitlich vor dem Werfer kurzfristig berührt. Dadurch kann sich die Rute aufladen und der Werfer kann unverzüglich zum Vorschwung übergehen. Zusätzlich kann in der Phase des Vorwärtswurfs die Schnur mit einem Gegenzug der linken Hand beschleunigt werden ***(einfacher Zug)***.

Bei größeren Distanzen bis zu 25 Metern wird der ***modifizierte Doppelzug*** eingesetzt.

Diese Rollwurfvariante erfordert einen dosierten Krafteinsatz und aufgrund der Länge der Schnur und des produzierten Bogens hinter dem Werfer etwas mehr Rückenfreiheit.

In der Praxis am Fischwasser können mit einem dynamischen „Switch“ nicht nur schwere Goldkopfnymphen, Nassfliegen oder Streamer ins Ziel rolliert werden, sondern auch zarte Trockenfliegen.

Soll eine Trockenfliege serviert werden, ist es notwendig, dass die Leine nebst Vorfach und Fliege steiler nach oben abgeschossen wird. Auf diese Weise landet die Trockenfliege nicht nur sanft wie ein Fallschirm auf dem Wasser, sondern sie wird durch die rasante Luftfahrt auch besser getrocknet.

Die nachfolgende Abbildung mit den einzelnen Phasenbildern soll diesen nicht ganz einfach zu erlernenden Spezial-Rollwurf verständlich machen.

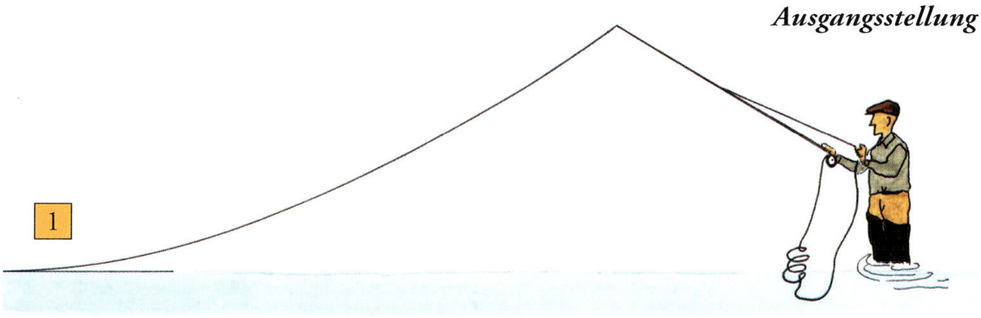

Abb. 43: Der schnelle angestreckte Rollwurf (Switch-Cast)
1. Ausgangsstellung:
In der Ausgangsstellung für den Switch-Cast liegen vor dem Werfer etwa 14 Meter Wurfleine gestreckt auf dem Wasser. Der Werfer streckt beide Arme leicht vor, was einen möglichst großen Arbeitsweg (Zugweg) ergibt.

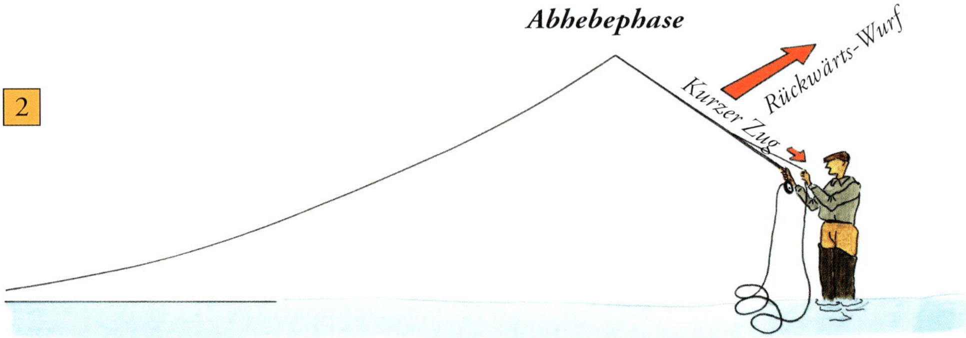

2. Abhebephase:
Der Bewegungsimpuls beim Anstrecken der Wurfleine wird langsam ansteigend eingeleitet, so dass zunächst die Leine angleitet und sich dann von der Wasseroberfläche abhebt. Die Schnurhand unter stützt mit einem kurzen Zug das Trennen von der Adhäsion.

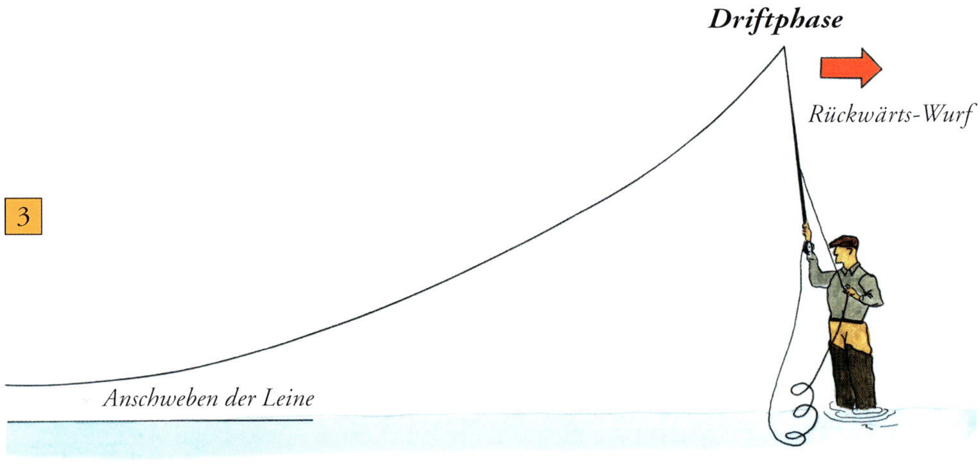

3. Anschwebe- und Driftphase:
Die Rutenhand bewegt sich auf den Werfer zu, entsprechend der über dem Wasser anschwebenden Schnur. Die Flugbahn des Leinenendes sollte knapp über der Wasseroberfläche liegen.

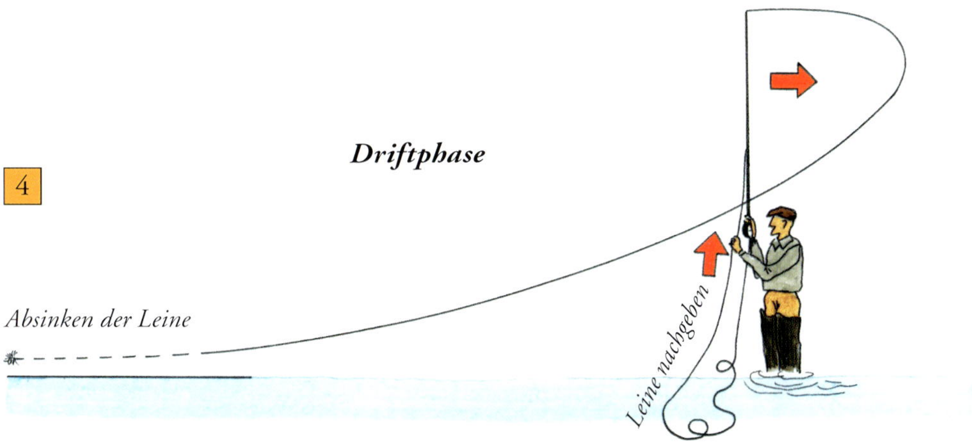

4. Drift- und Absinkphase:
In dieser Phase muss die Rute stoppen. Die Ausholbewegung aus dem Schultergelenk richtet sich nach der Länge der Wurfschnur. Die Schlaufe bewegt sich unterhalb der Rutenspitze nach hinten und der letzte Meter der Leine mit Vorfach und Fliege sinkt seitlich vor dem Werfer zur Wasseroberfläche ab. Gleichzeitig gibt die Schnurhand dem Leinenzug nach und begibt sich nach oben neben die Rutenhand.

5. Aufladen der Rute in der Umkehr- und Ablegephase:
Die Schnur ist abgesunken und der letzte Meter Leine liegt zwei bis drei Meter seitlich vor dem Werfer auf der Wasseroberfläche und bildet so das Widerlager. Hinter dem Werfer bildet sich das charakteristische „D". Jetzt wird ohne Verzögerung in fließend runder Bewegung der Vorwärtswurf eingeleitet. Gleichzeitig lädt sich die Rute durch die Adhäsion und das Schnurgewicht auf und biegt sich. Die Schnurhand liegt noch immer neben der Rutenhand und macht die Bewegung nach vorn mit.

Beginn der Beschleunigungsphase

6

6. Phase der Beschleunigung und Zugbewegung:
In dieser Phase erreicht die Rute ihre größte Geschwindigkeit. Sie wird dabei wie beim Normalwurf auf einer geraden Bahn mit einem sich verstärkenden Druck in Richtung der 10-Uhr-Position nach vorn und nicht in einer kreisbogenförmigen Bewegung nach unten geführt. Gleichzeitig beginnt die Schnurhand mit dem Verkürzen der Leine, da dieser Zug die Geschwindigkeit erhöht.

Ende der Beschleunigungsphase

7

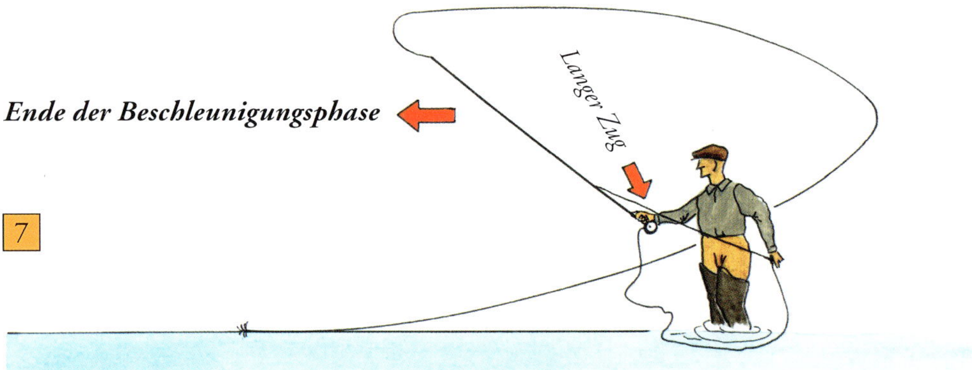

7. Endphase der Wurf- und Zugbewegung:
Die Beschleunigung durch diese Wurf- und Zugbewegung endet jetzt, während sich die Leinenschlaufe auf das Ziel zubewegt, das der Werfer jedoch mehr über, als auf der Wasseroberfläche angepeilt hat.

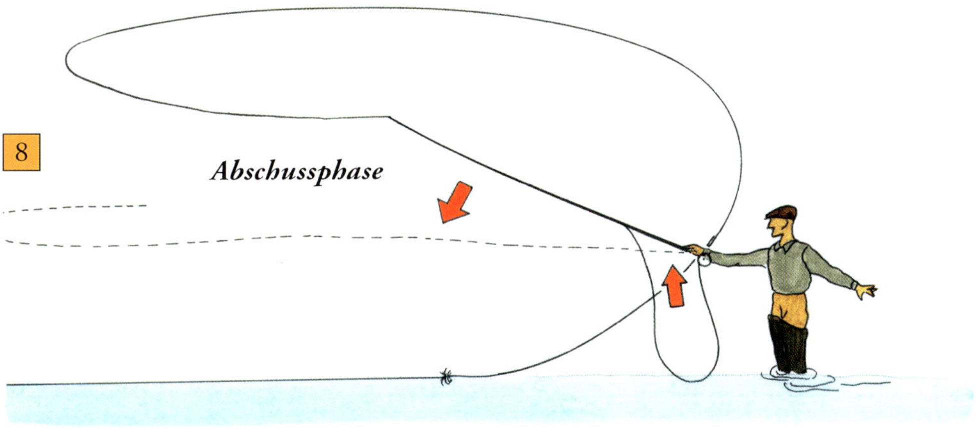

8. Abschussphase:
Nach Ende der Beschleunigungsphase bewegt sich die Wurfleine auf das Ziel zu und zieht Leerschnur nach. Damit ihr das leichter gelingt, muss sich der Reibungswiderstand der Leine in den Rutenringen verringern. Das erreicht der Fischer am besten, wenn er die Rute in die Waagerechte absenkt und mit gestrecktem Arm auf das Ziel zeigt.

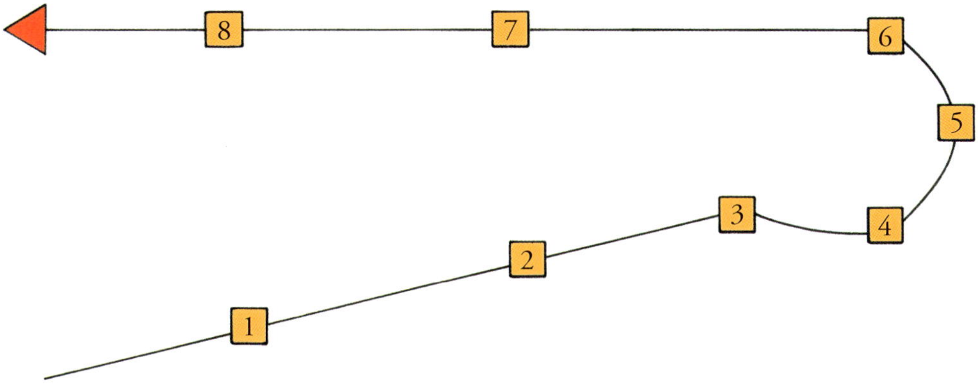

9. Bewegungsbahn der Rutenhand:
Die Zeichnung oben soll die Bewegungsbahn der Rutenhand und ihre Position in der jeweiligen Wurfphase verdeutlichen. Die Nummern entsprechen den abgebildeten Wurfphasen.

3.6.13 Das Werfen mit einer Zweihandrute

Das Werfen mit einem Beidhänder, wie er heute nicht nur beim klassischen Lachsfischen (Salmo salar) verwendet wird, unterscheidet sich wesentlich von dem mit der Einhandrute und ist eigentlich nicht schwierig zu erlernen. Leerwürfe sind nicht erforderlich, da man in der Regel mit einer konstanten Schnurlänge von etwa 20 m, die sich auf dem Wasser befindet und die immer wieder aufgenommen und schräg stromab über den Fluss geworfen wird. Ist die Fliege herumgeschwungen, werden einige Meter über den Mittelfinger der Wurfhand eingeholt, der Rest wieder aufgenommen und aufs neue schräg stromab geworfen. Durch die Schwungkraft wird der Teil der Leine, die man zuvor einzieht, mit hinausgerissen. Eine Zweihandrute bewältigt weitaus größere Distanzen als die stärkste Einhandrute, bei der niemals mit einem einmaligen Aufnehmen und Schiessenlassen diese Entfernungen zu überbrücken wären. Damit wird klar, dass mit einer Zweihandrute weiter und vor allem kräfteschonender geworfen werden kann. Ein weiterer Vorteil besteht darin, dass mit einer kräftigen Zweihandrute ein kapitaler sich wild gebärdender Lachs viel souveräner unter Kontrolle gehalten werden kann. Mit ihrer gebräuchlichsten Länge zwischen 13 und 15 Fuß kann man den Fisch von Hindernissen fernhalten oder ihn um sie herumführen. Außerdem kann der Drill viel härter erfolgen, um den Widerstand eines Atlantischen oder eines Königs-Lachses rechtzeitig zu brechen, bevor er mit seinem Gewicht die Hauptströmung nutzt und sich unwiederbringlich verabschiedet.

Zum Wurf selbst folgendes: Man watet einige Meter ins Wasser, bringt etwa 12 bis 15 m Leine vor den Spitzenring und lässt sie flussab treiben, bis die Strömung sie spannt. Die Leine wird mit dem Mittelfinger der rechten Hand an den oberen Teil des Griffs geklemmt, der Rutenabschluss ist in die Hüfte gestemmt, während die Linke die untere Griffverlängerung umfasst. Vor dem Werfen zieht die linke Hand noch etwa zwei bis drei Meter Schnur von der Rolle, die man vor sich auf das Wasser fallen lässt, Die Wurfbewegungen der Rute sollten möglichst weit vom Körper erfolgen. Der Arbeitswinkel liegt zwischen der 11-Uhr-Stellung hinten und der 1-Uhr-Stellung vorn. Beim Zweihandwurf ist eine längere Pause einzuhalten (Timing), um der nach hinten fliegenden Leine ausreichende Streckung zu gewähren. Nach dem Stop lässt man die Schnur schießen, wobei die rechte Hand die auf dem Wasser lagernde Schnurreserve freigibt. Geübte Werfer können Wurflängen von 25 bis 30 m ausbringen, die sich nach dem Wurf auch noch menden lassen (siehe unter verschiedene Tricks „Mending the line").

Stehen einem Rückwurf Hindernisse entgegen, bietet sich der ***„Umgelenkte Rollwurf"*** – auch ***Spey Cast*** genannt – an.

Man unterscheidet den ***Single Spey Cast*** und den ***Double Spey Cast***.

Beide Wurfarten werden mit einem Rollwurf oder wenn größere Wurfweiten erreicht werden sollen mit einem Switch Cast abgeschlossen. Sie ermöglichen auf sehr elegante Weise mit dem Abheben und dem erneuten Auslegen der Leine eine Richtungsänderung herbeizuführen. Ein weiterer Vorzug ist die Möglichkeit, auch bei starkem Wind ungefährdet mit der Fliege fischen zu können.

Diese modifizierten Rollwürfe können nicht nur mit der Zweihand- sondern auch mit der Einhand-Rute ausgeführt werden.

Der Single und der Double Spey Cast wird, ***je nach Uferlage***, ***normal*** oder ***rückhändig*** geworfen.

Ohne besondere Windeinflüsse wirft man als Rechtshänder vom ***linken Ufer*** den ***Single-*** und vom ***rechten Ufer*** den ***Double Spey*** und schließt beide Würfe mit einem ***normalen*** Rollwurf über die ***rechte*** Schulter ab.

Bei ***Stromaufwind*** wird immer der ***Single Spey*** geworfen, da bei ihm die Fliege stromauf vom Werfer und damit hinter ihm abgelegt wird, bevor querüber ausgerollt wird. So bleibt der Werfer immer außerhalb des Gefahrenbereich, wo er von der Fliege nicht getroffen werden kann. Der Wurf für den Rechtshänder erfolgt vom ***linken*** Ufer aus in der ***normalen***, vom ***rechten*** Ufer in der ***rückhändigen*** Position.

Bei ***Stromabwind*** kommt immer der ***Double Spey*** zum Einsatz und zwar für Rechtshänder vom ***rechten Ufer*** als ***Normal-*** und vom ***linken*** Ufer als ***Rückhand-Wurf***.

Die Ausgangssituation für einen ***„einfachen Spey"*** ist folgende: Der Angler steht in der Nähe des ***linken Ufers*** im knietiefen Wasser und möchte erneut die Fliege in Richtung des anderen Ufers ablegen. Die Richtungsänderung beträgt 90 Grad. Ein Rückwurf ist wegen diverser Hindernisse nicht möglich. Die ausgefischte Leine zeigt nach links. Die Schnur wird angestreckt und zügig in einer hebenden Bewegung vor dem Körper vorbeigeführt, löst sich so vom Wasser und wird anschließend mit einer absenkenden Bewegung wieder aufs Wasser gedrückt und dient als Vorbereitungsphase für die Richtungsänderung. Am Ende dieses Schwungs müssen Fliege und ein Grossteil der Schnur auf dem Wasser und zwar knapp stromauf des Werfers liegen. Anschließend schwingt die Rute in einer harmonischen Bewegung nach hinten, um dann die Leine mit einem ***normalen*** Rollwurf über die ***rechte Schulter*** quer zur Strömung abzulegen.

Wird vom ***rechtsseitigen*** Ufer aus gefischt, erfolgt der abschließende Rollwurf aus der ***Rückhandposition*** über die ***linke Schulter*** *(Abb. 44, Seite 108)*.

Der ***Double Spey*** erfordert für die Richtungsänderung zwischen dem Abheben und Ablegen der Leine zwei Zwischenschritte, bevor auch er mit einem Rollwurf abgeschlossen wird.

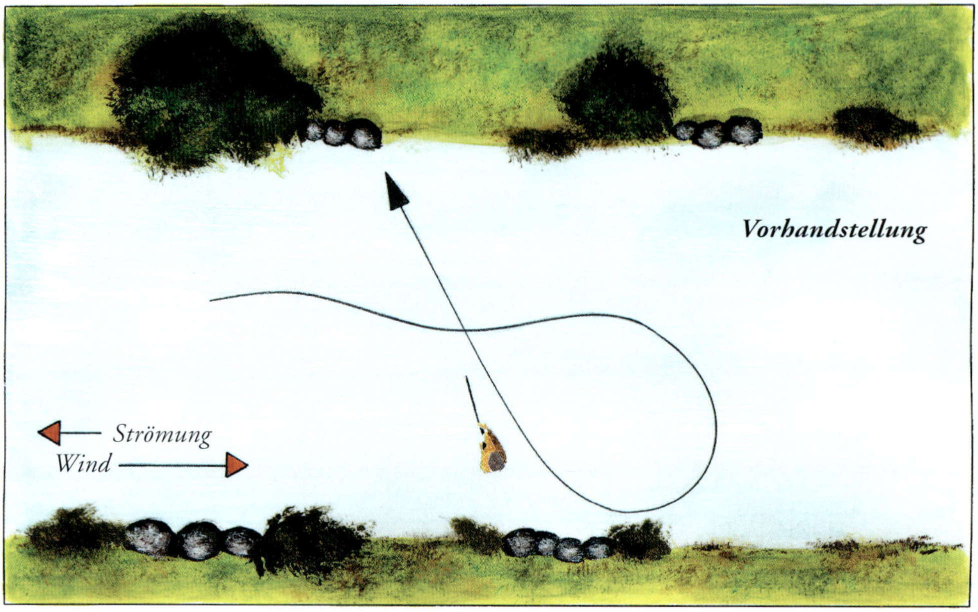

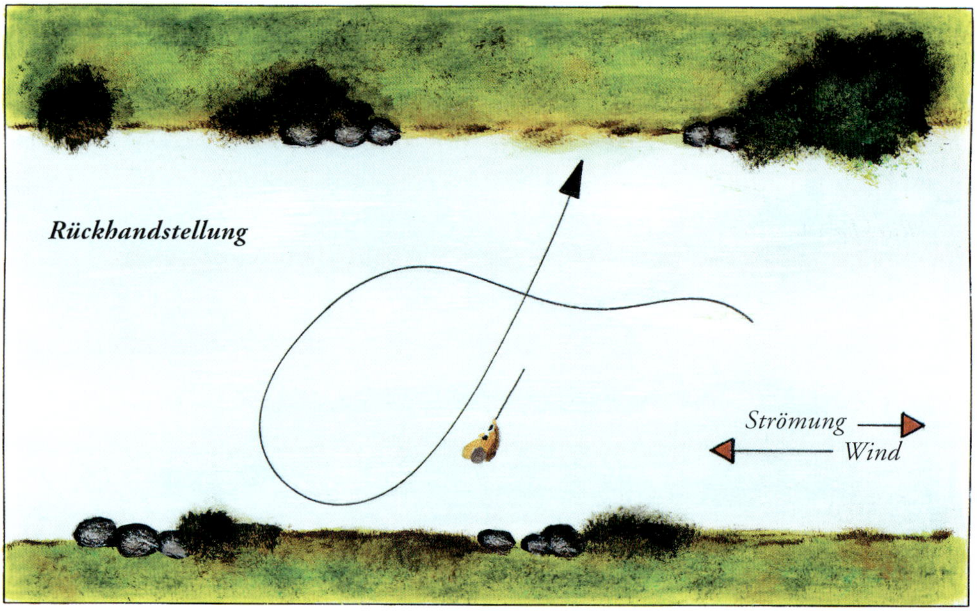

Abb. 44: Der Single Spey Cast

Die Abbildung soll verdeutlichen, welchen Weg die Rutenspitze nimmt, wenn bei Stromaufwind der Single Spey von der linken Uferseite in der Vorhand-Stellung und von der rechten in der Rückhand-Stellung ausgeführt wird.

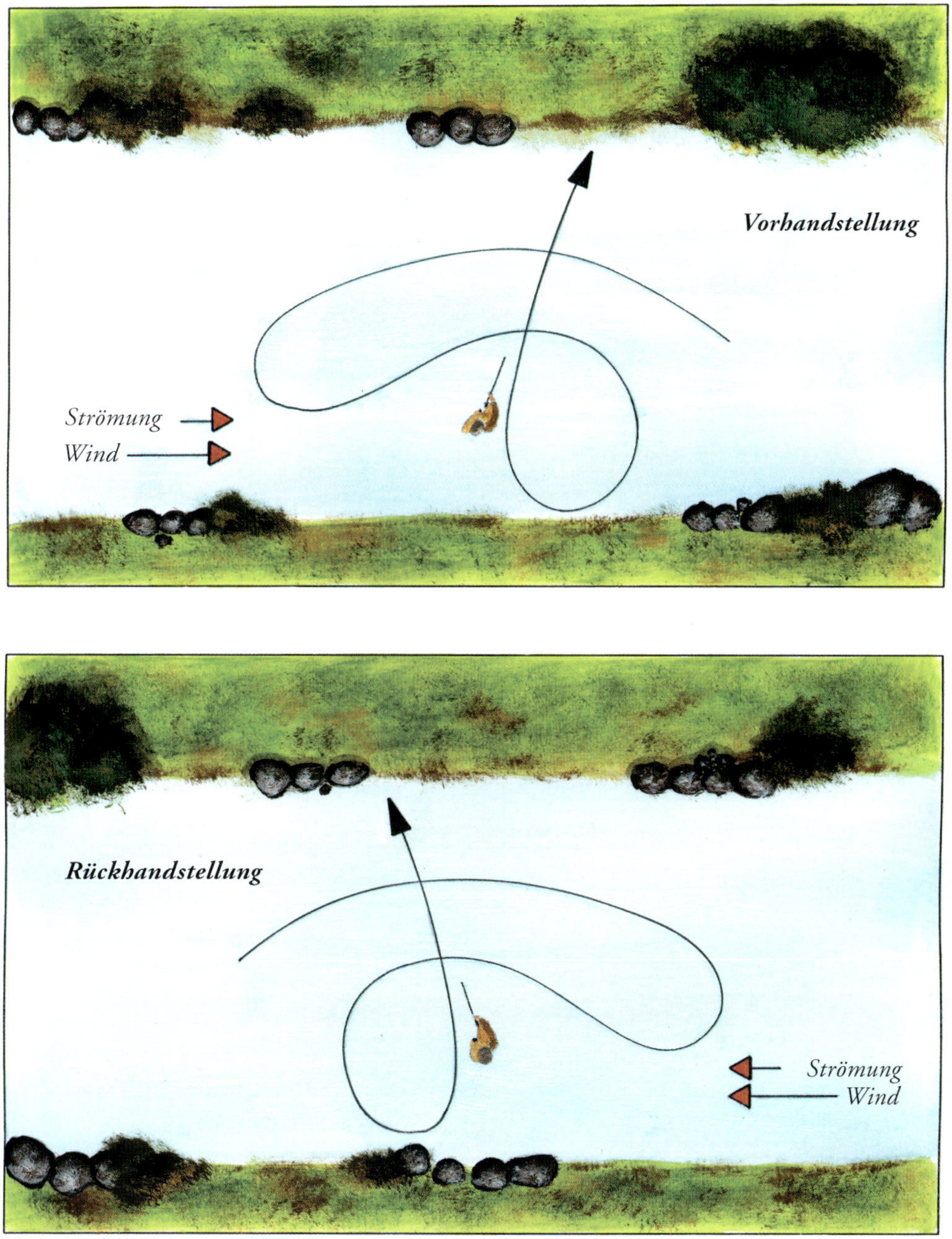

Abb. 45: Der Double Spey Cast
Bei Stromabwind wird der Double Spey vom rechten Ufer in der Vorhand- und vom linken Ufer in der Rückhand-Stellung ausgeführt. Auch hier soll die Zeichnung den Weg der Rutenspitze verdeutlichen.

Die Ausgangssituation für den ***Double Spey***: Der Angler steht in der Nähe der ***rechten Uferseite***, um einen Wurf quer über den Fluss auszuführen. Die stromab ausgefischte Schnur wird durch das Anheben der Rutenspitze herangezogen, bis sie sich spannt und vom Wasser löst. Anschließend wird die Rute vor dem Körper herum stromaufwärts geführt. Die Schnur folgt der Rutenbewegung und wird stromauf gelegt. Durch den Schwung entsteht eine Schlaufe in Form eines „D", die Fliege bleibt jedoch knapp unterhalb des Werfers. Im zweiten Schritt wird die Rute um ca. 180 Grad um den Körper nach rechts zurückgeführt, während sich die Leine wieder vom Wasser löst. In der letzten Phase dieses Schwungs wird die Rute langsam angehoben, damit sich hinter dem Werfer wieder die das Wasser berührende Schlaufe bilden kann. Jetzt wird ein abschließender ***normaler*** Rollwurf über die ***rechte Schulter*** quer zur Strömung ausgebracht *(Abb. 45, Seite 109)*.

Der traditionelle Spey-Cast wird heute stark modifiziert und meistens mit einem abschließenden Switch Cast kombiniert. Der Vorteil dieses ***Trick-Spey***: Der Wurf wird schneller und der Werfer benötigt weniger Platz im Rückraum. Seine ineinanderfließenden Bewegungen sehen nicht nur elegant aus, sondern ermöglichen auch enorme Wurfweiten sowohl mit der Zweihand- als auch mit der Einhandrute. Zudem ist das richtige Timing leichter zu erlernen.

Für den „Werfer im Gebetsroither Stil" ist der Trick-Spey sehr leicht nachzuvollziehen.

Zusammenfassend: Sollen größere Wurfweiten erreicht werden, wird im zweiten Schritt die Schnur zurück aufs Wasser rolliert und abschließend ein Switch Cast ausgebracht.

3.6.14 Das Werfen mit dem Schusskopf

Eine normale und nicht zu lange Fliegenschnur kann man mit Leerwürfen beliebig lang in der Luft halten. Bei dem etwa 8 bis 11 Meter langen Schusskopf für Einhandruten muss man mit möglichst wenig Leerwürfen auskommen, bevor er abgeschossen werden kann, sonst ist die Gefahr groß, die Kontrolle über den Wurf zu verlieren. Der Grund hierfür liegt in der ungleichen Gewichtsverteilung des relativ dicken und schweren Schusskopfs, der mit einer dünnen aber schussfreudigen Running Line verschlauft wird.

In der Praxis beim Fischen wird der Schusskopf etwa bis zur Hälfte in die Rute eingezogen. Nach dem Abheben wird er mit wenigen Leerwürfen unter Verwendung des Doppelzuges wieder ausgefüttert, um ihn erneut abschießen zu können. Dabei ist es wichtig, dass sich für den abschließenden Wurf oder Schuss der gesamte Schusskopf zuzüglich höchstens 1,5 Meter Schussleine (Overhang) außerhalb des Spitzenrings befinden.

Für Zweihandruten sind ebenfalls Schussköpfe unterschiedlicher Schwimmlagen, jedoch in entsprechend längerer Ausführung erhältlich.

3.7 Verschiedene Tricks

Zum Schluss noch einige Tricks, die das praktische Fliegenfischen erleichtern.

3.7.1 Mending the line

Dieser feststehende Begriff aus der Lachsfischerei ist eine ergänzende Wurfhandlung oder Leinenmanipulation und heißt sinngemäß übersetzt: „Verbessern der Schnurlage auf dem Wasser beim Fischen mit der Nassfliege". Ein entsprechend deutscher Begriff, der den Sinn dieses englischen Ausdrucks komprimiert wiedergibt, lautet: Ausschlagen des Schnurbogens.

Das Mending the line wird heute nicht nur beim Lachsfischen mit der versunkenen Fliege, sondern auch beim Fischen mit der Nymphe, dem Streamer oder der Trockenfliege angewandt, um den Strömungsdruck rechtzeitig aus der Leine zu nehmen. Während die Fliege nach einem Wurf stromauf am Standort des Fischers vorbeitreibt, kann im richtigen Moment ein „Mending the line" die Strecke des unbehinderten Abtreibens der Fliege um einige Meter verlängern. Dabei hält die linke Hand die Schnur, die Rutenspitze wird bis knapp über den Wasserspiegel gesenkt und etwas stromab gerichtet. Die Rute muss Fühlung über die straffe Schnur zum auszuschlagenden Bogen haben, um sie dann aus der 9-Uhr- in die 10-Uhr-Stellung anzuheben und in einem Halbkreis stromauf zu schwingen. Der zügige seitliche Bogenschwung endet stromauf in der 3-Uhr-Position. Der vorher stromabwärts gerichtete Schnurbauch wird praktisch gegen die Strömung umgelegt und liegt danach stromaufwärts, ohne jedoch den Weg der Fliege zu verändern. Bevor die Strömung den Schnurbogen wieder gerade und später erneut zum Bogen stromab drückt, kann die Fliege ohne zu furchen den steigenden Fisch erreichen.

Derartige Schnurkorrekturen können mehrfach hintereinander erfolgen. Dabei ist es wichtig, einen sich neu bildenden, stromab gerichteten Schnurbogen rechtzeitig nach oben auszuschlagen, sonst ist das Furchen der Fliege nicht zu vermeiden.

Manche Angler halten in der linken Hand noch einige Meter Schnur parat, die dann zusätzlich Spielraum gewähren und helfen den unerwünschten Zug an der Fliege zu vermeiden.

Beim Nymphenfischen schräg stromaufwärts kann ein „Mending" jedoch auch stromabwärts sinnvoll sein, um die Nymphe lange genug in der Strömungsgeschwindigkeit treiben zu lassen. Ein „Mending the Line“ stromabwärts macht immer dann Sinn, wenn man der Fliege mehr Tempo verleihen möchte.

3.7.2 Stack Mending

Beim Fischen stromabwärts kann mit einer Reihe von aufeinanderfolgenden, seitlich orientierten Rollwürfen laufend Schnur nachgefüttert werden, damit die Fliege ungehindert stromabwärts driften kann.

3.7.3 Das sanfte Abheben der Fliege

Wenn der Fischer die Fliege ganz normal vom Wasser abhebt, entsteht eine störende Furche. Das ist dann problematisch, wenn man direkt stromab fischt und kein Biss erfolgt. Dann muss das Abheben oder Einholen der Leine genau über oder sehr nahe am Fisch erfolgen, was ihn schnell vergrämt. In diesem Fall nimmt der Fischer erst Arm und Rute recht langsam hoch, wodurch er die Schnur aus dem Wasser hebt. Erst wenn möglichst nur noch die Fliege auf dem Wasser liegt, setzt der Rückschwung mit einen ganz kurzen „Schwipp“ aus dem Handgelenk ein.

3.7.4 Der Spiralabheber

Möchte der Fischer eine längere stromabwärts getriebene Fliegenschnur möglichst sanft und ohne Wellen- und Spritzerbildung vom Wasser abheben und in den Rückschwung überleiten, eignet sich der Spiralabheber am besten. Dabei wird die Rute zunächst in die 2-Uhr-Stellung angehoben. Von der Rutenspitze verläuft jetzt ein längerer Schnurbogen in Richtung der gestreckt auf dem Wasser liegenden Leine. Während die linke Hand die Schnur festhält, beschreibt die Rutenspitze linksherum schwungvoll einen Kreis. Damit der Trick gelingt, müssen das Anheben der Rute und der eigentliche Spiralabheber nahtlos ineinander übergehen. Denn die Schnur darf bei diesem Trickwurf nicht zu schlaff durchhängen. Die Kreisbewegung schlägt in den nach vorn gerichteten und in der Luft durchhängenden Schnurbogen eine korkenzieherähnliche Spirale hinein, die nach vorne in Richtung der Fliege durchläuft. Dabei wird die auf dem Wasser liegende Schnur hochgerissen und die Oberflächenspannung durchbrochen, ohne eine wesentliche Störung der Wasseroberfläche zu verursachen. Ist die Spirale bis nach vorn durchgerollt, liegt die Schnur praktisch für Bruchteile einer Sekunde in der Luft. Jetzt kann der Rückwurf einsetzten.

3.7.5 Der Nymphen-Stoppwurf

Der Erfolg des heute mit Recht so beliebten Nymphenfischens stromaufwärts kann optimiert werden, wenn die Nymphe möglichst lange in Grundnähe arbeitet. Das setzt voraus, dass die Nymphe wirklich schnell absinkt, um dann knapp über dem Grund in natürlicher Fließgeschwindigkeit zu schwimmen.

Für dieses spezielle Servieren der Nymphe wird häufig der sogenannte „Tuck Cast" eingesetzt. Der „Tuck-Cast" ist ein Spezialwurf mit einer nach unten gerichteten, also vertikalen Kurve. Er besteht aus einem übertrieben beschleunigten Vorwärtswurf, den der Werfer frühzeitig durch eine schnelle Kippbewegung des Handgelenks stoppt. Der Kipp-Stopp ist nicht ganz einfach zu erlernen und wird nur nach einer gewissen Trainingszeit zufriedenstellend ausfallen.

Effektiver und leichter auszuführen ist der Nymphen-Stoppwurf der durch Hans-Ruedi Hebeisen bekannt wurde. Am Ende des letzten Vorschwungs beim Normalwurf wird die Rute, mit Hilfe der linken geöffneten Hand, oberhalb des Griffs abrupt gestoppt. Die Nymphe schießt förmlich in einer Kurve nach unten und sinkt somit sehr schnell ab

3.7.6 Der Katapultwurf

Mit diesem Trick, den die Angelsachsen Bow and Arrow Cast nennen, gelingt es an extrem verwachsenen Gewässern vom Ufer aus, die Fliege durch eine Lücke im Gebüsch ins Wasser zu bringen. Dazu ist es notwendig eine nicht zu kleine Fliege, deren Haken freiliegend nach oben weist, zwischen Daumen und Zeigefinger der linken Hand zu klemmen, dann die Rute durch einen Zug an der Leine wie eine Steinschleuder zu spannen, um anschließend das Kunstinsekt wie ein Geschoss auf das Wasser zu befördern. Die Wurfentfernung ist begrenzt und beträgt etwa die doppelte Rutenlänge. Der Zielpunkt liegt etwas oberhalb der Wasseroberfläche.

3.7.7 Der Rolly Pick Up

Beim Stromauffischen wird die zurücktreibende Schnur mit einem Rollwurf abgehoben und wieder neu ausgebracht. Diese Methode findet jedoch auch beim Einsatz von Sinkschnüren oder sinkenden Schussköpfen Verwendung, um die letzten Meter der Schnur aus dem Wasser zu ziehen und kurz gestreckt auf der Oberfläche abzulegen. Erst dann wird ein normaler Rückschwung ausgeführt. Auch kann beim Stromaufwärtsfischen, wenn die zurücktreibende Schnur schneller ist, als sie der Angler aufnehmen kann, bei einem Biss mit einem „Rolly" der Anhieb gesetzt werden.

Mit diesem Kapitel endet die Wurfschule. Sie soll dem Fliegenfischer zu mehr Erfolg am Fischwasser verhelfen. Er wird sich jedoch nur dann einstellen, wenn der Fischer das ganze Spektrum der Wurftechnik ausreichend lange durchdenkt und einübt. Erst dann beherrscht er sie perfekt und konnte sie ins Unterbewusstsein einprägen. Jetzt ist er jedoch in der Lage, sich mit ungetrübter Freude voll und ganz dem Fischen zu widmen. Allerdings sollte er vor Beginn der Angelsaison seine Wurftechnik durch Übungen auffrischen. Schließlich absolvieren gewissenhafte Jäger auf dem Schießstand vor Eröffnung der Jagd ebenfalls ihr Anschießen.

3.8 Erläuterung wurftechnischer Ausdrücke

Adhäsion	Das Aneinanderhaften zweier Stoffe.
Arbeitsweg	Der Weg, den die Rutenspitze oder die Wurfhand zwischen den beiden Stop- oder Bremspunkten beim Rück- oder Vorwärtswurf zurücklegt. Er ist abhängig von der Länge der zu bewegenden Schnur.
Arbeitswinkel	Der Winkel zwischen den beiden Stoppunkten, in dem sich die Fliegenrute beim Normalwurf bewegt. Er begrenzt die Aktion der Rute und deren Arbeitsweg.
Backhand	Rückhandwurf
Dreggen	Furchen
Drift	Damit ist die Bewegung der im Wasser an- oder abtreibenden Schnur oder das Ausrollen der Wurfleine nach den jeweiligen Brems- oder Stoppunkten gemeint.
Ellipse	Geometrische, sehr langgestreckte Form
Energie	Im Zusammenhang mit dem Fliegenwerfen ist die Fähigkeit gemeint Arbeit zu verrichten (Energieschub, Energieintensität).
Frequenz	Schwingungszahl
Impuls	Der Begriff bedeutet Antrieb. Man spricht beim Fliegenwerfen auch vom Bewegungs- oder Beschleunigungsimpuls.
Impuls-Stoppunkte	Bis zu diesen Stellen kann aktiv Kraft eingesetzt werden.
Menden	Korrigieren oder Ausbessern der Leine
Oval	Geometrische ei- oder langrunde Form
Phase	Abschnitt einer (stetigen) Entwicklung

Pleuel	Er wird auch als Schubstange bezeichnet. Gemeint ist beim Fliegenfischen das Werfen aus der Schulter, wobei das Schultergelenk als Pleuellager oder Rotationsachse dient.
Rhythmus	Gleichförmig gegliederte Bewegung, Takt
Rückschwung	Synonym für Rück- oder Rückwärtswurf
Schwipp	Zielgerichteter, schneller Beschleunigungsimpuls
Sequenz	Aufeinanderfolgende Reihe oder Serie
Sidecast	Seitenwurf
Timing	Das Bemessen der Streckpausen oder die Wartezeit an den Stop- oder Umkehrpunkten beim Rück- und Vorwärtswurf.
Umkehrpunkt	Ein anderer Begriff für Brems- oder Stoppunkt
Vorschwung	Synonym für Vorwärtswurf
Wurfebene	Darunter versteht man die Gerade, auf der sich die Rutenspitze oder Flugleine bewegt. Man spricht auch von der Flug- oder Bewegungsebene.
Zwischenwurf	Auch Leer- oder Luftwurf genannt

4. Die Insekten und deren Nachbildungen

Die täuschend ähnlichen Nachahmungen der Insekten als Fischnährtiere während ihres Lebenszykluses in und auf dem Wasser sind die Grundlage des Flugangelns.

Die künstliche Fliege war schon den Römern bekannt. Ihre Verwendung wurde erstmals in der Literatur von dem römischen Schriftsteller Claudius Aelianus (170 – 230 n. Chr.) in seinem Werk „De natura animalium" (über die Natur der Tiere), später auch im Titurel Wolfram von Eschenbachs um das Jahr 1200 als „Vederangel" erwähnt.

Ohne eine ausreichende Kenntnis über das Leben der natürlichen Insekten in ihren verschiedenen Entwicklungsstadien, die den Fischen als Nahrung dienen und ihren Nachbildungen, ist das erfolgreiche Fischen mit der künstlichen Fliege nicht möglich.

Das bedeutet jedoch nicht, dass jeder Fliegenfischer ein wissenschaftlicher Insektenkundler (Entomologe) sein muss.

Die Wasserinsekten gehören sehr verschiedenen zoologischen Gruppen an, haben jedoch alle die gemeinsame Eigenschaft, dass sie Ihre Jugend als Larven im Wasser verbringen, dort sich später in ein geflügeltes Insekt verwandeln, anschließend ihr Gewässer verlassen, um sich an der Luft zu paaren. Bei der Entwicklung vom Ei bis zum geschlechtsreifen Insekt unterscheidet man die ***unvollständige*** und die ***vollständige Gestaltverwandlung*** auch ***Metamorphose*** genannt. Zur Eiablage suchen sie das Gewässer wieder auf und sterben kurze Zeit später.

Alle Insekten sind, wie die Fische auch, wechselwarme Tiere (Kaltblüter), deren Körpertemperatur vollkommen von der Temperatur der Umgebung abhängig ist und mit dieser steigt oder fällt. In der Praxis bedeutet das für den Fliegenfischer und seine Fangaussichten, dass bei einem Wetterwechsel nach einer Kälteperiode mit einer erhöhten Aktivität im und auf dem Wasser zu rechnen ist. Der Insektenschlupf nimmt zu und gleichzeitig der Appetit der Fische.

Das Gegenteil tritt ein, wenn auf eine Wärmeperiode ein Regen- und Kälteeinbruch folgt.

Die Kaltblüter können im Gegensatz zu den Warmblütern ihre Körpertemperatur und damit auch ihren Stoffwechsel nicht selbst steuern. Das ist der Grund und die Erklärung, warum Fische an manchen Tagen einfach nicht beißen wollen.

Außer den Wasserinsekten, stehen auch die Landinsekten wie Ameisen, Bienen, Heuhüpfer, Käfer, Motten, Raupen, Schmetterlinge usw., sowie noch andere Kleinlebewesen, darunter auch Brutfische und Flohkrebse auf dem Speisezettel der Fische und sind für das Flugangeln interessant.

Neben diesen Nachbildungen der in der Natur vorkommenden Futtertiere, gibt es auch noch so genannte Phantasie- und Reizfliegen, die kein natürliches Vorbild haben und trotzdem von einigen Fischarten gerne genommen werden.

Das widerlegt die immer noch verbreitete These, dass nur die naturgetreue, in allen Details exakt gebundene Nachahmung eines natürlichen Insekts, Erfolg beim Fliegenfischen verspricht. Die Experimente aus der Verhaltensforschung beweisen, dass es sehr unterschiedliche Gründe gibt, warum ein Fisch die künstliche Fliege annimmt. Es können Hunger, Gewohnheit, aber auch Futterneid und Aggressivität sein, die den Fisch stimulieren, nach der Kunstfliege zu steigen. Hinzu kommt, dass der Fisch die auf, aber auch die unter der Wasseroberfläche treibende Fliege ganz anders wahrnimmt als der Angler (siehe auch 5. Die Sinne der Salmoniden).

Die Nahrungsaufnahme der Fische vollzieht sich oft ***selektiv***. Darunter versteht man, dass Fische, aus dem Vorhandensein mehrerer Insekten auf oder im Wasser, oft nur eine bestimmte Art oder sogar ein bestimmtes Stadium während deren Lebenszyklus auswählen und andere ablehnen.

Dieses ***Selektiv-Verhalten*** kann sich dann ändern, wenn zum Beispiel neue Fischnährtiere auf dem oder unter Wasser auftauchen. Deshalb ist es für den Angler wichtig, genau zu beobachten, was die Fische fressen, um mit seiner Auswahl der richtigen Imitation beim Fischen erfolgreich zu sein.

In der Natur tritt jedoch häufig der Fall ein, dass die Fische in Ermangelung einer Auswahl, sich nur an einem Beutetier gütlich tun. In solchen Fällen, sind die Fische in ihrem Beißverhalten nicht so heikel und akzeptieren weniger gelungene oder auch andere Nachahmungen.

Beißen jedoch die Fische selektiv, wird man, um Erfolg zu haben, das bevorzugte Insekt identifizieren und dem Fisch eine gute Imitation anbieten müssen.

Beim Fliegenbinden und beim Fischen geht es also darum, die hervorstechenden Merkmale des natürlichen Vorbildes herauszufinden, die beim Fisch den Anbiss auslösen.

Entscheidend dabei ist die Größe, der Umriss, der Helligkeitswert bzw. die Färbung, die Transparenz der Nachahmung, aber auch deren Lage und Verhalten im Wasser *(siehe auch Kapitel 7. Das Anbieten der Kunstfliege in unterschiedlicher Form)*.

Die Beachtung dieser Auslöser, die beim Fisch den Anbiss bewirken, sind für die Nachahmung der Fischnährtiere unerlässlich.

Da jede einwandfrei gebundene Fliege zugleich mehrere Arten natürlicher Insekten vortäuschen kann, reicht eine vernünftige Auswahl von ***Gruppenmustern verschiedener Größen und Helligkeitswerte*** aus, um nahezu allen Situationen am Fischwasser gewachsen zu sein.

Die Zahl und die Auswahl der Kunstfliegen, wozu auch die Nymphen gehören, wird sich danach zu richten haben, wo und zu welcher Jahreszeit gerade gefischt werden soll. In einem nahrungsarmen Gebirgsbach ergibt sich eine andere Situation, als in einem nahrungsreicheren Bach des Mittelgebirges oder der Ebene, mit anspruchsvolleren Fischen.

Um die Übersicht nicht zu verlieren, sollte man sich in Selbstbeschränkung üben, für jedes in Frage kommende Insekt eine nur begrenzte Auswahl bewährter sowie tadellos gebundener Muster bereit halten und sich mehr auf die korrekte Darbietung der Fliege konzentrieren.

Bei der Auswahl eines geeigneten Trockenfliegen-Musters für ein bestimmtes Insekt, sollte man sich auch von der guten Schwimmfähigkeit und hervorragenden Sichtbarkeit für den Angler leiten lassen. Eine zu große Auswahl an Fliegenmustern birgt auch die Gefahr eines hektischen, zeitaufwändigen und letztlich völlig sinnlosen Fliegenwechsels.

Bei der Bezeichnung und Einteilung (Klasse) der Insekten in ***Ordnung, Familie, Gattung und Art*** haben sich deutsche Namen nicht durchgesetzt. Die natürlichen Insekten haben wissenschaftliche, die Nachbildungen in der Regel englische Namen. So wird z.B. „Die große, dunkle Olivfarbene“ (Eintagsfliege) wie folgt eingeteilt. Ordnung: Ephemeroptera (Eintagsfliege), Familie: Baetidae, Gattung: Baetis, Art: Baetis rhodani. Der gebräuchliche englische Name für die Nachbildung heißt „Large dark olive“.

Der Lebensraum von Eintagsfliegen, Köcherfliegen, Steinfliegen und Libellen wird zunehmend durch die sehr unterschiedlichen Gewässerbelastungen, die Flussverbauungen sowie durch die Trockenlegung der Feuchtgebiete eingeengt. Die Wasserinsekten, als eine wichtige Nahrungsgrundlage für unserer Fische, sind stark gefährdet und ihre Artenvielfalt hat sich teilweise dramatisch verringert. Das zeitigt auch Auswirkungen auf das Steig- bzw. Beißverhalten der Fische.

4.1 Die Eintagsfliegen (Insektengruppe der Ephemeriden)

4.1.1 Verbreitung und Lebensraum

In Europa kommen etwa über 200 Arten vor, in Deutschland und den angrenzenden Gebieten sind ca. 110 bekannt.

Die Eintagsfliegen benötigen sauberes Wasser der Güteklasse I oder II und kommen in Bächen, Flüssen, Seen, Teichen und Wasserreservoirs vor. Die Larven leben häufig unter Steinen oder zwischen Wasserpflanzen.

4.1.2 Wesentliche Erkennungsmerkmale

Die Eintagsfliegen-Larven sind 4 bis 30 mm groß, von unterschiedlicher Farbgebung, hauptsächlich braun und gelb mit Zwischentönen. Sie haben ein Paar Fühler, drei Beinpaare und meistens drei Schwanzfäden.

Das farbintensivere Vollinsekt hat eine Größe von 3 bis 28 mm an dessen Körperende sich 2 bis 3 Schwanzfäden befinden. Es besitzt 1 oder 2 Flügelpaare, wobei die dreieckigen Vorderflügel erheblich größer als die Hinterflügel sind. Die Länge der Flügel entspricht meistens der des Körpers. In Ruhestellung werden die Flügel senkrecht über dem Körper zusammengeklappt – deshalb auch der Name ***Stehflügler***. Am Kopf sitzen sehr kurze Fühler.

Der bekannteste und größte Vertreter der Eintagsfliegen ist die Maifliege.

4.1.3 Entwicklung und Lebensweise

Aus dem Ei entwickelt sich die Larve, die meistens, je nach Art, mehr als 20 Stadien durchläuft. Die Larve, auch Nymphe genannt, lebt überwiegend von pflanzlichem Material. Nach einem 1/2 bis 3 Jahren Larvenexistenz unter Wasser, schwimmt sie an die Wasseroberfläche und schlüpft hier zum ***flugfähigen***, jedoch ***noch nicht geschlechtsreifen*** Insekt, das mit dem lateinischen Namen ***Subimago*** (englisch „dun“) bezeichnet wird.

Nach diesem Zwischen- oder ***Subimaginalstadium***, das sie oft versteckt am Uferrand im Laubwerk von Sträuchern und Bäumen verbringt und dessen Dauer, abhängig von Art und Witterung, zwischen einigen Minuten und 4 Tagen betragen kann, erfolgt dann die letzte Häutung zum ***fortpflanzungsfähigen*** Vollinsekt und trägt jetzt den lateinischen Namen ***Imago*** (englisch „spinner“). Sie durchläuft also zwei „geflügelte“ Stadien. Die geschlechtsreife Eintagsfliege (Ephemeroptera), lebt wenige Stunden bis mehrere Tage und das ist der Grund für ihre Namensgebung (griechisch ephemeros = nur einen Tag lebend). Weder die Subimago noch die Imago ist fähig, irgendeine Nahrung aufzunehmen.

Während der kurzen geschlechtsreifen Zeit findet die Paarung in der Luft statt und die Eiablage erfolgt meistens dicht über oder unter der Wasseroberfläche.

Die Eintagsfliege wird in sechs Phasen ihres Lebenszykluses besonders leicht zur Beute der Fische. Einmal als Nymphe (englisch nymph) am Gewässergrund oder zwischen den Wasserpflanzen. Dann als reife Nymphe bei ihrem Aufstieg zur Wasseroberfläche, während des Schlüpfens aus der Nymphenhaut (englisch Emerger) oder als bereits geschlüpfte Subimago (englisch Dun) beim Trocknen ihrer Flügel, bevor sie davonfliegen kann.

Als weibliche Fliege (Spinner) beim Ablegen der Eier und schließlich als abgestorbenes Insekt (englisch Spent), wenn es hilflos mit ausgebreiteten Flügeln auf dem Wasser treibt *(siehe auch Abb. 46, Seite 122)*.

Die meisten Eintagsfliegen-Arten schwärmen in den Nachmittags- oder frühen Abendstunden. Vor allem in den Frühjahrs- und Herbstmonaten kann ein Massenschlüpfen der Subimagines beobachtet werden.

Der Flugangler nützt diese Phasen der Eintagsfliegen, indem er mit entsprechenden Imitationen fischt und dabei das Verhalten der Insekten nachahmt.

Unter dem englischen Begriff ***Emerger***, was so viel wie ***Auskriecher*** heißt, wird im Sprachgebrauch der Fliegenfischer häufig die vom Gewässergrund zur Wasseroberfläche aufsteigende Larve bezeichnet. Das ist nur dann richtig, wenn es sich um eine Nymphe handelt, die bereits während des Aufsteigens aus der Nymphenhaut schlüpft.

4.1.4 Nachbildungen

Für das praktische Fliegenfischen ist es nicht notwendig, jede einzelne Art zu kennen und voneinander unterscheiden zu lernen oder diese sogar detailgetreu nachzubilden. Einige wenige Muster genügen, um verschiedene Gruppen zu imitieren. Entscheidend für die Nachbildung von Insekten ist, dass die den Fischen vertraute Silhouette durch Berücksichtigung von Größe, Farbe, Körper- und Flügelform sowie deren Stellung einschließlich der Beine und Schwanzfäden ohne Detailversessenheit hergestellt werden. Diese Auslöser, die offensichtlich den Fisch zum Anbiss veranlassen, sind beim Fliegenbinden zu berücksichtigen.

4.1.4.1 Nymphen

Die Eintagsfliegenlarven werden von beschwerten Nymphen oder unbeschwerten Nymphen unter oder über Wasser nachgeahmt.

Beschwerte Nymphen (Weighted Nymphs):

Die beschwerten Nymphen werden dicht über dem Gewässergrund oder in mittlerer Wassertiefe verwendet. Sie sollen dort die Schwimmbewegung der natürlichen Nymphen nachahmen. Das Aufsteigen während des Schlüpfens wird durch Hochziehen der Nymphe zur Oberfläche nachgeahmt (Lift).

Zu den beschwerten Nymphen gehören die Nymphen mit verlängertem Körper (Extended-Body Nymphs) und die schlängelnden Nymphen oder Schwänzelnymphen (Wiggle Nymphs).

Die ***Aufsteiger als Nasstyp*** sind auch beschwerte Nymphen mit kurzen, nach hinten gerichteten Flügelstummeln. Sie imitieren die vom Gewässergrund aufsteigenden, unter Wasser bereits schlüpfenden Nymphen, die von den Fischen jedoch ***dicht unter der Wasseroberfläche*** abgefangen werden. Sie werden ähnlich wie beschwerte Nymphen geführt.

Durch die ***schwimmenden Nymphen*** wird das Abtreiben der schlüpfenden Nymphen ***im oder knapp unter dem Oberflächenfilm*** nachgeahmt. Die schwimmenden Nymphen werden wie natürlich abtreibende Trockenfliegen gefischt.

Der ***Emerger als Trockentyp*** ist eine leichte, schwimmende Nymphe mit kurzen nach hinten gerichteten Flügelstummeln. Sie imitiert die Schlüpfphase an der Wasseroberfläche, in der das geflügelte Insekt, also die ***Subimago***, der Nymphenhülle entsteigt (Auskriecher).

Der ***Dun Emerger*** ist eine Nymphe, die dann verwendet wird, wenn die Subimagines bei kaltem Wetter Schwierigkeiten haben, ihre Flügel zu entfalten. Beide ***Emerger –Typen*** werden wie eine schwimmende Nymphe gefischt.

4.1.4.2 Nassfliegen

Es werden die ***Flügel-Nassfliegen*** (Winged-Wet Flies) und die ***Hechel-Nassfliegen*** (Hackle-Wet Flies) unterschieden.

Eine zum Schlüpfen ansetzende Nymphe oder ein ertrunkenes Insekt kann mit einer flachgeführten Nassfliege nachgeahmt werden.

Wird die Nassfliege etwas tiefer geführt, so imitiert sie eine im Wasser schwimmende und abtreibende Nymphe oder eine zur Eiablage untergetauchte Fliege.

4.1.4.3 Trockenfliegen

Obwohl es Tausende von Trockenfliegenmustern mit Phantasienamen gibt, lassen sich diese jedoch auf eine kleine Anzahl von Fliegentypen zurückführen. Um nicht die Übersicht bei der Auswahl und Unterscheidung der einzelnen Typen zu verlieren, werden die wichtigsten Trockenfliegentypen wie folgt eingeteilt und besprochen.

Die schlüpfende Subimago (Dun), die versucht von der Wasseroberfläche abzufliegen, die Imago (Spinner), die erschöpft auf dem Wasser treibt sowie die bereits tote, mit ausgebreiteten Flügeln auf der Wasseroberfläche treibende Spent (englisch spent = verbraucht) werden in der Regel mit den ***Flügel-Trockenfliegen*** (Winged-Dry Flies) oder den ***Hechel-Trockenfliegen*** (Hackle-Dry Flies) des Dun-, Spinner- und Spent-Typs nachgebildet.

Abb. 46: Die Eintagsfliege als Fischnährtier in ihren Entwicklungsstadien und deren Nachbildungen

Red Spinner
12 - 18

Spent Spinner
16 - 18

Pheasant Tail
12 - 16

Märzbraune
12 - 14

Mayfly Spent
10 - 12

Goldkopf-Nymphe
12 - 16

Stillborn Emerger
12 - 16

Oliv Dun
14 - 18

Yellow Dun
12 - 16

Loop Wing Emerger
12 - 18

Elk Mayfly
12 - 16

Adams
10 - 20

Darüber hinaus gibt es noch die Sonderformen, die spezielle Arten, abweichende Entwicklungsstadien oder ein besonderes Verhalten imitieren sollen.

Zu diesen Sonderformen zählen die Maifliegen (Mayflies), Hechellose Fliegen (No-Hackles), Körperfliegen (Thorax Flies), Fallschirmfliegen (Parachute Flies), Fliegen mit verlängertem Körper (Extended-Body Flies), Fliegen mit losgelöstem Körper (Detached-Body Flies), Haarkörperfliegen (Hair-Bodies Flies), Haarflügelfliegen (Hair-Wing Flies), Totgeborene Eintagsfliegen (Mayfly Stillborns), Schlitterfliegen, Kielfliegen (Keel Flies), Wasserläufer (Waterwalkers), Deveaux-Fliegen, Entenbürzelfliegen (Cul de Canards).

Eine Auswahl von bewährten Nachbildungen kann aus der *Abb. 46, Seite 122/123* entnommen werden.

4.2 Die Köcherfliegen (Insektengruppe der Trichopteren)

4.2.1 Verbreitung und Lebensraum

In Europa sind etwa 900, in Deutschland und den angrenzenden Gebieten ca. 300 bekannt.

Die Köcherfliegen sind in unverschmutzten bis mäßig belasteten Flüssen, Bächen, Seen und Teichen sowohl in der Ebene als auch im Hochgebirge anzutreffen.

4.2.2 Wesentliche Erkennungsmerkmale

Die maden- bzw. raupenähnlichen Larven der meisten Arten leben in Köchern aus pflanzlichem oder mineralischem Material und sind auch der Grund für ihre Namensgebung. In der Anglersprache werden die köchertragenden Larven auch Sprock genannt. Einige Arten sind köcherlos und verstecken sich unter Steinen. Ihre Körperlänge beträgt, artspezifisch sehr verschieden, zwischen 3 und 30 mm. Alle Köcherfliegenlarven haben drei Beinpaare an der Brust und ein Paar Stummelfüße mit jeweils einer Kralle am Hinterleibende. Die Köcherfliegen, auch Sedges oder Caddis genannt, sind unterschiedlich große Insekten mit zwei fein behaarten Flügelpaaren, deren vordere und größere Flügel eine Spannweite von 3 bis 68 mm haben. Die Körperlänge des vollentwickelten Insekts von 4 bis 25 mm beträgt oft nur etwa ein Drittel der Vorderflügelspannweite. ***In Ruhestellung werden die Flügel meist spitzdachförmig über dem Hinterleib zusammengelegt.*** Am Kopf sitzen lange, fadenförmige Fühler, die in Ruhestellung nach vorne gestreckt werden. Die Köcherfliegen sind im Flug einer Motte nicht unähnlich und meist von brauner, grauer oder schwarzer Farbe. Sie haben im Gegensatz zu den Eintags- und Steinfliegen weder als Larve noch als Vollinsekt Schwanzfäden. Ihr wissenschaftlicher Name Trichoptera bedeutet griechisch behaarte Flügel oder Haarflügler.

4.2.3 Entwicklung und Lebensweise

Die nach etwa 1 bis 3 Wochen aus dem Ei geschlüpfte Larve verwandelt sich nach meist 5 Larvenstadien innerhalb etwa eines Jahres über ein Puppenstadium zum fertigen Insekt ***(vollständige Metamorphose)***. Nach einer 2 bis 4 wöchigen Ruhezeit befreit sich die Puppe mit ihren scherenartigen, scharfen Mundwerkzeugen aus dem Köcher und schwimmt an die Wasseroberfläche. Dort platzt die Puppenhülle auf und die Köcherfliege schlüpft rasch aus der von der Oberflächenspannung des Wassers getragenen Puppenhülle. Manche Arten entfalten die Flügel und fliegen sofort ab, andere sind jedoch noch nicht voll flugfähig. Sie versuchen flatternd aufzufliegen oder rennen flatternd über die Wasseroberfläche zum Ufer (Schlitter-Sedges).

Andere Puppen schwimmen dicht unter der Wasseroberfläche an das Ufer oder kriechen an Steinen, Wasserpflanzen, Ästen oder Holzpfählen aufs Trockene und suchen sich einen zum Schlüpfen geeigneten Platz. Dort schlüpfen sie in wenigen Minuten aus der Puppenhaut zum geflügelten und geschlechtsreifen Insekt, der ***Imago***.

Die Köcherfliegen, die bis zu 4 Wochen leben, verstecken sich tagsüber meist im Ufergestrüpp und schwärmen spät am Tag und bevorzugt nachts aus, um sich zu paaren. Die Paarung findet fast immer auf einer festen Unterlage statt. Die Eiablageflüge der Weibchen erfolgen oft stromaufwärts. Die Eiablage selbst findet über, aber auch auf der Wasseroberfläche sitzend und sogar unter Wasser statt, während andere Weibchen ihren Laich auf Pflanzen in Wassernähe ablegen. Die Larven leben überwiegend von pflanzlichem Material, einige sind Räuber, später als Imagines können sie keine feste Nahrung mehr zu sich nehmen, da ihre Mundwerkzeuge verkümmert und nur zum Auflecken von Wasser und Nektar geeignet sind.

Als Fischnahrung kommen die Köcherfliegen als Larven einschließlich der Gehäuse, Puppen, frisch geschlüpfte Fliegen und eierlegende Weibchen in Betracht *(siehe auch Abb. 47, Seite 126/127)*. Das Schlüpfen und die Eiablage der Köcherfliege erfolgt in den Monaten April bis Oktober, meistens in der zweiten Tageshälfte. Vor allem in der Mitte des Jahres, am Abend bei Einbruch der Dunkelheit kann das den sogenannten Abendsprung auslösen.

4.2.4 Nachbildungen

Bei der Nachbildung der Köcherfliege, von den Engländern ***Sedge*** und von den Amerikanern ***Caddis*** genannt, gelten die selben Kriterien wie bei der Eintagsfliege, nämlich die Einhaltung der den Fischen vertrauten Silhouette in Größe, Farbe und Körperform.

Abb. 47: Die Köcherfliege als Fischnährtier in ihren Entwicklungsstadien und deren Nachbildungen

Balloon Caddis
8 - 14

Wildwasser Sedge
8 - 14

Buck Caddis
12 - 14

Adult Caddis
10 - 14

4.2.4.1 Nymphen

Die freilebenden Larven werden Freeliving Sedge (Caddis) Larva, die köchertragende Larven Cased Sedge (Caddis) Larva, die Köcherfliegenpuppen Sedge Pupa – Caddis Pupa genannt und werden von vielen Fischarten gerne genommen, so dass sich deren Nachbildungen bestens zum Nymphenfischen eignen.

4.2.4.2 Nassfliegen

Die Eiablage der unter Wasser tauchenden Weibchen lässt sich durch beschwerte Köcherfliegenmuster wie zum Beispiel die Diving Caddis oder geeignete Nassfliegen imitieren.

Das Abtreiben der erschöpften oder toten Köcherfliegen auf oder unter der Wasseroberfläche kann mit Flügelnassfliegen wie zum Beispiel der Delta-Wing-Caddis oder Quad-Wing-Caddis nachgeahmt werden.

4.2.4.3 Trockenfliegen

Der Schlupf und die Eiablage der Köcherfliegen auch Sedge Flies (Sedges) – Caddis Flies (Caddis) genannt, werden von den bekannten Flügel und Hechel-Trockenfliegen des Sedge-Typs nachgeahmt, deren charakteristische eng an den Körper anliegende Flügel meist aus synthetischen Materialien, Federfahnen, gelegentlich aber auch aus Reh- oder anderen schwimmfähigen Tier-Haaren bestehen. Die bekannteste ist wohl die ***Schlitter-Sedge***.

Darüber hinaus gibt es noch Sonderformen, um das unterschiedliche Verhalten der Köcherfliegen besser als mit den Standard-Mustern imitieren zu können. Dazu zählen:

Totgeborene Köcherfliegen = Stillborn Sedges (Caddis), Flatternde Köcherfliegen = Fluttering Sedges (Caddis), Schlitterfliegen = Skater, Rehhaarfliegen = Buck Caddis, Hechellose Köcherfliegen = No Hackle Sedges (Caddis), Tauchende Köcherfliegen = Diving Sedges (Caddis), Deltaförmig geflügelte Köcherfliegen = Delta-Wing Sedges (Caddis), Vierflügelige Köcherfliegen = Quad-Wing Sedges (Caddis).

Einige dieser Nachbildungen können aus der *Abb. 47, Seite 126/127* entnommen werden.

4.3 Die Steinfliegen (Insektengruppe der Plecopteren)

4.3.1 Verbreitung und Lebensraum

In Europa sind etwa 390, in den deutschsprachigen Ländern etwa 115 bekannt.

Man findet sie in sauberen Bächen, Flüssen und Gebirgsseen, besonders im Mittelgebirge und im Alpenraum.

4.3.2 Wesentliche Erkennungsmerkmale

Die meisten Steinfliegen-Larven (Nymphen) haben eine Körperlänge von 6-12 mm. Sie haben ein Fühlerpaar, drei Beinpaare und stets ein Paar Schwanzfäden. Das unterschiedlich große Vollinsekt hat eine Körperlänge von 3-30 mm. Am Körperende befinden sich 2 Schwanzfäden, die manchmal nur sehr kurz sind oder ganz fehlen.

Die 4 durchsichtigen Flügel werden in Ruhestellung flach über dem Hinterleib zusammengelegt oder zigarrenförmig zusammengerollt und verleihen ihr ein unverwechselbares Aussehen. Die Vorderflügel sind meist länger als der Körper. Ihre Flügelspannweite kann bis über 50 mm betragen. Am Kopf sitzen 2 lange Fühler. Die vorherrschende Körperfärbung ist braun, gelb bis grün. Ihr Name ***Plecoptera*** bedeutet griechisch ***zusammengefaltete Flügel***.

4.3.3 Entwicklung und Lebensweise

Nach etwa drei bis vier Wochen schlüpfen die meisten Larven aus den Eiern und durchlaufen 12 und mehr Larvenstadien. Die Larven leben im Wasser unter Steinen oder in Wasserpflanzen und kriechen mehr, als dass sie schwimmen. Deshalb auch der Name ***Steinkriecher***.

Teilweise sind sie gefräßige Räuber, während andere von pflanzlichem Material leben.

Nach 1 bis 3 Jahren Larvenexistenz verlässt die Nymphe das Wasser, indem sie meist nachts an Steinen, Pflanzen und Pfählen an das Ufer kriecht, um sich zum Vollinsekt ***(Imago)*** zu verwandeln. Steinfliegen sind flugunlustig, entfernen sich nicht weit aus dem Uferbereich und sitzen ruhig auf Steinen, Pflanzen, Sträuchern oder Bäumen. Viele nehmen keine Nahrung sondern nur Wasser auf. Einige Arten fressen pflanzliche Nahrung wie Pollen, Algen und Flechten. Die männlichen Imagines leben etwa 1-2, die weiblichen 3-4 Wochen. Die Begattung findet nicht in der Luft, sondern fast immer auf einer festen Unterlage statt, während die Eiablage über dem Wasser fliegend, im Wasser treibend oder tauchend stattfindet.

Da die Steinfliegen nicht an der Wasseroberfläche sondern im Uferbereich schlüpfen, kommt es nicht zu einem intensivem Steigverhalten der Fische.

Erst wenn die Weibchen zum Wasser zurückfliegen, um dort ihre Eier abzulegen, wird die Fliege wieder für den Fisch erreichbar. Sie sind jedoch aufgrund ihrer langen Entwicklungszeit ganzjährig vorhanden und eine wichtige Nahrungsquelle für die Fische *(siehe auch Abb. 48, Seite 130/131)*.

Die Flugzeiten der Steinfliegen verteilen sich von Februar bis November, meistens auf die Mittags- und Nachmittagsstunden.

Abb. 48: Die Steinfliege als Fischnährtier in ihren Entwicklungsstadien und deren Nachbildungen

Große Steinfliege
10 - 12

Spent Yellow Sally
14 - 16

Steinfliegen Nymphe
10 - 12

Steinfliegen Nymphe
10 - 14

Yellow Sally
14 - 16

braune Steinfliege
12 - 16

4.3.4 Nachbildungen

Die Nachbildung der Steinfliegen (Stoneflies) und deren Larven (Stonefly Nymphs) muss nicht haargenau dem natürlichem Vorbild entsprechen. Es genügt, wenn beim Binden die den Fischen vertraute Silhouette in Größe, Farbe und Körperform hergestellt wird.

4.3.4.1 Nymphen

Die Larve kann mit entsprechenden Nymphenmustern imitiert werden, die kräftig beschwert sein sollten.

4.3.4.2 Nassfliegen

Zur Eiablage untertauchende Weibchen können mit beschwerten Steinfliegenmustern oder geeigneten Flügel-Nassfliegen imitiert werden. Ebenso tote oder sterbende Steinfliegen, die dicht unter der Wasseroberfläche oder im Mittelwasser abtreiben.

4.3.4.3 Trockenfliegen

Die beim Eiablageflug ins Wasser gerissenen Weibchen, aber auch im Oberflächenfilm treibenden, ruhenden, erschöpften oder sterbenden Steinfliegen lassen sich gut mit schwimmenden und im Umriss stimmigen Trockenfliegen, ähnlich wie bei der Köcherfliege in der ***Sedge-Schlittertechnik***, nachahmen. Eine Auswahl von Nachbildungen kann aus der *Abb. 48, Seite 130/131* entnommen werden.

4.4 Die Zweiflügler (Insektengruppe der Dipteren)

4.4.1 Verbreitung und Lebensraum

Die Zweiflügler bilden mit weltweit etwa 80 000 Arten eine sehr große Gruppe zu denen die Familien der Zuckmücken, Kriebelmücken, Schnaken und Haarmücken gehören. Durch ihre große Besiedlungsdichte bilden sie einen wichtigen Bestandteil der Fischnahrung. Sie kommen fast in allen Gewässern vor und vertragen auch stärkere Verschmutzungsgrade. Für den Fliegenfischer sind sie vor allem in stehenden Gewässern wie Teiche, Seen, Wasserreservoirs von Bedeutung.

4.4.2 Wesentliche Erkennungsmerkmale

Die Zuckmücken (Familie Chironomidae), deren Körperlänge 1-10 mm beträgt, haben eine auffällig hochgewölbte Brust und lange Vorderbeine die in Ruhestellung frei nach vorne gehalten werden. Die durchsichtigen und schmalen Flügel sind kürzer als der Körper und werden in Ruhestellung flach über dem Hinterleib gehalten. Da die Mundwerkzeuge verkümmert sind, können sie weder stechen noch beißen.

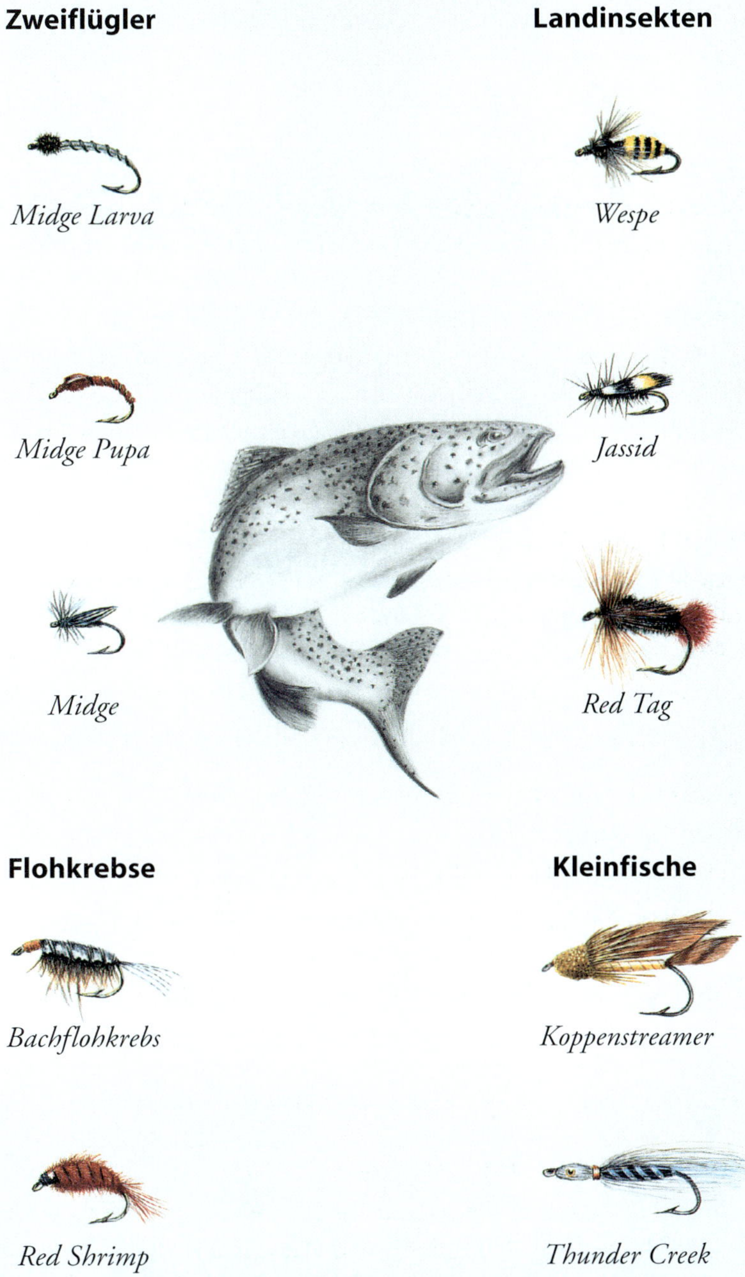

Abb. 49: Nachbildungen von verschiedenen Fischnährtieren

Die Kriebelmücken (Familie Simuliidae), deren Körperlänge 2-6 mm beträgt, haben einen kurzen, gedrungenen Körper und breite Flügel. Da sie kleinen dunkelbraunen bis schwarzen Fliegen ähneln, heißen sie in den angelsächsischen Ländern auch Black Flies oder Smuts. Die meisten Arten sind Blutsauger und ihr Stich ist meist schmerzhaft.

Die Schnaken (Familie Tipulidae) sind von hell bis dunkelbrauner Farbe, haben sehr lange Beine und eine Flügelspannweite von 15-65 mm. Ihr schlanker Körper hat eine Länge von 14-35 mm. Sie saugen kein Blut sondern Nektar aus Blüten.

Die Haarmücken (Familie Bibionidae) sind fliegenähnliche, meist braun bis schwarz gefärbte Insekten mit einer Körperlänge von 3-12 mm und einer dichten Behaarung. Sie sind keine Wasserinsekten, kommen jedoch häufig in Gewässernähe vor. Wenn der Wind Zahlreiche auf das Wasser drückt werden sie von den Fischen begierig genommen.

4.4.3 Entwicklung und Lebensweise

Bei den meisten Mücken verläuft die Entwicklung vom Ei über mehrere Larvenstadien zur Puppe und dann zum fertigen Insekt ***(vollständige Metamorphose)***.

Sie leben am Gewässergrund oder in den Unterwasserpflanzen und ernähren sich von kleinsten mineralischen, pflanzlichen oder tierischen Rückständen bzw. filtrieren das Wasser, um die Schwebstoffe aufzunehmen.

4.4.4 Nachbildungen

Zum Beispiel können die Zuckmücken, die zu den am weitesten verbreiteten und häufigsten Fischnährtieren gehören, in ihren unterschiedlichen Stadien ***als Zuckmückenlarven = Midge Larva, als Zuckmückenpuppen = Midge Pupa und als Zuckmücken = Midges nachgebildet werden*** *(siehe auch Abb. 49, Seite 133)*.

4.5 Sonstige Wasserinsekten

Zu diesen zählen die Schlammfliegen, Wasserwanzen, Wasserkäfer, Libellen und Wasserschmetterlinge. Ihre Nachbildungen, vor allem als Larvenmuster, können beim Fliegenfischen von Interesse sein.

4.6 Landinsekten

An kleinen, verwachsenen Bächen oder Flüssen inmitten von Wiesen, Büschen und Bäumen fallen immer wieder Landinsekten auf die Wasseroberfläche und werden von den Fischen gerne genommen. Für den Flugangler sind diese ***Terrestrials*** besonders in der warmen Jahreszeit interessant, da sie jetzt besonders häufig vorkommen und auch die trägeren Fische zum Steigen bringen. Ihre Nachahmungen werden als ertrinkende oder bereits ertrunkene Insekten im Oberflächenfilm oder dicht darunter, entlang des Gewässerrandes abtreibend angeboten. Bei den Nachbildungen handelt es sich in der Hauptsache um Ameisen, Heuschrecken, Käfer, Motten sowie Schmetterlinge und deren Raupen. Eine bewährte Imitation von Landinsekten stellt die ***Red Tag*** und die ***Jassid*** dar *(siehe auch Abb. 49, Seite 133).*

4.7 Andere Fischnährtiere

Mit den künstlichen Fliegen werden jedoch nicht nur Insekten, sondern auch andere Wasserlebewesen imitiert.

Die Flohkrebse – Klasse Crustacea (Krebse) – Ordnung Amphipoda der Familie Gammaridae mit der Gattung Gammarus und den Arten Gammarus pulex, Gammarus roeseli, und Gammarus fossarum sind für den Flugangler von großer Bedeutung, denn sie kommen in den Gewässern häufig vor und werden von den Fischen gerne gefressen.

Sie bevorzugen sauerstoffreiches und kalkhaltiges Wasser und ernähren sich hauptsächlich von pflanzlichen und tierischen Resten. Der Flohkrebs ist ein Wasseratmer und lebt im dichten Gewirr von Wasserpflanzen, am Gewässergrund unter hohlaufliegenden Steinen, besonders gern in Packungen von Falllaub, das wesentlicher Bestandteil seiner Nahrung ist.

Er hat einen seitlich abgeflachten Körper mit einem gekrümmten, ja buckligen Profil und zahlreiche Körperanhänge an seiner Unterseite (Fühler und Beine). Seine Farbe variiert zwischen grau, gelb und braun; manchmal nimmt er jedoch auch einen orange- oder rosafarbenen Ton an. Die meisten Flohkrebse schwimmen auf der Seite. Ihren deutschen Namen haben sie von ihren flohartigen Sprüngen, die sie mit Hilfe ihrer Sprunggriffel und durch das ruckweise Strecken ihres gekrümmten Körpers ausführen können.

Sie können mit beschwerten, ganz dicht in Grundnähe geführten Kunstfliegen, wie zum Beispiel mit der ***Killer Bug*** oder gleich mit dem ***Bachflohkrebschen***, nachgeahmt werden *(siehe auch Abb. 49, Seite 133).*

Auch kleine Fische können durch Kunstfliegen nachgeahmt werden. Ein Beispiel: ***Die Mühlkoppe*** (Cottus gobio), auch Groppe genannt, wird durch den ***Koppenstreamer***, auch bekannt unter dem Namen ***Muddler Minnow***, imitiert. Im zeitigen Frühjahr, zu Beginn der Forellensaison, wenn die Insekten am Fischwasser noch rar sind, sollte der Koppenstreamer Verwendung finden. Mit ihm können vor allem die

Großforellen, die sich fast ausschließlich vom Jungfischbesatz ernähren, herausgefangen werden *(siehe auch Abb. 49, Seite 133).*

4.8 Die Phantasie- und Reizfliegen

Die ***Phantasiefliegen*** sind solche Fliegen, die aufgrund ihrer Bindeweise mehrere Arten von natürlichen Insekten vortäuschen. In der Regel sind es Trockenfliegen, die ausgezeichnete Schwimmeigenschaften aufweisen und für den Angler sehr gut sichtbar sind. Sie eignen sich auch sehr gut als Suchfliegen, wenn wenige oder gar keine Insekten am Wasser sind.

Als Beispiel seien hier die ***Palmer*** genannt, ihr bekanntester Vertreter in unseren Breitengraden ist wohl die ***Bivisible***. Die auffällige Silhouette sowie die Art ihrer Bewegung vor allem im rauem Wasser gaukelt dem Fisch insektenähnliche Strukturen vor und verleitet ihn zum Anbiss.

Auch die von dem bekannten Fliegenfischer Lee Wulff kreierte Fliege ***Royal Wulff*** hat sich nicht nur in den USA, sondern auch bei uns bestens bewährt.

Die ***Reizfliegen***, die kein bestimmtes Beutetierchen darstellen, lösen lediglich durch ihre Form, Farbe und Bewegung bei den Fischen einen ***Beißreflex*** aus. Zu dieser Gruppe gehören alle ***Lachsfliegen, Streamer und Bucktails***, die größer als die Phantasiefliegen sind.

Entsprechende Nachbildungen sind aus *Abb. 50, Seite 137* zu ersehen.

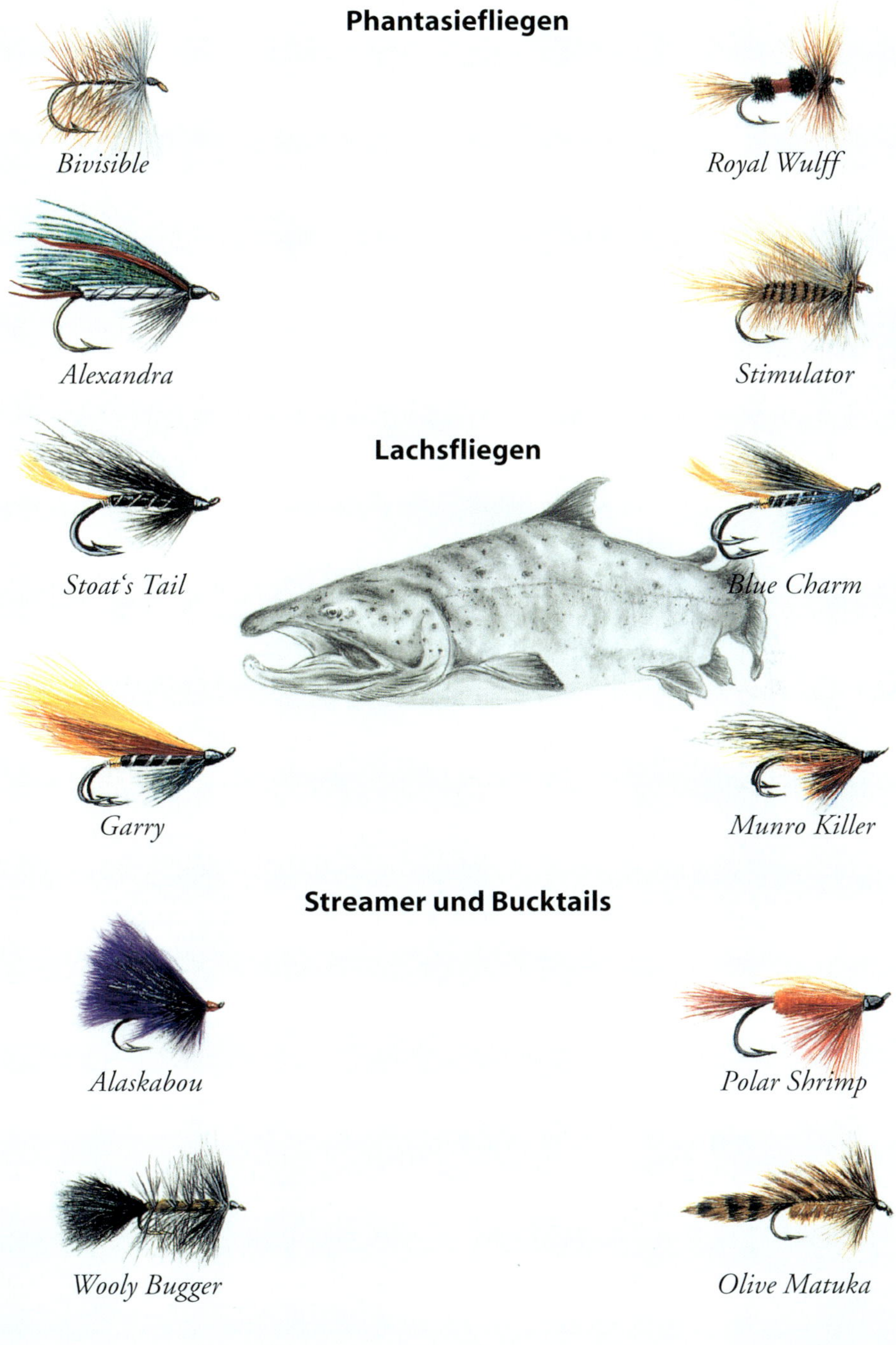

Abb. 50: In der Praxis bewährte Phantasie- und Reizfliegen

Abb. 51: Kuchelmeisters Fliegenempfehlungen à la carte
Christian Kuchelmeister hat mit etlichen seiner Fliegenmuster im In- und Ausland schon viele Wettbewerbe gewonnen.
Er ist nicht nur ein Meister am Bindetisch, sondern auch am Fischwasser.
Darüber hinaus engagiert er sich bei der Nachwuchsförderung innerhalb der Fliegen-Fischer-Gemeinschaft Oberes Donautal.
Die auf der rechten Seite abgebildeten Muster stammen alle aus seiner Fliegenschachtel und sind seit Jahren an den unterschiedlichsten Gewässern praxiserprobt.
Das oben abgebildete Foto wurde an der Idrijca, einem Karstfluss in Slowenien, aufgenommen.

Speisekarte für Forellen, Äschen und Lachse

One Day Nymph

Cream Mayfly

Parachute Dun

White Fur Nymph

CDC Dun

Hydro Nymph

Sedge Pupa

Brown Sedge

Ballon Emerger

Biot Stonefly Nymph

Orange Stone

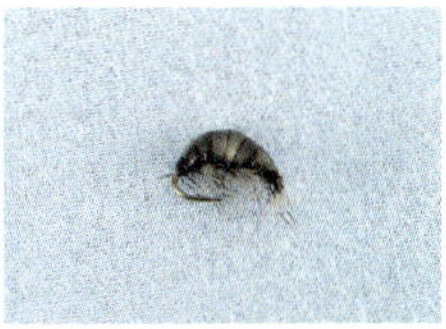
Grey Gammarus

Spey Variant

Medallion Streamer

Sir Peter Ross

5. Die Sinne der Salmoniden

Das Täuschen und Überlisten eines Fisches mit einer Kunstfliege erfordert einige taktische Überlegungen. Dazu zählt auch das Wissen um die ***Sinnesorgane der Fische*** und deren ***Leistungsfähigkeit***. Denn selbst das verführerischste Fliegenmuster wird nicht zum Fangerfolg führen, wenn der Angler durch ungeschicktes Verhalten den Fisch vergrämt oder sogar verscheucht. Neben den optischen Sinnen sind der Geruchs- und Geschmacks-, der Tast- und der Strömungs- sowie der Gehörsinn der Fische für den Flugangler am Fischwasser von vordringlichem Interesse.

Dem ***Tastsinn*** kommt bei der Nahrungsaufnahme eine besondere Bedeutung zu, da er im Zusammenwirken mit dem ***Geschmackssinn*** den Fisch in die Lage versetzt in Bruchteilen einer Sekunde, die aufgenommene Imitation als ungenießbar zu erkennen und auszuspucken, falls der Anhieb nicht rechzeitig erfolgt.

Der ***Strömungssinn*** wird den Fischen durch die ***Seitenlinie*** vermittelt. Die Seitenlinie funktioniert wie ein Unterwasser-Radargerät mit dem sich die raubende Forelle im trüben Wasser oder während der Nacht orientiert und die Fluchtbewegungen ihrer Beutefische einschließlich deren Imitationen (Koppen-Streamer) orten kann. Das ***Seitenlinienorgan*** zusammen mit dem ***Gehörsinn*** können selbst leichte durch Erschütterungen oder durch Wasserbewegungen verursachte Druckwellen wahrnehmen, wie zum Beispiel den im Uferbereich agierenden oder im Wasser watenden Angler.

Die ***optischen Sinne*** sind bei den Fischen gleichfalls sehr differenziert entwickelt. Durch die weit nach außen gestellte kugelförmige Linse des Fischauges, können die Lichtstrahlen nicht nur von der Seite, sondern auch von oben und unten auf die Linse treffen. Damit gelangt eine größere Lichtmenge in das innere des Fischauges und führt zu einer beachtlichen Gesichtsfeld-Erweiterung. Das ermöglicht dem Fisch ein Sehen nach vorn, oben, unten und zum Teil auch in den rückwärtigen Bereich *(Abb. 52, Seite 141)*. In der Ruhestellung ist das Fischauge auf die Nähe eingestellt, kann aber durch den Linsenmuskel zurückgezogen und so auf Fernsicht eingestellt werden. Für die Praxis ist es wichtig zu wissen, dass Salmoniden Entfernungen nur mit beiden Augen einschätzen können und deshalb beim Anpeilen der Beute nur ein eingeschränktes Blickfeld haben. Einäugiges Sehen reicht ihnen aus, um auf Bewegungen aufmerksam zu werden. Sie können jedoch einäugig nicht die Entfernung einer Bewegung einschätzen. Nicht nur bei Tag, sondern auch noch in der Dämmerung können sie sehr wohl Farben unterscheiden. Bei Nacht sehen sie allerdings alles in Schwarzweiß.

Unter Wasser scheinen die Farbtöne braun und grün, über Wasser rot, orange und gelb besonders gut sichtbar oder anziehend auf Fische zu wirken. Die bisher beschriebene Leistungsfähigkeit der optischen Sinne bezog sich vor allem auf den Bereich ***unter Wasser***.

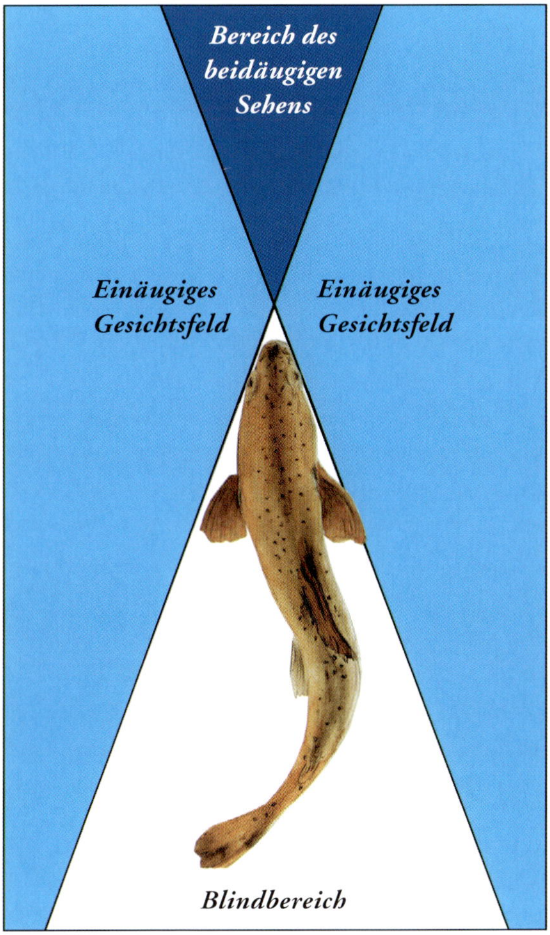

Abb. 52: Das Gesichtsfeld der Forelle
Weil die Weitwinkelaugen der Forelle seitlich am Schädel sitzen, überdecken sich die Gesichtsfelder der beiden Augen nur in einem kleinen Ausschnitt vor ihr. Nur in diesem Bereich des beidäugigen Sehens ist sie fähig, Entfernung zu schätzen. Auf jeder Seite des Schädels sieht sie nur mit dem einen Auge in jede Richtung. Einäugiges Sehen reicht ihr hier aus, um auf Bewegungen aufmerksam zu werden. Nicht einschätzen kann sie jedoch, wie weit die Bewegung entfernt ist, wenn sie nicht ihr Gesicht der Bewegung zuwendet. Nach hinten kann die Forelle nicht sehen, weil dieser Bereich außerhalb des Gesichtsfeldes beider Augen liegt.

Anders sehen die optischen Sinnesleistungen der Fische ***über der Wasseroberfläche*** aus. Was und wie viel die Salmoniden außerhalb des Wassers sehen, hängt von den Gesetzen der Lichtbrechung ab. Gemäß den physikalischen Gesetzen pflanzt sich der Lichtstrahl in der Luft geradlinig fort, bis er auf das dichtere Medium Wasser trifft. Dort kann er die Oberfläche nur durchbrechen, wenn er in einem Winkel von weniger als 48,5 Grad zur Senkrechten verläuft. Senkrecht einfallende Lichtstrahlen werden nicht gebrochen. Je flacher sie aber einfallen, desto stärker ist ihre Brechung. Bei einem Einfallwinkel von 10 Grad zur Horizontalen beträgt der Brechungswinkel 48,5 Grad zur Vertikalen. Zehn Grad ist also der kleinste Winkel, in dem das Licht die Fische erreicht. Daher haben sie ein Gesichtsfeld außerhalb des Wassers von 160 Grad, das jedoch infolge der Lichtbrechung unter Wasser auf 97 Grad zusammengedrängt wird. Das führt zu einer starken Verzerrung sowie Farbzerlegung der meisten Bilder, die der Fisch vom Außenrand dieses ***Gesichtskreises***, das man ***Fenster*** nennt, her empfängt.

Den Bereich der Totalreflexion an der Oberfläche, durch den die Forellen nichts erkennen können, nennt man ***Spiegel***.

Stellt man sich nun das Fischauge in einer bestimmten Tiefe unter Wasser vor und denkt sich von diesem unzählige zur Wasseroberfläche führende Linien, die zur Senkrechten in einem Winkel von rund 48 Grad verlaufen, so entsteht über dem Fisch ein ***Kegel***, dessen Grundfläche mit dem zuvor genannten ***Fenster*** identisch ist *(Abb. 53, Seite 143)*.

Der im Wasser stehende Fisch sieht den über der Wasseroberfläche befindlichen Raum durch ein senkrecht über ihm liegendes ***kreisrundes Fenster***.

In umgekehrter Richtung sieht auch der Angler durch dieses Blickfenster. Da der Winkel dieses Sichtkegels konstant bleibt, wird die Fläche des ***Fensters*** kleiner, je mehr der Fisch sich der Wasseroberfläche nähert und größer, je mehr er sich von ihr entfernt *(Abb. 54, Seite 144)*.

Eine einfache Berechnung zeigt, dass sich der Fensterdurchmesser proportional zur Tiefe verhält. Das Verhältnis liegt bei 9 : 4.

Als Beispiel: Bei einem 0,50 m tief im Wasser stehenden Fisch beträgt der Durchmesser des Blickfensters 1,11 m, bei einem 1,00 tief stehenden 2,22 m. Das bedeutet, dass der Durchmesser des Blickfensters stets etwas größer als die doppelte Tiefe ist, in der sich der Standplatz des Fisches befindet.

In Folge der Lichtbrechung wird der Gesichtswinkel des Fisches, der an der Oberfläche des kreisrunden Fensters 97 Grad beträgt, über der Wasseroberfläche bis auf 160 Grad vergrößert, so dass der Fisch, wie in umgekehrter Richtung der Angler auch, sozusagen um die Ecke schauen kann.

Außerhalb dieses Fensters wirkt das Wasser als Spiegel, der alle Lichtstrahlen reflektiert. Da nur das Licht, das auf die Wasseroberfläche in einem Winkel von über 10 Grad auftrifft, dem Fisch Bilder ins Wasser vermittelt, hören die Teile eines Gegenstandes außerhalb des Wassers, die unterhalb von 10 Grad liegen, an der Zehngrad-Linie praktisch wie abgeschnitten auf.

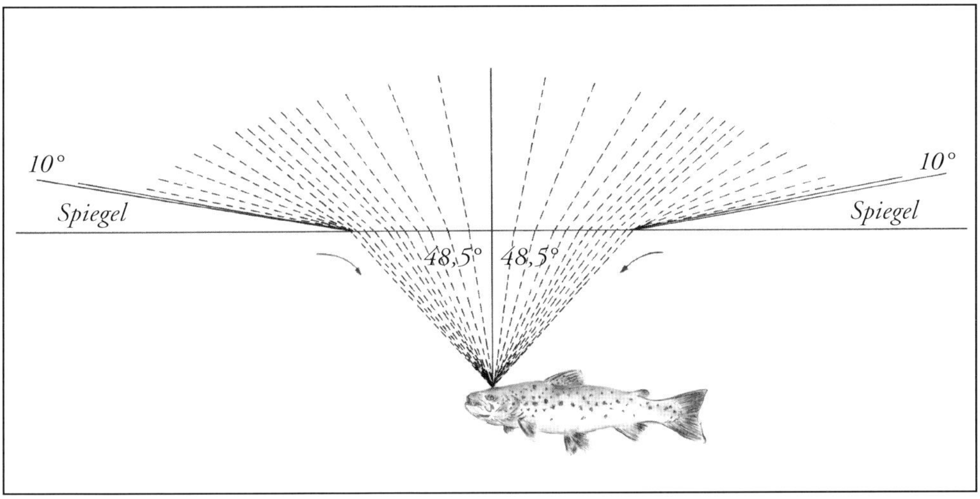

Abb. 53: Der Gesichtskreis der Forelle außerhalb des Wassers
Das äußere Gesichtsfeld der Forelle, auch Fenster genannt, ist kreisrund. Die Zeichnung ist ein Querschnitt und zeigt, wie der Gesichtswinkel von 160 Grad außerhalb des Wassers infolge der Lichtbrechung unter Wasser auf 97 Grad zusammengedrängt wird. Die Zeichnung zeigt auch das starke Zusammendrängen der Lichtstrahlen im Randbezirk des Fensters. Die starke Zusammendrängung und Brechung der Strahlen bewirken die Verzerrung der meisten Bilder, die der Fisch vom Außenrand seines Gesichtskreises her empfängt. Den Bereich der Totalreflexion an der Wasseroberfläche, durch den die Forelle nichts erkennen kann, nennt man Spiegel.

Die flachsten, mindestens in einem Winkel von 10 Grad in das Wasser eindringenden Strahlen werden gebrochen und erreichen das Auge des Fisches unter einem Winkel von 48,5 Grad zur Senkrechten. Das heißt, der Fisch sieht alles unter einem Winkel von 48,5 Grad oder weniger. Da er nicht wissen kann, dass dieser Winkel außerhalb des Wassers nur 10 Grad beträgt, bedeutet für ihn ebener Boden stets ein vorhandener steiler Abhang. Die Überwasserwelt erscheint für den Fisch weit nach oben verschoben *(Abb. 55, Seite 145)*.

Außerdem wird durch die Oberflächenbewegungen infolge von Wellenbildung und Strömung das Abbild des über dem Wasser befindlichen Raumes für den Fisch zusätzlich gestört. Je schräger von außen ein Lichtstrahl auf die Wasseroberfläche trifft,

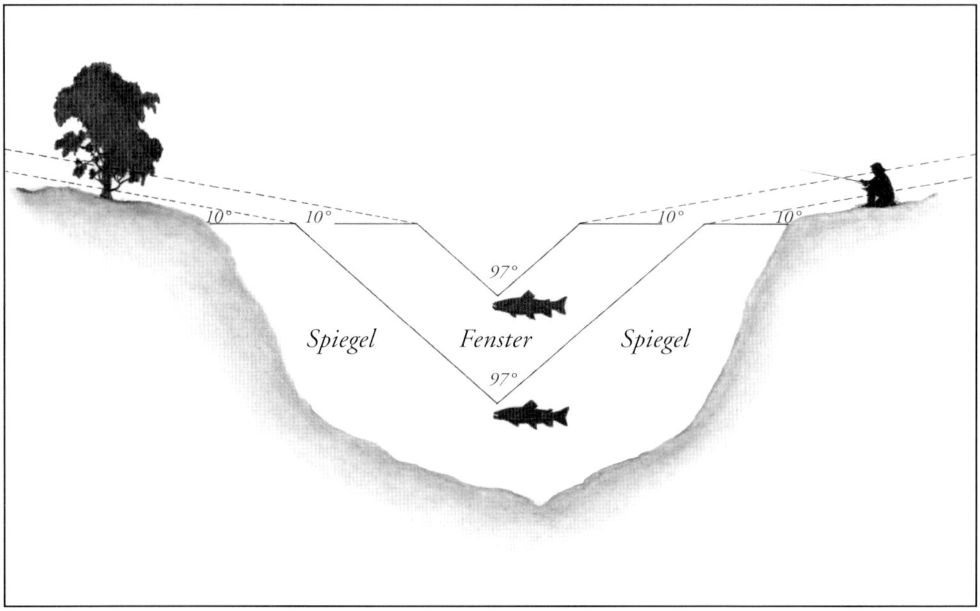

Abb. 54: Der Winkel des Sehkegels der Forelle
Der Sehkegel der Forelle ist durch die Gesetze der Lichtbrechung unter Wasser auf 97 Grad festgelegt. Aufgrund dieser Gesetzmäßigkeit bleibt der Winkel dieses Sehkegels konstant, jedoch wird die Fläche des Fensters kleiner, je mehr der Fisch sich der Wasseroberfläche nähert und größer, je mehr er sich von ihr entfernt. Das hat zur Folge, dass der tiefer stehende Fisch mehr sieht, als der höher stehende.

desto größer ist die Lichtmenge, die in den Luftraum reflektiert wird. Demzufolge ist die ins Wasser eintretende Lichtmenge geringer und lässt dem Fisch die Gegenstände von außen dunkel und verschwommen erscheinen. Dagegen zeichnen die von einem aufrecht auf der Uferböschung hoch über dem Wasser stehenden Angler ausgehenden Lichtstrahlen dem Fisch ein sehr auffälliges Bild.

Aus dem bisher Gesagten ergeben sich für den Angler in der Praxis einige Konsequenzen. Er hat auf ausreichende Hintergrunddeckung wie z. B. durch Sträucher, Bäume oder einen Abhang zu achten und sollte einen möglichst tiefen Standort beziehen, um den Fisch durch seine Silhouette nicht zu beunruhigen.

Zum Beispiel erschreckt der tiefstehende und vorsichtig watende Angler den Fisch weitaus weniger, als der am Ufer sich behutsam bewegende.

Wenn sich die Lichtstrahlen im Wasser brechen, sieht der Angler den Fisch im Wasser höher stehen, als es tatsächlich der Fall ist *(Abb. 56, Seite 146)*.

Der Fisch erkennt bei der Nahrungsaufnahme die auf der Wasseroberfläche dahintreibenden Insekten zuerst an Ihren Flügelspitzen, noch bevor diese sein eigentliches Sichtfenster erreicht haben *(Abb. 57, Seite 146)*. Von unten betrachtet sieht der Fisch die Fliege ganz anders, als der Mensch sie über dem Wasser wahrnimmt.

Zusammenfassend ist festzustellen, dass die Salmoniden auf der Suche nach Nahrung unterschiedliche Sinne einsetzen. Dabei erfassen sie nicht nur ihre Beutetiere, sondern gleichermaßen ihre Fressfeinde. Das gilt auch für die vom Angler ausgehenden mechanischen und optischen Reize. Dessen sollte sich der Fliegenfischer stets bewusst sein.

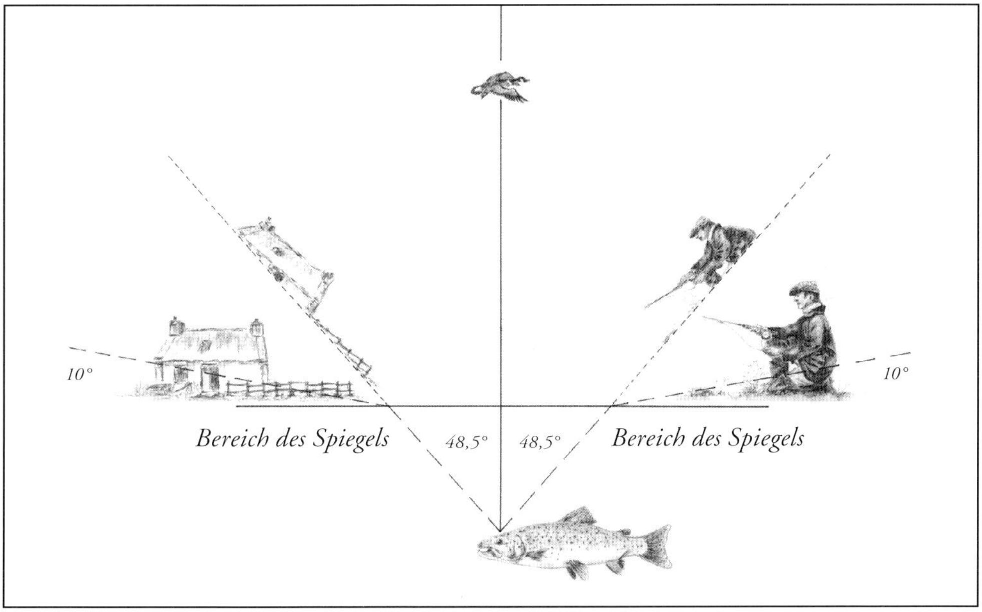

Abb. 55: Die optische Wahrnehmung der Überwasserwelt der Forelle
Da nur das Licht, das in einem Winkel von mehr als 10 Grad auf die Wasseroberfläche auftrifft, dem Fisch Bilder ins Wasser vermittelt, hören die Teile eines Gegenstandes außerhalb des Wassers, die unterhalb von 10 Grad liegen, an der Zehngrad-Linie praktisch wie abgeschnitten auf. Die flachsten, mindestens in einem Winkel von 10 Grad in das Wasser eindringenden Strahlen werden gebrochen und erreichen das Auge des Fisches unter einem Winkel von 48,5 Grad zur Senkrechten. Da die Forelle alles unter einem Winkel von 48,5 Grad oder weniger sieht, erscheint ihr fast alles, was sie außerhalb des Wassers wahrnimmt, verzerrt und weit nach oben verschoben. Bemerkenswert ist, dass die Forelle, den Vogel dann nicht verzerrt und verschoben wahrnimmt, wenn das Licht senkrecht von oben in das Wasser eindringt und deshalb nicht gebrochen wird. Unterhalb der Zehn-Grad-Linie, die nach oben geht, sieht die Forelle nichts von der Luftwelt. Alles, was das Fenster umgibt, ist ein Spiegelbild der Pflanzen und des Grundes um sie herum.

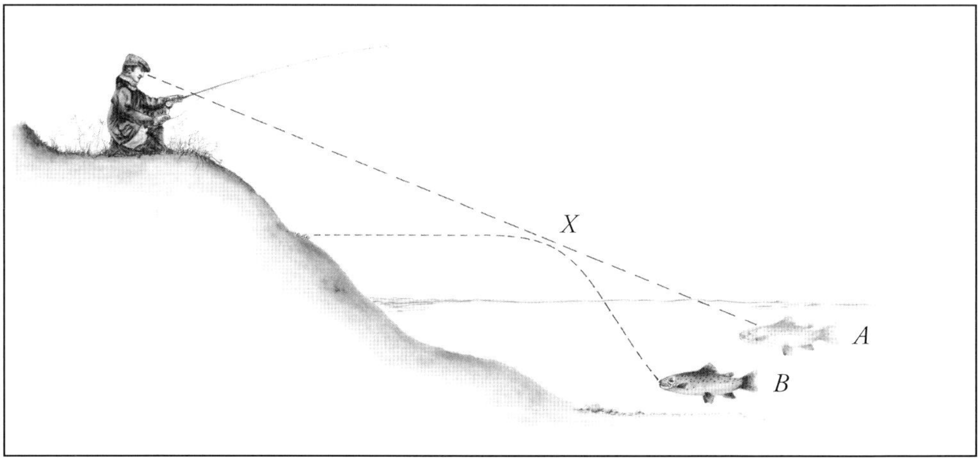

Abb. 56: Die Bedeutung der Lichtbrechung für den Angler
Wenn sich die Lichtstrahlen im Wasser brechen, sieht es oft so aus, als ob Fische etwas höher im Wasser stehen, als es tatsächlich der Fall ist. In der Zeichnung sieht der Angler die Forelle an der Stelle A, in Wirklichkeit steht sie aber an der Stelle B.
Außerdem soll verdeutlicht werden, dass der Angler auch dann noch die Forelle sehen könnte, wenn das Ufer bis zum Punkt X reichen würde. Es ist die Lichtbrechung, die es dem Angler erlaubt, um die Ecke zu sehen. Die Forelle kann dies aber leider auch!

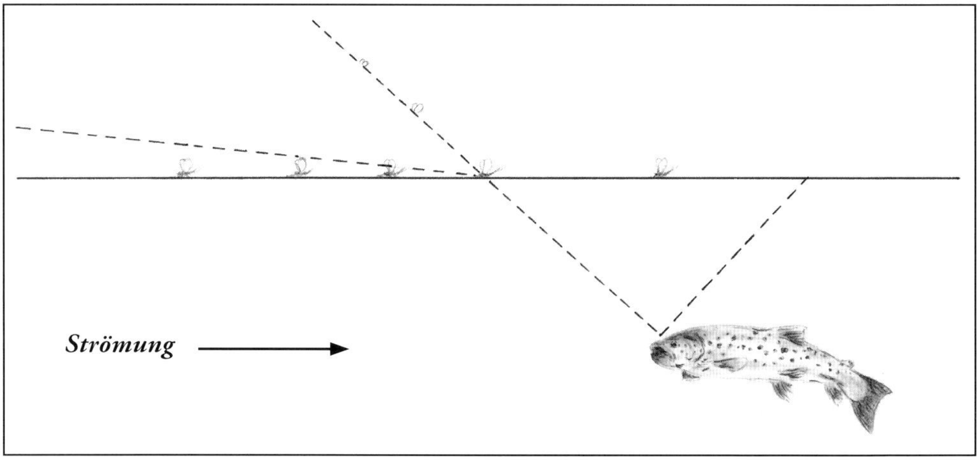

Abb. 57: Wie die Forelle das auf sie zuschwimmende Insekt sieht.
Das dahintreibende Insekt erkennt der Fisch zuerst an seinen Flügelspitzen über seinem Fensterrand, während sich der Leib noch über dem Spiegel befindet. Den Leib sieht die Forelle erst, wenn er im Sichtfenster erscheint und sich dann mit dem bis dahin isoliert erschienenen Flügeln verbindet. Erst wenn die Fliege den Randbereich des Sichtfensters erreicht hat, kann die Forelle die ganze Fliege sehen.

6. Das Lesen eines Gewässers – wo steht der Fisch?

Die unterschiedliche Gestalt der Gewässer ist für den Fliegenfischer immer wieder eine Herausforderung, gilt es doch, bevor man mit dem Fischen beginnt, das Wasser zu lesen, um herauszufinden, wo die Fische stehen könnten. Für das Orten der Fische sind eine Polarisationsbrille zur Entspiegelung der Wasserfläche und eine Schirmmütze zur Beschattung der Augenpartien unerlässliche Hilfsmittel.

Die Einstände der Fische in den mäßig strömenden und oft gleichmäßig tiefen nahrungsreichen Kreide- oder Kalksteinflüssen erstrecken sich über die ganze Flussbreite, während sie in den nahrungsärmeren und meist schnell fließenden Urgesteinsgewässern auf sehr unterschiedliche Gewässerabschnitte verteilt sind.

Die Gewässermorphologie (Gestaltlehre) kann hier nur gestreift werden; auf deren Kenntnis baut sich jedoch das Erkennen der Fischeinstände auf.

Die Strömungsrinne mit ihren ruhigeren Abschnitten hinter den Strömungskanten, die Kolke mit ihren Kehrwassern, die sauerstoffreichen Wehrgumpen, Wasserfälle, Bacheinmündungen sind sofort ins Auge springende und bevorzugte Standplätze der Salmoniden.

Schon weniger augenfällig sind die sogenannten Strömungstaschen; das sind strömungsschwächere ausgespülte Vertiefungen vor, hinter und zwischen einer Ansammlung von Steinen, ebenso wie die flacheren Wasserzonen und Rieselstrecken, in denen genauso gut Fische stehen können.

Auch Wasserzonen die sich unterhalb der Deckung von überhängenden Büschen und Ästen befinden, unterspülte Ufer und die Ansammlung von Treibholz sind fischverdächtig.

Alle Standplätze haben bei aller Unterschiedlichkeit eines jedoch gemeinsam; sie müssen den Fischen ausreichend ***Schutz vor ihren Fressfeinden, der Strömung sowie genügend Sauerstoff und Nahrung bieten, bei geringstem Bewegungsaufwand***.

Bachforellen sind weitaus anspruchsvoller bei der Standortwahl als Regenbogenforellen, Äschen oder Saiblinge. Während die Regenbogenforellen aktiv im freien Wasser jagen, bevorzugen Bachforellen geschützte, bodennahe Standorte, nicht selten in Ufernähe. Das schließt jedoch nicht aus, dass die Bachforellen gelegentlich ihren Standplatz verlassen, um noch bessere Futtergründe aufzusuchen, während die Äschen standorttreu sind.

Generell gilt, dass die größten und besonders schwer zu fangenden Fische die besten Standplätze besetzten. Meistens sind das die tiefen Stellen in größeren Fliessgewässern. Unter solchen Bedingungen ist es oft schwer, sie mit einer Trockenfliege zum Steigen zu bewegen, während sie auf eine Nassfliege oder Nymphe, gegebenenfalls sogar auf einen Streamer, eher hereinfallen.

Noch schwieriger als im Fließgewässer, sind die guten Standplätze in einem See zu erkennen. Allgemein kann gelten, dass die Fische ihre Einstände im Bereich von großen Steinen, Steilabbrüchen und vegetationsreichen Uferzonen mit ihren Insektenvorkommen haben.

Windgeschützte Buchten, enge Durchlässe an Inseln oder zwischen zwei Seen mit einer leichten Strömung, die Ein- und Ausläufe von Bächen und Flüssen sind bevorzugte Standplätze. Unter überhängenden Büschen und Ästen sowie Seerosenfeldern lauern oft gute Fische auf Beute. In Buchten stehen sie gerne gegen den Wind, da sich hier, die mit der Wellendrift antreibenden Insekten, konzentrieren.

Ein weiterer Unterschied zwischen einem fließenden und stehenden Gewässer besteht darin, dass in einem Bach oder Fluss das Futter durch die Strömung zu den Fischen getragen wird, während sie in einem Stillgewässer ihre Beute suchen und sich bei dieser Jagd weitaus mehr bewegen müssen.

Zum Lesen eines Gewässers gehört jedoch nicht nur die Fähigkeit die Standplätze der Fische auszumachen, sondern auch die dort vorkommenden Insekten zu kennen, die Strömungsverhältnisse richtig einzuschätzen, um dann die erfolgversprechendste Anbiete-Taktik und -Technik anwenden zu können. Das Fliegenfischen in den verschiedenen Gewässertypen, mit deren oft sehr unterschiedlichen Abschnitten und Strukturen, erfordert einige Erfahrung.

Selbst versierte Fliegenfischer stehen an fremden Gewässern häufig ratlos da.

Prinzipiell sollte sich der Fliegenfischer beim Begang eines Fischwassers am Ufer entlang stromauf bewegen. Da Fische in mittlerer bis starker Strömung grundsätzlich mit dem Kopf gegen die Fließrichtung stehen, nähert er sich so von hinten und kann von ihnen nicht so leicht gesehen werden.

Nur abschnittsweise wird er sich den Fischen von vorn nähern, nämlich dann, wenn die Umstände es erforderlich machen.

In welcher Form und mit welcher Methode soll die Fliege dem angesprochenen Fisch in dem gerade zu befischenden Gewässer angeboten werden? – Diese Fragen werden in dem nun folgende Kapitel sehr ausführlich behandelt.

Abb. 58, 59 und 60: Unterschiedliche Gewässerabschnitte an der Gmundener Traun
Anhand dieser drei Fotos soll die unterschiedliche Struktur eines Gewässers verdeutlicht werden, die den Fliegenfischer immer wieder vor neue Herausforderungen stellt und stets mit der Frage konfrontiert: ***„Wo steht der Fisch"?***

7. Das Anbieten der Kunstfliege in unterschiedlicher Form (Anbiete-Taktik und Technik)

Grundsätzlich ist darauf zu achten, dass sich die Anbiete-Taktik und Technik an den Gewässertyp und die Strömungsverhältnisse anzupassen haben. Es ist ein Unterschied, ob an einem gemächlich dahinfließendem Wiesenbach oder an einem Gebirgsfluss mit seiner Wasserwucht oder an einem See gefischt wird. Auch innerhalb dieser verschiedenen Gewässer, gibt es häufig sehr unterschiedliche Strukturen, die zum Beispiel für das Fischen mit der Trockenfliege weniger geeignet sind, während das Anbieten einer Nassfliege, Nymphe oder sogar eines Streamers mehr Erfolg verspricht, wie auch umgekehrt.

7.1 Als Trockenfliege

Die Schwierigkeit, dem Fisch ein treibendes Insekt vorzutäuschen ist Herausforderung und Befriedigung zugleich, die der Angler beim Fliegenfischen erfährt. Sie gilt von jeher mit Recht, als die raffinierteste und fairste Art des Angelsports. Es ist daher verständlich, wenn diese Art zu fischen häufig in der Literatur zur Kunst erhoben wurde und man etwas pathetisch von der Königsdisziplin des Angelsports spricht.

Beim Fischen mit der Trockenfliege an der Wasseroberfläche kommt noch der visuelle Reiz hinzu, denn ein steigender Fisch ist für die meisten Fliegenfischer ein nahezu magischer Anblick. Zunächst wird der steigende Fisch angepirscht und gezielt angeworfen. Anschließend sieht der Fischer wie die Imitation auf das Wasser schwebt, in das Blickfenster des Fisches gerät und er wartet dann gespannt auf das Steigen, um mit einem genau abgestimmten Anhieb zu reagieren.

Die Trockenfliege kann jedoch auch dann Erfolg bringen, wenn die Fische nicht steigen.

Ob der Fisch die Kunstfliege nimmt oder verschmäht, hängt in erster Linie von der gekonnten ***Darbietung*** und erst in zweiter Linie von der ***Wahl der richtigen Fliege*** ab, wobei die Gewichtung dieser beiden Komponenten stark von der Gewässerstruktur abhängig ist.

Zum Beispiel ergibt sich an einem rasch dahinfließenden und nahrungsarmen Gebirgsbach, wo die Fische die Details der Fliege ohnehin nicht so gut erkennen und ihnen für das Steigen wenig Zeit bleibt, eine ganz andere Situation, als an einem gemächlich dahinfließenden, klaren und nahrungsreichen Kreidefluss oder stehenden Gewässer.

Charles C. Ritz (1891-1976) sagte einmal sinngemäß, dass 85% des Erfolges in den Händen des Werfers und nur 15% in der Wahl der richtigen Fliege liegt.

Vor Beginn jeglichen Fliegenfischens sollte der Widerhaken angedrückt werden, um dem Fisch die unangenehme Prozedur mit der Löseschere zu ersparen. Eine sorgfältig gefettete Trockenfliege schwimmt stundenlang auf der Wasseroberfläche. Nach dem Fang eines Fisches sollte sie jedoch ausgewaschen werden, um sie vom Fischschleim zu befreien, anschließend wird sie dann durch schnelle Leerwürfe wieder schwimmfähig gemacht.

Das tadellose ***Servieren einer Trockenfliege*** erfordert nicht nur einen erstklassigen Wurfstil, sondern ist noch von weiteren Faktoren abhängig, die es zu erläutern gilt.

Die Trockenfliege, aber auch das Vorfach sowie die Schnur, müssen sanft, also ohne aufzuschlagen auf dem Wasser abgelegt werden. Das Vorfach sollte eher locker als ganz gestreckt, jedoch nicht gekräuselt, sondern möglichst flach auf dem Wasser liegen. Da ein schwimmendes Vorfach Schatten im Wasser und auf den Grund wirft, sollte die Vorfachspitze hinreichend entfettet werden, damit sie in Fliegennähe in den Oberflächenfilm eintauchen kann. Die Scheuchwirkung wird dadurch beträchtlich verringert.

Die Fliege, die vorher sorgfältig gefettet werden muss, hat eine Lage einzunehmen, die möglichst genau einem auf der Wasser-Oberfläche schwimmenden Insekt entspricht. Sie sollte aufrecht in der selben Geschwindigkeit und gleichen Richtung wie die sie tragende Strömung eine mehr oder weniger lange Strecke auf dem Wasser trocken dahintreiben, ohne am Vorfach zu zerren. Denn eine furchende Fliege nebst Vorfach verursacht eine unnatürliche Oberflächenbewegung, die sich auch als Schatten und Sichtverzerrung dem Fisch mitteilt.

Um das Furchen – sprich das Dreggen – von Fliege und Vorfach zu vermeiden, sollte man so werfen, dass die Fliege die beabsichtigte Bahn hinunter schwimmen kann, ohne dass Schnur und Vorfach durch die Strömung gestreckt werden.

Die ***Auswahl der richtigen Fliege*** wird heute mehr von praktischen Erwägungen und weniger von Ideologien bestimmt, wie sie im England des 19. Jahrhunderts das Fliegenfischen bestimmten.

Der Engländer Frederic M. Halford (1844-1914), gilt als „Vater der Trockenfliege". Im Jahre 1886 stellte er seine stark ideologisch geprägte ***Nachahmungstheorie*** auf, wonach einem aktiven, steigenden Fisch nur eine Trockenfliege vorgesetzt werden darf, die eine genaueste Imitation eines gerade vorhandenen und voll entwickelten Insekts darstellt. Die Nachbildung dieses Insekts muss in Bezug auf Größe und Farbgebung exakt mit dem natürlichen Vorbild übereinstimmen. Akzeptabel ist nur ein Muster, das sich mit aufgerichteten Flügeln und in freier Drift dem Fisch nähert. Es ging jedoch nicht nur darum, das Aussehen und Verhalten des Insekts möglichst genau zu imitieren, sondern auch in welcher Art und Weise dieses präsentiert werden darf.

Ein Zeitgenosse Halfords, der mit ihm brieflich in Verbindung stand, war der Nordamerikaner Theodore Gordon. Er band seine Trockenfliegen sparsamer, also nicht so detailversessen wie Halford und schuf die heute noch populäre Fliege mit dem Namen Quill Gordon. Während die Engländer sich auf die ruhig dahinfließenden Kreideflüsse Südengland konzentrierten, wurden in anderen Teilen Europas und in Amerika schon bald spezielle Fliegen für schnelle Bäche und Flüsse gebunden, die relativ groß und buschig waren. Ein typisches Beispiel sind die Fliegen der „Wulff-Serie". Das bekannteste Muster, das auch bei uns in Deutschland heute noch gerne gefischt wird, ist die Royal Wulff. Sie schwimmt selbst in turbulenter Strömung, ist unempfindlich und sehr gut sichtbar.

Die von Halford seinerzeit aufgestellte ***Nachahmungstheorie*** wird weitgehend relativiert durch die heute vorherrschende ***Typentheorie***, wohlwissend, dass der Fisch von unten die Fliege ganz anders wahrnimmt, als der menschliche Betrachter über dem Wasser.

Unter der Bezeichnung Typentheorie versteht man eine Trockenfliege, deren Form, Größe und Farbe dem Fisch typische Erscheinungen verschiedener natürlicher Fliegen wirkungsvoll vortäuscht, ohne sich in filigranen Details zu verlieren.

In der Praxis hat das für den Angler am Fischwasser den Vorteil, dass er ohne weiteres ein typisches Durchschnittsmuster den Fischen vorsetzen kann, solange er nicht genau weiß, welche Insektenart bevorzugt genommen wird.

Darüber hinaus stehen noch sogenannte Phantasiefliegen, auch unter dem Namen Attractors bekannt, zur Auswahl. Diese Phantasiegebilde werden gerne als ***Suchfliege*** eingesetzt, nämlich dann, wenn keine Oberflächenaktivitäten der Fische zu beobachten sind.

Die sogenannten Reizfliegen haben kein natürliches Vorbild. Sie sind in der Regel größer als die Phantasiefliegen, da sie auf große Fische eingesetzt werden. Wie bereits erwähnt, zählen zu ihnen die Lachsfliegen, Streamer und Bucktails.

Die Trockenfliege kann grundsätzlich auf vier verschiedene Arten einer Forelle präsentiert werden.

Bei der ***ersten***, wohl am häufigsten angewandten Methode, wird die Fliege soweit oberhalb des steigenden oder zu sehenden Fisches serviert, dass sie zunächst für den Fisch unsichtbar ist und langsam in seinen Gesichtskreis treibt.

Bei der ***zweiten*** Methode, wird dem Fisch die Fliege dicht vor die Nase und bei der ***dritten***, in seinem weiter entfernten Sehbereich innerhalb des kreisrunden Blickfensters stromauf präsentiert. Der Begriff stromauf sollte nicht wörtlich genommen werden, denn oft wird sie mehr quer, als stromauf und nur gelegentlich direkt stromauf serviert.

Bei der ***vierten*** Art lässt man mit einem mehr oder weniger stromabwärts gerichteten Wurf mit viel loser Schnur auf dem Wasser, die Fliege, ohne dass sie zu dreggen anfängt, in das Blickfenster des Fisches schwimmen.

Da der ***Steigpunkt*** des angesprochenen Fisches nicht immer mit dessen ***Standort*** identisch sein muss und die Durchmessergröße des ***Blickfensters*** von der Tiefe abhängt, in der der Fisch steht, ist es oft nicht einfach, den ***Zielpunkt*** der abzulegenden Fliege genau zu bestimmen. Je höher der Fisch im Wasser steht, desto kleiner wird sein Sichtfenster und umso präziser muss die Fliege angeboten werden. In tieferen Partien eines Gewässers sind die Anforderungen an die Genauigkeit der Präsentation nicht so hoch, jedoch haben die Fische hier mehr Zeit die Fliege genau zu betrachten.

Die Art und Weise wie die Trockenfliege am besten dem Fisch serviert wird, ist auch stark von der Gewässerstruktur abhängig. In einem langsam fließenden Gewässer steigen die Fische gewöhnlich bedächtig, da durch das langsame Antreiben der Nahrung kein Grund zu unnötiger Hektik besteht. Wird jedoch in einem schneller fließenden Gewässer gefischt, kann man feststellen, dass sich auch das Tempo und die Vehemenz des Anbisses erhöhen. Für das Prüfen der Nahrung bleibt dem Fisch wenig Zeit, will er nicht Gefahr laufen, dass die schon fast sicher geglaubte Beute, ihm wieder entwischt.

7.1.1 Stromaufwärts

Der Wurf ***stromaufwärts*** ist die ***traditionelle Methode***, um einem Fisch die Trockenfliege anzubieten. Sie wurde an den meist langsam dahin fließenden Kreideflüssen Englands entwickelt. Sie hat zwei Vorteile.

Der erste Vorteil besteht darin, dass sich der Angler von hinten an den zur Strömung stehenden Fisch, unter Ausnutzung seines toten Blickwinkels, relativ nahe anpirschen kann, ohne Gefahr zu laufen, von ihm entdeckt zu werden.

Der zweite Vorteil besteht darin, dass der stromauf gerichtete Normalwurf ein natürliches Abtreiben der Fliege ermöglicht, zumal diese mit dem Vorfach und der Schnur mit der Strömung auf den Fliegenfischer zuschwimmt.

Die auf den Angler direkt zutreibende Schnur muss über den Mittelfinger der Rutenhand mit der Schnurhand sofort in Klängen aufgenommen werden, so dass der Kontakt mit der noch anschwimmenden Leine samt Vorfach und Fliege nicht verloren geht. In der Wurfschule wurde dies ausführlich erläutert.

Je nach Situation kann die Leine auch einfach hinter der Schnurhand auf den Boden oder auf dem Wasser abgelegt werden, um sie dann mit der Strömung abtreiben zu lassen.

Den Nachteil, der sich dadurch ergeben kann, dass der Fisch mit dem Vorfach überworfen wird und möglicherweise auch noch die Schnur zu sehen bekommt, kann man in der Regel umgehen, indem man schräg stromaufwärts die Fliege serviert.

Der Wurf ***schräg stromauf*** muss jedoch so gesteuert werden, dass die unterschiedlichen Strömungskräfte, die jetzt auf die Leine und das Vorfach wirken, ein natürliches Abtreiben der Fliege, ohne das für den Fisch so verräterische Dreggen, sichergestellt wird *(Abb. 61, Seite 155)*.

Der Wurf schräg stromaufwärts ermöglicht der Fliege außerdem einen sehr langen Weg ohne Furchen zurückzulegen. Kommt die Fliege mit der Strömung näher, wird der Kontakt zu Ihr durch das Einziehen der Schnur gewährleistet. Allerdings muss die Schnur insoweit locker bleiben, damit kein Zug auf die Fliege ausgeübt wird. Mit der Rute wird gleichzeitig möglichst viel Leine aus dem schnellen Wasser herausgehalten. Sobald die Fliege die Höhe des Anglers passiert, spielt er die inzwischen gewonnene Schnur mit einem sanften Schwipp der Rutenspitze gegen die Strömung wieder aus und verlängert so die ungehinderte Drift vor dem Abheben nochmals erheblich. Auch der gegen die Strömung gerichtete Bogenwurf kann zusammen mit der ergänzenden Wurfhandlung in Form eines „Mending the line“ zum Einsatz kommen, um das Dreggen der Fliege zu verhindern. Diese Spezial- und Trickwürfe wurden bereits in der Wurfschule besprochen.

Das stromaufwärtige Servieren einer Trockenfliege findet dort seine Grenze, wo die Strömung zu stark und die notwendige Einholgeschwindigkeit der Schnur zu groß ist. In einem solchen Fall ist es besser, den Standplatz des Fisches nach Möglichkeit zu umgehen und von oben nach unten, also stromabwärts, zu servieren.

7.1.2 Quer zur Strömung

Es gibt Situationen, in denen es ratsamer erscheinen mag, die Fliege quer zur Strömung zu servieren, obwohl die Strecke der unbehinderten Drift in der Strömung kürzer ist, als beim Wurf stromauf. Das Risiko, vom Fisch entdeckt zu werden, ist allerdings hier schon eher gegeben. Um den Wirkungsbereich der Fliege zu erweitern und deren Furchen zu vermeiden, bedient man sich des zurückgestoppten Wurfs.

Der Bogenwurf und die Fallschirmwürfe sind zur Unterbindung des Furchens der Fliege ebenfalls sehr gut geeignet.

Die Imitation einer Köcherfliege in Form einer robusten Rehhaar-Sedge kann, wenn zum Beispiel gar nichts steigen will, sehr unkonventionell als Such- und Reizfliege eingesetzt werden. Zunächst wird sie quer zur Strömung abgelegt, dann lässt man sie so lange es geht schwimmend abtreiben. Beginnt sie zu dreggen, wird sie mit einem Ruck unter Wasser gezogen und gleitet anschließend

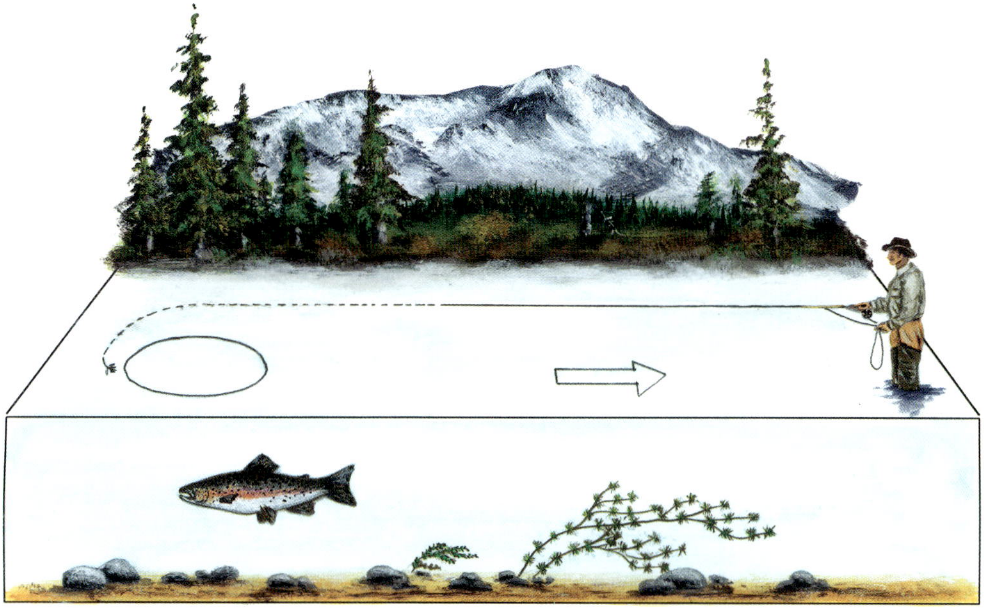

Abb. 61: Das Anbieten einer Trockenfliege stromauf
Der hier abgebildete Salmonideneinstand befindet sich in einem etwas tieferen Fließgewässer. Der Blickwinkel des Fisches ist verhältnismäßig groß, so dass er genügend Zeit hat, die Fliege zu entdecken und nach ihr zu steigen. Die Fliege wird sinnvollerweise stromaufwärts und etwas oberhalb des Sichtfensters der Forelle präsentiert.

durch die Strömung ans Ufer. Wenn ihre Drift beendet ist, kann sie zusätzlich noch langsam herangezupft werden und erhöht so die Fangchancen des Anglers.

7.1.3 Stromabwärts

Sowohl beim ***direkt stromabwärts***, als auch beim ***schräg stromab*** gerichteten Wurf kann der Angler in das Blickfenster des Fisches geraten und von diesem entdeckt werden, wenn es ihm nicht gelingt, den notwendigen Abstand zu halten. Der Wurf selbst ist ebenso einfach wie natürlich, vorausgesetzt, man beherrscht die Spezial- und Trickwürfe, wie zum Beispiel den zurückgestoppten Wurf, die verschiedenen Fallschirmwürfe sowie den Schlangenwurf *(Abb. 62, Seite 156).*

Der Fliege durch Bewegungen von Rute und Leine etwas Leben zu geben, ist immer dann angebracht, wenn die an der Wasseroberfläche zum Ufer hin fliehenden Köcherfliegen nachgeahmt werden sollen.

Abb. 62: Das Anbieten einer Trockenfliege stromabwärts
Dafür eignet sich besonders in nicht zu tiefen und schnellfließenden Gewässern der ***Schlangenwurf****. Die Salmoniden stehen knapp unter der Wasseroberfläche und ihr Blickwinkel ist entsprechend begrenzt, so dass der vorsichtig agierende Angler unentdeckt bleibt.*

Bei sehr hohem Wasserstand und schnell ablaufendem Wasser besteht die oft einzige Chance mit der Trockenfliege noch etwas zu fangen darin, eine Köcherfliegenimitation stromabwärts treiben zu lassen. Dann wird sie mit einer Schlitterbewegung, am besten direkt gegen die Strömung, über das Wasser gezogen, um den Fisch zum Anbiss zu reizen.

7.1.4 Im Stillwasser

7.1.4.1 Vom Ufer aus

Das Fliegenfischen im Stillwasser hat in England das Angeln in Fließgewässern bereits an Bedeutung überholt. Jedoch nicht nur in England, sondern auch in Skandinavien ist das Fliegenfischen in stehenden Gewässern sehr verbreitet, im Gegensatz zu Deutschland, obwohl wir durchaus Gelegenheit dazu hätten. Talsperren, Trinkwasserreservoire, Seen, renaturierte Kiesgruben und tiefgründige Naturteiche eignen sich vortrefflich dazu. Die Forellen und andere Fische sind jedoch nicht so standorttreu wie ihre Artgenossen in den Fließgewässern, da die Nahrung nicht mit der Strömung angetrieben, sondern durch ein Umherstreifen gesucht werden muss. Während sich im Frühjahr die Fische gerne in den Flachwasserzonen aufhalten, da sie dort die meiste Nahrung finden, wechseln sie mit zunehmender Erwärmung in die tieferen und sauerstoffreicheren Bereiche eines Stillwassers. Steht dem Fliegenfischer am Stillgewässer weder ein Belly Boat noch ein anderer schwimmfähiger Untersatz zur Verfügung und besteht auch keine Möglichkeit zu waten, kann praktisch nur der Bereich entlang der Uferkante fächerförmig abgefischt werden. In diesem Fall empfiehlt es sich, bekannte oder vermutete Standplätze anzuwerfen, ohne dabei von den Fischen entdeckt zu werden, ganz gleich, ob sie gerade steigen oder nicht. Wenn die Fische nicht in der Uferzone steigen, wird man weit werfen müssen, um die Standplätze der Fische zu erreichen. Wenn der normale Standardwurf nicht ausreicht, muss er mit dem Doppelzug kombiniert werden, um die benötigte Wurfweite zu erreichen. Mit einer etwas längeren und steiferen Rute von mindestens 9 Fuß Länge der Schnurklasse 6 und einer WF-Schnur wird man in der Regel auskommen.

Will man im stillen Wasser der Seen und Wasserreservoire mit der Trockenfliege auf Verdacht fischen, sollte diese nur ganz langsam und vorsichtig gezogen werden. Sieht man einen Fisch herannahen, wird die Bewegung gestoppt und meistens schlürft der Fisch die Fliege bedenkenlos ein. Anders verhält es sich mit einer Schlittersedge, die durchaus aktiv geführt werden muss, um den Fisch zu überlisten.

7.1.4.2 Vom Boot aus

Stehen dem Fliegenfischer jedoch ein Belly Boat, Kanu oder ein solides aber behäbiges Fischerboot zur Verfügung, steigen die Fangaussichtigen beträchtlich, vor allem an größeren Stillgewässern mit ihren weiten Wasserflächen und entfernten Standorten der Fische.

Ein Belly Boat ist in größeren Gewässern im Hinblick auf die eingeschränkte Beweglichkeit und den geringen Kälteschutz nur ein bedingter Ersatz für ein richtiges Boot. Es hat jedoch den großen Vorteil, dass die Fische weit weniger scheu reagieren als auf ein Fischerboot und zudem leicht zu transportieren ist.

Ein Kanu mit seinem geringen Tiefgang in einer Länge von über 5 Meter eignet sich ganz hervorragend zum Fischen, nicht nur im Still- sondern auch im Fliessgewässer. Bereits im 19. Jahrhundert war es üblich, in den nordamerikanischen Seen und Flüssen von einem Kanu aus zu fischen, wie aus dem alten Stich zu ersehen ist *(siehe Abb. 63, Seite 158)*.

Das geringe Gewicht, egal ob aus Holz, Kunststoff, Aluminium, aufblasbarer Gummihaut, seine Beweglichkeit und relativ hohe Anfangsstabilität sprich Kippsi-

Abb. 63: Fliegenfischen vom Kanu aus
(Holzschnitt 19. Jahrhundert. Sammlung von H. L. Lorenz, Kulturgeschichte des Angelsports).

cherheit, selbst im turbulenten Wasser, der problemlose Transport auf dem Autodach, die Möglichkeit es mit einem Außenbordmotor und einem Ausleger zu versehen, sind die wichtigsten Vorzüge. Es wird mittels Stechpaddel von einer oder mehreren Personen bewegt und kann zusätzlich noch umfangreiches Gepäck aufnehmen. Das Anlanden selbst größerer Fische wie Lachse, Seeforellen oder Hechte bereitet keinerlei Probleme.

Jedes Boot sollte mit einem oder besser zwei Anker ausgerüstet werden, um das Schwoien auf dem Wasser zu verhindern. Beim Kanu reichen zwei Klapp-Anker mit je 1,5 kg Gewicht.

Bei einer windstillen und glatten Wasseroberfläche eines Sees, ist das Wahrnehmungsvermögen der Fische ganz beträchtlich. Bei solchen Bedingungen werden die hier vorkommenden Eintags- und Köcherfliegen sowie die verschiedenen Arten der Zweiflügler schnell von den Fischen erkannt, jedoch auch jede Ungeschicklichkeit des Anglers. Weitaus günstiger zum Fischen ist eine bewegte Wasseroberfläche, denn sie bietet eine gewisse Tarnung für Boot und Fischer. Der Darbietung einer Trockenfliege oder Emerger in Form einer adulten Köcherfliege- oder einer Puppen-Imitationen mit zusätzlichem Bewegungsreiz geführt, können selbst große Forellen, vor allem abends, nicht widerstehen. Der Anbiss erfolgt vehement. Dagegen werden bewegungslos an der Oberfläche sitzende Eintagsfliegen gemächlich eingesaugt.

Während der Wind den vom Ufer aus fischenden Angler mitunter stark behindert, kann ihn der Bootsfischer für sich nutzen.

Eine sehr erfolgreiche Methode in einem See, vom Boot aus, nicht nur auf Meerforellen, sondern auch auf Bach- und Regenbogenforellen zu fischen, ist das sogenannte ***„Dapping"***.

Die aus Irland stammende Methode, wird zur Maifliegenzeit an windreichen Tagen mit einer sogenannten ***„Blow Line"*** praktiziert, an deren Vorfach ein natürliches Insekt befestigt oder ein künstliches angeknüpft wird. Diese spezielle leichte Schnur, die mit dem Wind ausgebracht wird, lässt die Fliege verführerisch auf den Wellenkämmen tanzen. Gefischt wird auf den großen Seen, vom treibenden Boot aus, mit einer mindestens 15 Fuß langen, weichen Rute und einer kurzen, etwa 10 Meter langen Schwimmleine, die nicht im eigentlichen Sinn geworfen, sondern vom Wind mitsamt der Fliege hinaus auf das Wasser getragen wird. Durch das regelmäßige Anheben und Senken der langen Rute werden die Fliegen, es können bis zu zwei oder drei angebunden werden, immer wieder neu abgelegt *(Abb. 64, Seite 160).*

Es ist eine bequeme und spielerische Art die Fliegen ohne großen Aufwand zu präsentieren, indem man das Boot mit der Breitseite in den Wind stellt, Schnur sowie Vorfach mit den Fliegen vorausfliegen und das Boot hinterher treiben lässt. Dadurch, dass die Fliege dem Boot stets vorausschwimmt, kann der Fisch die ihm drohende Gefahr nicht frühzeitig erkennen. Diese Methode eignet sich ebenso für die Maifliege als auch für die Köcherfliege, vor allem dann, wenn ihr Eigenleben verliehen wird. Sie bewährt sich am Tag, abends und vor allem in der Nacht. Denn in den hellen und warmen Sommermonaten gehen die nachtaktiven Forellen erst mit Einbruch der Dämmerung auf Nahrungssuche, während sie oft den ganzen Tag fast bewegungslos in Grundnähe verbracht haben. Zu dieser Zeit wirken diese Gewässer tagsüber wie ausgestorben, während die Nachtstunden eine gute Fischerei bieten.

7.2 Als Emerger

Es gibt Situationen am Wasser, wo alle Trockenfliegen versagen, obwohl die Fische scheinbar nach Oberflächennahrung steigen. Es handelt sich hierbei um kein echtes Steigen, sondern die aktiven Fische durchbrechen mit ihrem Rücken die Wasseroberfläche, um die vom Grund bis ganz zur Wasseroberfläche aufsteigenden und schlupfbereiten Insekten abzufangen.

Unsere angelsächsischen Kollegen bezeichnen diesen Vorgang als „Bulging", was soviel wie „Ausbauchung" bedeutet. Bei einem solchen Fressverhalten der Fische spricht man von einer selektiven Nahrungsaufnahme, die sich der Fliegenfischer zu Nutze machen kann.

Abb. 64: Fliegenfischen vom treibenden Boot aus auch „Dapping" genannt.
Mit einer mindestens 15 Fuß langen, weichen Fliegenrute werden ein bis drei Trocken-Fliegen an einer etwa 10 m langen, leichten Schwimmschnur mit dem Wind ausgebracht und durch heben und senken immer wieder neu abgelegt, während das Boot breitseitig mit dem Wind vorantreibt. Die Fliege wird durch seitliches Versetzen der Rute so vielen Fischen wie möglich vorgesetzt.

Die Insekten im Emergenzstadium sind streng genommen keine Aufsteiger, wie sie oft umgangssprachlich bezeichnet werden, sondern Auskriecher. Es handelt sich hierbei um die schlupfbereiten Larven oder Puppen verschiedener Insektenarten, die vom Gewässerboden aufsteigend, entweder dicht unter der Wasseroberfläche treiben oder schon kurz vor dem Schlüpfen den Oberflächenfilm durchbrochen haben, um anschließend aus der Nymphenhülle auszukriechen. Zu den Emergern zählen auch die sogenannten ***„Stillborns"***. Dieser englische Begriff bezeichnet die an der Wasseroberfläche schlüpfenden Eintagsfliegen, denen es nicht gelingt ihre Nymphenhaut ganz abzustreifen. Sie müssen frühzeitig sterben, da sie nicht von der Wasseroberfläche abheben können.

Da die Fische diese Insekten kurz vor, während und nach der Umwandlung attackieren, muss dieser fließende Schlupfvorgang (Emergenz-Stadium) durch ein geeignetes Muster nachgeahmt werden. Die Imitationen werden im ***„Grenzbereich zwischen Nass- und Trockenfliege"*** verhaltensadäquat serviert. Das heißt konkret, dass sie entweder kurz unter der Wasseroberfläche oder im Oberflächenfilm schwimmend angeboten werden. Geworfen wird, ähnlich wie beim Präsentieren einer Trockenfliege, sowohl ***stromauf, als auch stromab, aber auch quer zur Strömung***.

Eine besonders erfolgreiche Methode eine Fliege im Emergenzstadium anzubieten, besteht darin, diese stromabwärts auf den Fisch zutreiben zu lassen, wobei ihr mit der Rutenspitze ein zusätzlicher Bewegungsreiz verliehen wird, um das Schlupfgestrampel zu imitieren. Bevor man ins Wasser steigt, ist zunächst die nähere Umgebung des Standplatzes zu befischen, denn oft stehen die Fische dort, wo soeben noch der Angler gestanden ist, nämlich im Uferbereich.

Emerger werden grundsätzlich nicht gefettet, während die Vorfachspitze auch hier stets zu entfetten ist.

Das Nachahmen von Fliegen im ***Emergenz-Stadium*** war bereits in früheren Zeiten bekannt. Damals sprach man vom Fischen mit einer ***eingesunkenen Fliege.***

7.3 Als Nassfliege

Historisch betrachtet gilt die Nassfliege als die Urform der Darbietung eines künstlichen Insekts. Ob das so stimmt, lässt sich aus verschiedenen Gründen bezweifeln. Vielmehr glaube ich, dass die ersten sehr einfach gebundenen Fliegen das eine Mal über und das andere Mal unter Wasser schwammen und sogar als Streamer benutzt wurden.

In unserer heutigen Zeit ist die Nassfliege etwas aus der Mode gekommen, zumal sich das Interesse mehr auf die Nymphe konzentriert; dennoch sollte das Nassfliegenfischen nicht vernachlässigt werden. Der Fliegenfischer wird sich spätestens beim Fischen auf den atlantischen Lachs mit der Anbiete-Taktik der Nassfliege beschäftigen müssen.

Das Nassfliegenfischen und dessen Übergänge zum Streamer- und Bucktailfischen verlaufen fließend. Beide Methoden werden unter der Wasseroberfläche ausgeübt. Der Tiefenbereich kann sich von der Zone direkt unter dem Wasserspiegel bis ganz hinunter zum Grund erstrecken. Die Nassfliegen sollten ursprünglich vor allem tote oder ertrunkene Insekten unter der Wasseroberfläche imitieren. Deshalb ließ man sie auch unbewegt abschwimmen und sprach dann von einer „Dead Drift". Den Bewegungsreiz übernahm allein das Wasser.

Dieser Dead-Drift Swing wird, je nach Situation, mit einem Wurf leicht stromauf oder querüber, meistens jedoch stromabwärts eingeleitet.

Die typische Nassfliege hat eng anliegende Flügel, naturfarbene bräunliche Farbtöne in allen Schattierungen. Weiche Hennenhecheln oder Brustfedern vom Rebhuhn, die im Wasser lebhaft spielen, werden gerne für die Imitationen verwendet. Solche Fliegen werden auch ***Weichhechel-Nassfliegen*** genannt. Das bekannteste Muster ist wohl die March Brown in verschiedenen Versionen. Eine Variante der March Brown ist der Butcher. Auch Phantasiefliegen werden gerne verwendet, wie zum Beispiel die Alexandra. Während im Frühjahr bei höherem Wasserstand größere Fliegen der Hakengröße 10 bis 12 fängig sind, werden im Sommer bis in den Herbst hinein, kleinere Nassfliegen der Größe 14 oder 16 bevorzugt genommen.

Wird in kleinen Bächen oder Flüssen gefischt, ist die Wurfentfernung nicht allzu groß, während bei größeren Flüssen es meistens möglich ist, gute Standplätze watend zu erreichen.

Trotzdem sollte man beim Nassfliegenfischen auf Forellen keine zu kurze Rute verwenden, da die Schnur nach dem Wurf kontrolliert geführt werden muss, damit Vorfach und Fliege in Idealposition auf den Fisch zuschwimmen können. Dazu eignet sich eine weichere, langsamere, nicht zu kurze Rute der Schnurklasse 5 bis 6, am besten mit einer parabolischen Aktion und einer Länge von mindestens 9 Fuß.

Traditionell wird eine Nassfliege vom Ufer aus oder watend ***schräg stromab*** in Richtung des anderen Ufers abgelegt und man lässt sie dann herumschwingen. In den angelsächsischen Ländern wird dieser Wurf als ***„Wet Fly Swing“*** bezeichnet. Es handelt sich hierbei um einen ***„Suchwurf“*** mit dem eine große Fläche abgefischt wird, um auf dem Driftweg eine Fliege einem beißwilligen Fisch anzubieten.

Zu Beginn des Fischens sollten nach Möglichkeit die interessanten Stellen in der unmittelbaren Umgebung abgefischt werden. Erst dann sind immer länger werdende Würfe angesagt. Diese Reihenfolge ist deshalb wichtig, um die Fische in der näheren Umgebung nicht zu vergrämen. Das geschieht dann, wenn die Fliegenschnur über einen Fisch hinwegsaust oder beim Einholen über ihn hinweggezogen wird.

Bei normalen Strömungsverhältnissen ist eine Schwimmschnur völlig ausreichend, da sie im Wasser besser kontrolliert werden kann. In sehr tiefen und reißenden Gewässern kann der Einsatz einer Sink-Tip-Leine oft die bessere Wahl sein. Im Frühjahr bei Hochwasser und kalten Wassertemperaturen greift man besser zur Sinkschnur, um schnell und tief genug zum Fisch hinunterzukommen. Nicht nur beim Lachsfischen ist ein Thermometer ein nützlicher Bestandteil der Ausrüstung, da es uns sagen kann, ob mit einer schwimmenden oder sinkenden Schnur gefischt werden soll.

Bei Verwendung einer Schwimmschnur sollte das Vorfach eine Mindestlänge von 3,50 Meter aufweisen. Bei Verwendung von Sinktip- oder Sink-Leinen sollte das Vorfach eine Länge von 1,00 Meter nicht überschreiten.

7.3.1 Stromabwärts

Damit die Fliege und das Vorfach möglichst rasch die schnelle Oberflächenströmung durchdringen können, um sie dann in die langsamere Strömung der tieferen Wasserschichten zu führen, wird mehr oder weniger ***schräg stromab*** serviert.

Dann lässt man die Fliege in der Strömung so lange treiben, bis sich die Leine samt Vorfach flussabwärts ausgestreckt hat. Es ist typisch für das Nassfliegenfischen, dass der Wurf voll ausgefischt wird, da die Fliege oft im letzten Moment attackiert wird. Dabei ist es wichtig, rechtzeitig den Strömungsdruck aus der Leine zu nehmen, um eine unnatürliche Abdrift der Fliege zu verhindern, indem im richtigen Moment ein Schnurbogen flussaufwärts gelegt wird *(Abb. 65, Seite 163).*

Dieses „Mending the line" wird auch dann angewandt, wenn man die Schnur und damit die Fliege zusätzlich beschleunigen will, allerdings wird jetzt der Schnurbogen stromab gelegt.

Abb. 65: Das Anbieten einer Nassfliege schräg stromab
*Diese Abbildung zeigt einen typischen **„Wet Fly Swing"**, der von einem **„Mending the Line"** begleitet wird. Wichtig dabei ist es, dass der Wurf, der etwa im 45 Grad Winkel stromabwärts erfolgt, voll ausgefischt wird.*

Es gibt Situationen, vor allem bei sehr schnellen Fließgeschwindigkeiten, in denen es notwendig ist, in einem engen Winkel zur Strömung, also mehr stromabwärts zu werfen, sonst hat die Fliege zu wenig Zeit, in die Strömung einzuschwenken, wird seitwärts weggerissen und schwimmt unnatürlich schnell durchs Wasser. Mit einem Mending the line kann zusätzlich noch gegengesteuert werden.

Die Nassfliege kann jedoch auch mit aktivem Bewegungsreiz angeboten werden, um ein aufsteigendes Insekt zu imitieren. In diesem Fall wird die Fliege auch schräg stromabwärts geworfen und man lässt sie absinkend, zu den Standorten der Fische abtreiben. Kurz bevor die Fliege bei den Fischen ankommt, wird die Rute angehoben und gegebenenfalls mit einem kurzen Zug an der Leine ein Aufsteigen ausgelöst. Dieser sogenannte Leisenring-Lift provoziert sehr oft reflexartige Anbisse. Diese Taktik eignet sich besonders für tiefer stehende Fische *(Abb. 66, Seite 164)*.

Abb. 66: Der Leisenring Lift
Der Leisenring Lift ist ein aktiver Bewegungsreiz der am Ende der Drift eines „Wet Fly Swing" erfolgt, indem die Rute angehoben wird. Gegebenenfalls kann zusätzlich mit einem kurzen Zug an der Leine ein Aufsteigen ausgelöst werden.

Will man beim Stromabwärtsfischen mit der Schwimmschnur Fehlbisse vermeiden, ist es wichtig, die Rute in einem Winkel von ca. 45 Grad nach oben zu halten. Die Schnur hängt jetzt in einem Bogen durch und dem Fisch ist es möglich, nach dem Anbiss ungehindert abzutauchen, da er die lose Leine strecken kann.

Wird die Schnur jedoch durch eine gesenkte Rute zu sehr gestreckt, kommt es immer wieder vor, dass der aufsteigende Fisch, nachdem er die Fliege genommen hat und wieder abtauchen will, unmittelbar einen Widerstand verspürt und die Fliege sofort ausspukt, noch bevor der Haken fassen kann.

Sieht der Angler einen Schwall an der Wasseroberfläche, sollte er nicht sofort aktiv anschlagen, wie er es vom Fischen stromauf gewohnt ist, sondern verzögert und ruhig die Rute anheben, wobei sich der Fisch meistens von selber hakt. Reagiert der Fischer zu schnell, zieht er die Fliege direkt aus dem noch geöffneten Maul des Fisches heraus. Lachsfischer wissen über solche Fehlbisse ein Lied zu singen.

7.3.2 Quer zur Strömung oder stromaufwärts

Bei sehr ***langsamer Strömung*** kann es sinnvoll sein, quer zur Strömung oder eher schräg stromaufwärts zu werfen, damit die Strömung den sich bildenden Leinenbogen erfasst und der Fliege mehr Tempo verleiht. Falls nötig, wird noch zusätzlich ***stromab gemendet***, um die Drift der Fliege zu beschleunigen.

Auch in schnellen Fliessgewässern kann es Sinn machen, quer zur Strömung oder sogar schräg stromaufwärts auszuwerfen, damit die Fliege genügend tief zu den Standplätzen der Fische absinkt. Gelingt das mit dem Normal- oder Standardwurf nicht, wird ein Fallschirmwurf oder der Parachute-Rollwurf eingesetzt. Wird einer dieser Spezial- und Trickwürfe angewandt, fällt das Vorfach in losen Klängen auf das Wasser, die Fliege kann bereits absinken, bevor die Strömung das Vorfach wieder streckt. Noch ehe es Zeit wird, die Wurfschnur das erste Mal zu menden, schwimmt die Fliege bereits tief genug, um dem Fisch in der richtigen Tiefe zu begegnen. Wurde der „Wet Fly Swing" ausgefischt, geht der Angler einen Meter weiter flussabwärts, um mit der gleichen Schnurlänge auch dort den Gewässerabschnitt abzufischen. Sobald die Fliege direkt unterhalb des Fischers angekommen ist, wird sie wieder eingeholt.

Noch besser ist es jedoch, die Nassfliege langsam heranzuzupfen, zwischendurch lässt man sie einen halben Meter abwärts treiben und verleiht ihr jetzt noch zusätzlich mit der Rutenspitze Bewegungsspiel, um die im Uferbereich stehenden Fische zum Anbiss zu verleiten.

7.3.3 Im Stillwasser

7.3.3.1 Vom Ufer aus

Mit der Nassfliege kann natürlich auch in einem stehenden Gewässer gefischt werden. Beim Stillwasserfliegenfischen kommt es meist darauf an, möglichst weit zu werfen und das möglichst lange Vorfach schön gestreckt abzulegen, damit in der Sinkphase der Nassfliege der Kontakt zum Fischer nicht verloren geht. Um den Biss zu erfühlen, wird die Rutenspitze abgesenkt, so dass die Leine eine relativ gerade Linie bildet. Erfolgt nicht schon in der Absinkphase der Fliege der Anbiss, wird die Fliege oft beim Heranzupfen genommen.

Eine andere Methode ist, die Fliege absinken zu lassen, dann die Rutenspitze ein wenig zu heben und sie wieder zu senken. Das macht man so lange, bis die Fliege etwa 30 cm unter der Wasseroberfläche ist, um sie dann in dieser Tiefe heranzuholen. Werfen, sinken lassen, anheben, senken und einholen. Das Senken und Heben bringt den Fisch herauf und beim Heranziehen erfolgt meistens der Anbiss. Steht der Fisch hoch, so genügen oft nur das Werfen und Einholen.

7.3.3.2 Vom Boot aus

Steht dem Fischer ein Boot zur Verfügung, kann im ***„Lough Style“*** gefischt werden, eine Technik die in Irland und Schottland entwickelt wurde. Diese Methode funktioniert am besten, wenn das Wasser vom Wind etwas gekräuselt wird.

Das Boot treibt mit der Breitseite zum Wind, während mit einer etwa dreieinhalb Meter langen, weichen Rute und einer Schwimmschnur oder einer „Intermediate“, zwei bis drei Nassfliegen am Vorfach in Driftrichtung ausgelegt und dann wieder zurückgezupft werden. Die Kunst besteht darin, während des Einzupfens der Fliegen, die Rute im Rhythmus des Wellenschlags zu heben und den ersten Springer nach der Fliegenschnur, auch Top Dropper oder Bob Fly genannt, vor dem Boot verführerisch über die Wasseroberfläche schlittern zu lassen und dann wieder zu senken. Das Besondere daran ist, dass durch das Treiben vor dem Wind, die Geschwindigkeit der Drift mit dem Tempo des Einholens übereinstimmt, so dass die Fliegen auf der Stelle bleiben, selbst wenn es im Wellengang nicht so aussieht. Die Fliegen müssen ganz ausgefischt werden, das heißt bis zum Boot herangeholt und erst dann zum neuen Wurf abgehoben werden. Das sollte behutsam erfolgen, denn oft fasst eine Forelle noch im letzten Moment. In dieser Form werden Eintagsfliegen, Zuckmücken, aber auch aufsteigende Köcherfliegenpuppen imitiert. Da mit relativ kurzer Leine gefischt wird, ist es hilfreich, ein bis zwei Klassen schwerere Schnüre zu verwenden *(Abb. 67, Seite 167)*.

Abb. 67: Fliegenfischen vom treibenden Boot aus – im „Lough Style"
Mit einer mindestens 3,5 m langen, weichen Fliegenrute werden drei Nass-Fliegen an einer Schwimmschnur oder „Intermediate" durch heben und senken, im Rhythmus des Wellenschlags, herangezupft, während das Boot breitseitig mit dem Wind voran treibt. Die Fliegen werden durch seitliches Versetzen der Rute so vielen Fischen wie möglich vorgesetzt.

7.4 Als Nymphe

Das Nymphenfischen wird häufig als dreidimensionales Fischen bezeichnet. Unter den drei Dimensionen versteht man üblicherweise die Länge, Breite und Tiefe. Auf die Aktivität des Fluganglers übertragen bedeutet das Entfernung, Richtung und als dritte Dimension kommt jetzt noch die Wassertiefe hinzu.

Die Tatsache, dass etwa 80% der gesamten Nahrungsaufnahme der Fische in den grundnahen Schichten stattfindet, erklärt, warum das Nymphenfischen eine so große Bedeutung gewonnen hat. Weitere 5% der Nahrung wird in der Mittelströmung und nur 15% in der Oberflächenschicht aufgenommen.

Wenn die unter Wasser angebotenen Insektenimitationen mit Nymphenfischen bezeichnet werden, ist das ungenau. Denn unter diesem Begriff werden nicht nur Imitationen von Larven, sondern auch die von Puppen und Bachflohkrebsen den Fischen angeboten.

Die schriftlich nachweisbaren Ursprünge des Nymphenfischens liegen wohl in England.

Bereits im Jahre 1857 veröffentlichte der schottische Fliegenfischer W.C. Stewart sein Buch „The Practical Angler". In der kleinen Publikation, die übrigens große Beachtung fand, propagierte er das Fischen mit sparsam gebundenen Fliegen, die er Spider-Flies nannte. Sie unterschieden sich von den traditionellen Nassfliegen dadurch, dass sie keine Flügel, dafür lebendig spielende Hechelkränze und dünne konisch zulaufende Körper hatten. Sowohl seine Fliegen, als auch seine Technik wiesen bereits in Richtung der uns heute bekannten Nymphenfischerei. Damit bahnte er den Weg für den „Vater" des englischen Nymphenfischens, für G.E.M. Skues (1858-1949). Im Gegensatz zu Stewart, dessen Muster mehr als „allgemeine Imitation" gedacht waren, imitierte Skues die in den Flüssen Südenglands vorkommenden Nymphen bis ins kleinste Detail. Während beide auf eine möglichst naturnahe Darbietung in den ***oberen Wasserschichten*** großen Wert legten, ist die Unterschiedlichkeit ihrer Muster in der Herkunft ihrer Schöpfer zu suchen. Stewart fischte in den relativ nahrungsarmen und schnellen Gebirgsbächen Schottlands, in denen die Fische weder viel Zeit noch viel Gelegenheit hatten, heikel zu sein. Dagegen musste sich Skues mit den nahrungsverwöhnten Forellen in den Kreideflüssen seiner Heimat auseinandersetzen.

Unabhängig von der Englischen Schule entwickelte auf der anderen Seite des Atlantiks der amerikanische Nassfliegenfischer James E. Leisenring einfache und weichbehechelte Muster.

Aus dem regen Briefwechsel zwischen Skues und Leisenring und deren Erfahrungsschatz entstand das moderne Nymphenfischen. Beide fanden würdige Nachfolger, die das Nymphenfischen weiterentwickelten. Pete Hidy, ein Schüler von Leisenring kreierte den Begriff „Flymph", ein Wortspiel aus „ Fly" und „Nymph". Es war eine Imitation, die Nymphen kurz vor dem Ausschlüpfen und schlupfbereite Puppen, die sich in den oberen Zonen des Gewässers von der Larvenhaut befreien, darstellen. Während in England Frank Sawyer mit beschwerten hechellosen Nymphen experimentierte, um jetzt auch die etwas ***tieferen Wasserschichten*** für das Fliegenfischen zu erschließen. Seine berühmte „Pheasant Tail" oder seine „Grayling Killer Bug" sind auch heute noch unverzichtbare Muster und sollten in jeder Fliegenschachtel ihren Platz finden.

Obwohl sich, historisch gesehen, das Nymphenfischen aus dem im 19. Jahrhundert in Mode gekommenen Trockenfliegenfischen entwickelt hat, basiert die Technik des Nymphenfischens in Fliessgewässern teilweise auf der des Nassfliegenfischens. Es kommt darauf an, dass die Nymphe möglichst schnell auf die Tiefe gebracht wird, in der die Fische zu vermuten sind, um dann möglichst lange unten zu bleiben. Dazu muss sie frei abschwimmen können.

Das moderne Nymphenfischen im deutschsprachigen Raum wurde von Roman Moser, ein Schüler von Hans Gebetsroither, populär gemacht. Seine Veröffentlichungen haben auch international große Beachtung gefunden, seine fünfteilige Filmserie über seine „Neuen Wege" sind inzwischen preisgekrönt.

Erfolgreiches Nymphenfischen in strömungsreichen und tiefen Flüssen setzt fundierte Kenntnisse und Fähigkeiten voraus, um die komplexen Abläufe zu steuern. Jedoch auch in nicht so anspruchsvollen Bächen ist die richtige Einschätzung der Strömung und der Tiefe, der Vorfachlänge, des Fliegengewichts und der Form, der Vorhaltedistanz, der Schnurmanipulation, der Fliegendrift sowie ein Gespür dafür, wo Bewegungsimpulse angebracht sind, notwendig, um erfolgreich zu sein. Erforderlich ist auch ein entsprechendes Sehen, um den Biss rechtzeitig zu erkennen und mit einem Anhieb zu reagieren. Diese angeltechnischen Finessen können nicht von heute auf morgen erlernt werden, denn sie erfordern viel Praxis am Wasser.

Ausdauer und Beharrlichkeit sind weitere Eigenschaften die beim Nymphenfischen gefordert sind, denn man muss nach erfolgloser Nymphendrift den Köder immer wieder neu präsentieren. Es kommt nicht selten vor, dass man mehr als 20 mal den Köder auswerfen muss, bis sich dann doch noch der Erfolg einstellt.

Da 80% der Nahrungsaufnahme aller Fische in Grundnähe stattfindet, muss das Larvenmuster eines unserer Wasserinsekten auch dort angeboten werden. Dazu muss die Oberflächen- und Mittelströmung rasch durchquert werden. Je schneller und tiefer die zu befischende Strömung ist, desto mehr Gewicht wird benötigt, um die Abdrift auszugleichen. Je punktueller ein Gewicht konzentriert ist, desto schneller taucht es ab. Um möglichst schnell die bodennahen Zonen zu erreichen und dann möglichst lange unten zu bleiben stehen uns eigenschwere Fliegen und Vorfächer, absinkende Leinenspitzen (Sink-Tip) und Sinkschnüre zur Auswahl.

Die eigenschwere Sinkleine hat den entscheidenden Nachteil, dass sie sich im Wasser kaum noch dirigieren lässt und sollte nur in Ausnahmefällen eingesetzt werden. Deshalb bedient man sich am besten einer Schwimmschnur in Verbindung mit einem geeigneten Vorfach und einer eigenschweren Nymphe.

Die meisten Misserfolge beim Nymphenfischen sind auf die Verwendung von falschen Vorfächern zurückzuführen.

Konisch verjüngte Vorfächer, so wie sie zum Fischen mit der Trockenfliege verwendet werden, sind denkbar ungeeignet, da sie die sehr rasch fließende Oberflächenströmung nicht schnell genug überwinden können, um die Nymphe den Fischen in den bodennahen Zonen anzubieten. Verwendet man jedoch parallele Vorfächer, die aus zwei durchgehenden monofilen Teilen in einer Stärke von 0,22 bis 0,18 mm im oberen Teil und in einer Stärke von 0,18 mm oder 0,14 mm im Spitzenteil bestehen, hat das nicht unerheblichen Einfluss auf den Wasserwiderstand und somit auf die Sinkgeschwindigkeit der Nymphe. Je geringer der gleichmäßige Durchmesser des Vorfachs ist, desto schneller wird es innerhalb der gleichen Driftstrecke sinken. Die Länge eines Vorfachs richtet sich nach der geschätzten Wassertiefe und Strömung plus einer Zugabe von mindestens einem Meter. Die Gesamtlänge des monofilen Vorfachs kann, bei einem Spitzenteil von 3 m und einem oberen Teil von 2 m, bis zu 5 m betragen. Das Vorfach muss stets entfettet werden, damit es ungehindert absinken kann. Als Alternative kann der Nymphenfischer auch auf eigenschwere Vorfächer mit unterschiedlichen Sinkgeschwindigkeiten zurückgreifen. Auch das Nymphengewicht lässt sich zum einen über die Größe des Musters, zum anderen über die Art der Beschwerung beeinflussen, um die gewünschte Tiefe zu erreichen.

Die Leinenführung mit der Rute spielt beim Nymphenfischen eine entscheidende Rolle. Mit der Rute wird die Richtung, Tiefe und Dauer der Schnurdrift entscheidend beeinflusst. Dazu gehört auch das Mending the line. Die Mending-Schwipps mit der Rutenspitze werden jedoch beim Nymphenfischen flacher, das heißt horizontal ausgeführt, damit die Schnurbögen enger ausfallen und ein platzierteres, den Strömungsverhältnissen angepasstes Umlegen möglich ist.

Der Eintauchpunkt der Schnur oder des Vorfachs und die daran festhaltenden Kräfte des Wassers bilden einen Fixpunkt, um den herum die Schnur beliebig stromauf oder stromab manipuliert werden kann. Unter gleichzeitigem Nachfüttern von Schnur kann man so die Abdrift der Nymphe wirkungsvoll beeinflussen.

Das Fischen mit einem Bissanzeiger wird oft als Posenfischerei verunglimpft. Beim Stromauffischen, wenn man eine Nymphe über eine größere Strecke in Bodennähe erfolgreich anbieten will, erleichtert dieser Indikator das Erkennen des Anbisses, indem er abtaucht oder stehen bleibt. Je nach Gewässerstruktur und verwendetem Vorfach wird man sich für einen Butterfly Strike Indicator, der aus weichen fluoreszierenden Polypropylenbüscheln an einer kleinen Einhängeschlaufe besteht oder einen Hartschaum-Floater mit gummierter Innenführung zu entscheiden haben. Das Polybüschel wird zwischen Schwimmschnur und dem Monofil- oder Sinkvorfach eingeschlauft, während der Hartschaum-Bissanzeiger über das Nymphvorfach aufgeschoben und am Minicon festgeklemmt wird. Bei einer solchen Gerätemontage lassen sich keine engen Schlaufen mehr werfen, wie zum Beispiel beim Trockenfliegenfischen. Die Wurftechnik hat sich hier den Gegebenheiten anzupassen, wobei Luftwürfe wegen der Eigenbewegung der Nymphe nach Möglichkeit zu vermeiden sind. Zum Nymphenfischen eignen sich vor allem Rollwürfe (Switch Casts), Tuck Casts und das „Mending the line“. Um eine situationsbedingte Schnurmanipulation, Anhieb und Drill zu erleichtern, sollte die Rute eine angemessene Länge haben.

7.4.1 Stromabwärts

Die leichteste Art einem Fisch eine Nymphe anzubieten ist das Stromabfischen ***auf Sicht***.

Da der Köder und der Fisch sich zumeist im Sichtbereich des Anglers befindet, ist das Berechnen der Vorhaltedistanz relativ einfach, jedoch wichtig, um die Oberflächen- und Mittelströmung so rasch als möglich zu durchqueren, damit die Nymphe rechtzeitig und „mundgerecht" den Fisch in Grundnähe erreichen kann. Die Sinkfähigkeit und das Verhalten der verwendeten Nymphe an loser Leine in Strömung und Tiefe, ihre Aufsteigegeschwindigkeit beim Anhalten der Schnur oder unter Zug und die Auswirkung von Bewegungsreizen kann beobachtet werden. Die Möglichkeiten der Einflussnahme werden einem dabei bewusst. Man sieht auch, wie der Fisch reagiert, wenn die Nymphe in sein Gesichtsfeld treibt und seine Haltung zeigt an, ob sein Augenmerk mehr oder weniger auf den Boden gerichtet ist. Seitliches Ausscheren und das Aufblitzen der hellen Maulspalte sind untrügliche Zeichen für die Art seiner Nahrungsaufnahme. Gerät die Nymphe in seinen Aktionsbereich, sollte man erst anschlagen, wenn der Fisch abdreht und sich wieder seinem alten Standplatz zuwendet *(Abb. 68, Seite 172).*

7.4.2 Quer zur Strömung

Bei einem langsam fließenden Gewässer, in dem jedoch ***nicht mehr auf Sicht*** gefischt werden kann, da das Wasser zu tief ist, wird nach dem ***Service querüber*** die Nymphe an einem ***Sinkvorfach*** in der ***Leisenring Lift Methode*** schräg stromab gefischt *(Abb. 69, Seite 173).*

Die Sinkgeschwindigkeit bzw. die Sinkrate des Nymphenvorfachs, das mit einem monofilen Spitzenteil von etwa 1 Meter Länge versehen ist, hat sich nach der Fließgeschwindigkeit und der Tiefe des Gewässers zu richten.

Der Vorteil beschwerter Vorfächer liegt, im Vergleich zur Sink-Tip-Leine, im semitransparenten Erscheinungsbild des Geflechtsystems. Auch geht das Auswechseln und Umsteigen auf ein Vorfach mit anderer Eigenschaft, im Gegensatz zum Leinenwechsel, schneller vor sich.

Sinkspitzen in Leinenform, die auch auswechselbar sind, vermitteln aufgrund ihrer kompakten und soliden Beschaffenheit und Oberflächenstruktur eine zu konkrete Silhouette und verscheuchen eher die Fische.

Will man nach dem Service querüber, die Nymphe stromab, jedoch auf- und absteigend anbieten, beginnt die Phase des Fischens erst, wenn das Leinenende der Schwimmschnur leicht nach unten gezogen wird und sich die Nymphe in einem Winkel von etwa 45 Grad schräg stromab befindet. Jetzt kann man zusätzlich den Reiz der Nymphe mit betonten Aufwärts-Bewegungen während der Drift stromab verstärken. Das geschieht durch das langsame Anheben der Rutenspitze bis zu 20 bis 30 cm, um die Fliege ansteigen zu lassen. Dann wird die Rute wieder gesenkt und lässt etwas Schnur nachgleiten und man wiederholt den ganzen Vorgang. In einer gerundeten Sägezahnbewegung schwimmt so die Imitation Richtung Ufer, wobei sich der Anbiss fast immer in der Ansteigesphase durch einen sanften Ruck bemerkbar macht. Durch das Verlängern der Leine und ein Weitergehen stromab nach jeder Drift kann man fischverdächtige Flussabschnitte regelrecht abfächern.

Abb. 68: Das Anbieten einer eigenschweren Nymphe auf Sicht schräg stromab

In einem nicht zu tiefem Gewässerabschnitt mit einer leichten Strömung wird watend oder vom Ufer aus mit relativ kurzer Leine und der entsprechenden Vorhaltedistanz der ***erspähte Fisch*** *schräg stromab angeworfen. Dazu eignet sich der zurückgestoppte Wurf oder der seitliche Bogenwurf (Phase 1). Die* ***eigenschwere Nymphe*** *wird nun absinken und abtreiben (Phasen 2 und 3). Die Fliege wird dem Fisch, dessen Aufmerksamkeit auf am Gewässergrund lebende Organismen gerichtet ist, direkt vor das Maul serviert (Phase 4). Mehrmaliges Anwerfen ist oft notwendig, um einen Biss zu bekommen. Bei inaktiven Fischen kann die Nymphe vibrierend oder in kleinen Rucken geführt werden, um doch noch ein Zufassen zu erreichen. Oder man täuscht eine Fluchtbewegung vor, in dem man die Fliege in einem langsam und stetigem Zug direkt vor den Fischen hochzieht (Phase 5).*

Abb. 69: Das Anbieten einer Nymphe an einem eigenschweren Vorfach quer zur Strömung

In tiefen, langsam fließenden Gewässern werden gerne eigenschwere Vorfächer verwendet. Die Nymphe wird am besten mittels eines Rollwurfs oder eines Tuck Casts querüber geworfen (Phase 1). Nach dem Service beginnt, zugleich mit dem Absinken, die Driftphase (Phasen 2 und 3). Die Strömung erfasst nun die Schnur und beginnt sie auszubauchen (Phasen 3 und 4). Jetzt könnte man gegenmenden, um die Geschwindigkeit beim Herumtreiben zu verringern. In der langsamen Strömung des Tiefenwassers ist dies aber nicht unbedingt notwendig. Wird der Schnurbauch beibehalten, fühlt man das Gewicht des Vorfaches. Um ein vorzeitiges Anheben der Nymphe zu verhindern, lässt man entsprechend der Fliessgeschwindigkeit Leerschnur nachgleiten. Das Gewicht des eigenschweren Vorfachs bewirkt, dass die Nymphe mit Hilfe des Schnurnachfütterns in Bodennähe bleibt (Phase 5 und 6). Nun wird der Schnurbogen jedoch durch die rasche Strömung an der Oberfläche immer größer. Je mehr sich der Strömungsdruck verstärkt, um so schneller muss Reserveleine nachgefüttert werden. Doch in dieser Lage beginnt der Wasserdruck die Schnur von allein durch die Ringe zu ziehen (Phasen 7, 8 und 9). Gleichzeitig kommt es zu einer seitlichen Verschiebung der Driftbahn, die sich unterhalb des Anglers befindet. Dies ist jedoch nicht von Nachteil, da Vorfachbeschwerung und Nymphe seitlich am Fisch vorbeitreiben. Durch entsprechende Führung kann man so das „Aufs-Ufer-Zukriechen“ einer Steinfliegenlarve imitieren. In der Schlussphase, die man selbst bestimmen kann, indem man keine weitere Leine mehr nachgleiten lässt, steigt die Nymphe, ähnlich wie beim Leisenring-Lift, in einem Bogen hoch (Phase 10). Dies ist eine äußerst anbissverdächtige Position, vor allem dann, wenn sich Sedgepuppen vom Grund lösen.

Wenn man ganz gezielt Nahrungsbahnen oder Strömungszüge befischen will, ist eine Technik angebracht, bei der nach dem Service querüber die Nymphe stromab und dabei ***auf- und absteigend*** angeboten wird. Große Wirkung erzielt man mit dieser Methode unmittelbar vor einem Eintags- oder Köcherfliegenschlupf. Die Fische richten dann ihr Augenmerk bereits vom Boden weg und verfolgen zum Teil schon aufsteigende Nymphen ins Mittelwasser. Dies ist übrigens auch eine sehr erfolgreiche Methode, um mit dem ***Streamer*** Standplätze abzufischen. Bei dieser „Sägezahnführung" kann man die Aufstiegshöhe durch entsprechende Schnurmanipulation steuern *(Abb. 70, Seite 174).*

Abb. 70: Das Servieren einer Nymphe an einem beschwerten Vorfach quer zur Strömung in verzögerter Drift

Bei gleichmäßiger Strömung im mitteltiefen bis tiefen Wasser empfiehlt es sich, mit einem Bogenwurf querüber zu werfen (Phase 1) und man folgt mit der Rute der Abdrift nach, um die Fliege auf Tiefe zu bringen (Phasen 2 und 3). Die Leine baucht sich leicht und man mendet wieder stromauf, wobei gleichzeitig ein bis zwei Klänge Leerschnur nachgegeben werden. Die Fliege wird dadurch in ihrer Abdrift verzögert und steigt durch den stromauf gerichteten Energieimpuls in die Höhe (Phase 4). Die letzten Meter der Schnur liegen dabei in Fluchtlinie mit dem Vorfach und der Nymphe. Auch die Rute weist schräg gegen die Strömung. Nun geht man wieder mit, bis man das Gefühl hat, dass die Nymphe bis in Bodennähe abgesunken ist – mendet wiederum – und so fort. In der Endphase steigt die Fliege auf und wird durch langsames Verkürzen der Leine herangeholt, wobei auch hier mit einem Anbiss zu rechnen ist.

7.4.3 Stromaufwärts

Traditionell fischt man mit den klassischen Nymphenmustern stromaufwärts. Einen Fisch im seichten Wasser ***direkt stromauf*** anzuwerfen ist jedoch etwas ***problematisch***, zumal die Gefahr besteht, dass Vorfach und Leine den Fisch beim Überwerfen erschrecken und er die Nahrungsaufnahme einstellt oder sogar flüchtet. Zum anderen zieht das Vorfach im Augenblick des Nehmens genau über seinen Kopf. Bei einer solchen Anbieteweise sind Fehlbisse häufig. Deshalb ist es ***am besten***, wenn ***leicht schräg stromauf*** serviert wird, entweder im Nymphenstoppwurf oder in einem Bogen vor dem Fisch herum. Die Vorhaltedistanz muss groß genug sein, dass die Nymphe Gelegenheit hat, mindestens auf die Tiefe des ausgemachten Fisches abzusinken. Je nach Strömungsgeschwindigkeit wird man mit einer eigenschweren Nymphe oder einem Sinkvorfach fischen, wobei ein Butterfly Strike Indicator als Sichthilfe sehr nützlich sein kann *(Abb. 71, Seite 176)*.

Im schnellen oder turbulenten Wasser spielen die vorher aufgeführten Nachteile beim ***direkt stromauf fischen*** eine allerdings geringere Rolle, da man hier die ***Kurzleinentechnik*** anwendet. Darunter versteht man, dass mit extrem kurzer Leine gearbeitet wird, indem man die Rute mit gestrecktem Arm anhebt und möglichst viel Schwimmleine vom Wasser weghält, um ein seitliches Verdriften von vornherein zu vermeiden. Der Eintauchpunkt der Schnurspitze muss dabei während der kurzen Drift genau beobachtet werden. Ein der Strömungsgeschwindigkeit entsprechendes ***Sinkvorfach*** kann hier sehr hilfreich sein. Die Amerikaner nennen diese sehr effiziente Methode ***„High Sticking"***, die, ähnlich wie bei uns in den Alpen, in den schnellen Bächen und Flüssen der Rocky Mountains Verwendung findet.

Eine ***universelle*** Anbietevariante, die sowohl in ***seichtem*** als auch in ***tiefem*** Wasser eingesetzt werden kann, ergibt sich durch die Verwendung verschieden schwerer Nymphen, wobei sich die Mindest-Länge des monofilen Vorfachs mit einem gleichmäßigen und möglichst geringen Querschnitt nach der geschätzten Wassertiefe plus einen Meter zu richten hat. Um jedoch einen möglichst spitzen Winkel zwischen Vorfach und Flussgrund zu erreichen, sollte das Vorfach entsprechend lang gewählt werden. Je länger das Vorfach ist, desto länger bleibt die Nymphe unten und entfernt sich auch dann nicht aus den bodennahen Wasserschichten, wenn auf sie ein leichter Zug ausgeübt wird. Mit einer 9 Fuß-Rute kann ein Vorfach bis zu einer Länge von etwa 5 m noch gut bewegt werden, jedoch nicht mit Luftwürfen, die wegen der Eigenbewegung der Nymphe nach Möglichkeit zu vermeiden sind, sondern mit Rollwürfen. Beim Einsatz des Rollwurfs wird die Nymphe den „Turn Over" noch halbwegs mitmachen. Bricht die Abrollenergie beim Service auf halbem Wege trotzdem zusammen, so ist das nicht tragisch, sondern durchaus erwünscht. Deshalb bedient man sich eines

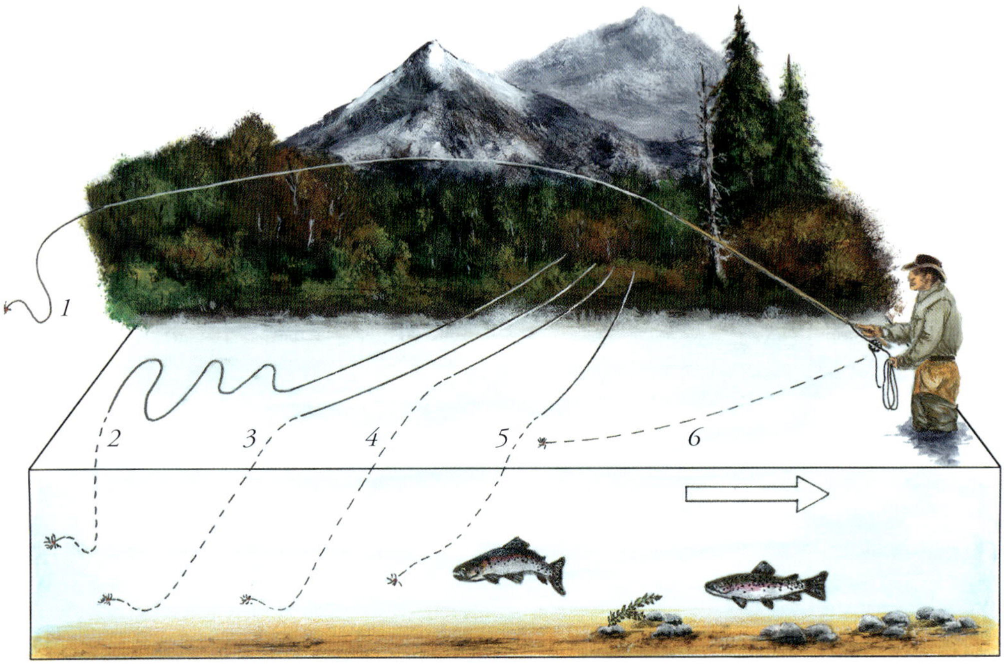

Abbildung 71: Das Anbieten einer Nymphe auf Sicht oder auf Verdacht stromauf

*Diese Methode eignet sich besonders für **seichtere** Züge oder **verblockte** Partien.*

*Die Phase 1 beginnt damit, dass die Nymphe **leicht schräg stromauf** mit dem Tuck Cast und dem entsprechenden Präsentationsvorhalt ausgebracht wird. Vorfach und Schnurende fallen dabei auf der Wasseroberfläche in sich zusammen. Dieses vollkommen lockere Auftreffen erlaubt ein rasches Abtauchen der Nymphe auch in schneller Strömung (Phasen 2 und 3). Das Vorfach und die Nymphe treiben in Bodennähe auf den Fisch oder den vermeintlichen Standplatz zu (Phasen 3 und 4). Währenddessen muss ständig Schnur aufgenommen werden, damit beim Verhalten der normalen Drift sofort der Anhieb gesetzt werden kann. In der Endphase der Drift bringt man die Rute in die Ausgangsstellung für einen Rollwurf. Durch dieses beschleunigte Anheben der Rute, etwas über die Senkrechte hinaus, soll die Nymphe in die Oberflächennähe aufsteigen (Phasen 5 und 6). Damit wird das Loslösen der Nymphe vom Grund und ihr Aufsteigen zur Wasseroberfläche kurz vor dem Schlüpfen nachgeahmt. Ein Vorgang, der den Anbissreflex der Fische auslösen soll. Aus dieser Position setzt man, sofern kein Biss erfolgt ist, mit einem Pick Up Rollwurf zu einem neuen Service an. Die Nymphe kann jedoch auch gleich mit einem zurückgestoppten Rollwurf in ein neues Ziel befördert werden.*

Parachute-Rollwurfs, bei dem die Wurfenergie in einem 45 Grad-Winkel nach oben geht. Vorfach und etliche Meter Schnur stehen dann senkrecht in der Luft, bevor sie in sich zusammenfallen *(Abb. 72, Seite 178).*

7.4.4 In stehenden Gewässern

Beim Nymphenfischen im Stillwasser erlaubt ein schnell sinkendes Vorfach bereits gleich nach dem Ablege-Wurf das Einholen der Fliege, während bei einem monofilen Vorfach, auch bei Verwendung einer eigenschweren Nymphe, gewartet werden muss, bis diese abgesunken ist. Die Lauftiefe der Nymphe und das richtige Einholtempo entscheiden über Erfolg oder Misserfolg. Nymphen für das Stillwasser sollten aus weichem Material gebunden werden, um der Fliege beim Einholen mehr Eigenleben zu verleihen. Außerdem ist darauf zu achten, dass die Imitation eine Grundübereinstimmung mit dem natürlichen Vorbild aufweist, da die Fische im ruhigen Wasser die Täuschung schneller erkennen können.

An Stauseen werden neben den Eintagsfliegenlarven vor allem auch Zuckmückenlarven und Puppen sowie Bachflohkrebse nachgeahmt.

Zunächst wird der Bereich unmittelbar vor dem Standplatz abgefischt. Erst langsam werden die Würfe verlängert, wobei man die Nymphe jedes Mal etwas tiefer absinken lässt.

Mit kurzen und regelmäßigen Zügen, eher langsam als schnell, wird die Leine eingeholt und der Fliege zugleich etwas Leben verliehen.

Auch beim Nymphenfischen ist es vorteilhaft, über einen schwimmbaren Untersatz zu verfügen. Ein Belly Boat mit seiner geringen Scheuchwirkung auf die Fische erweitert den Aktionsradius beträchtlich. Es verdient immer dann den Vorzug, wenn nicht zu große Distanzen zurückgelegt werden müssen, also an kleineren und überschaubaren Stillgewässern.

7.5 Als Streamer oder Bucktail

Das Fliegenfischen mit den langschenkligen Streamern und Bucktails ist keine moderne Erfindung unserer Zeit, sondern war bereits in der antiken Welt bekannt. Schriftlich belegt ist, dass die ersten Weißen, die an der Nordwestküste Amerikas auftauchten, auf Indianer trafen, die schon damals mit Fliegen auf langschenkligen Haken, die aus Knochen geschnitzt waren, fischten. Bekannt ist auch, dass die Eskimos in Alaska Eisbärenhaare auf langschenklige Haken banden und diese mit großem Erfolg einsetzten.

Generell unterscheidet man zwischen den aus Federn gebundenen Streamern und den aus Tierhaaren hergestellten Bucktails.

Abb. 72: Das Servieren einer Nymphe schräg stromauf

Nachdem mit einem Rollwurf die Nymphe schräg stromauf abgelegt wurde, sinkt sie, selbst wenn sie leicht ist, ungehindert ab, sofern vorher das Vorfach entfettet wurde (Phase 1). Währenddessen nimmt die Oberflächenströmung die Leine mit (Phase 2 und 3). Wenn die Nymphe Bodennähe erreicht hat, während die Schnur mit dem ***Bissanzeiger etwa auf der Höhe des Anglers angelangt ist*** *und sich bereits ein Schnurbauch gebildet hat, verengt man diesen durch einen horizontalen Schwipp der Rutenspitze stromab, wobei im letzten Viertel der Leine ein deutlicher Knick entsteht (Phase 4). Im schnellen Wasser muss dieser Bogen sehr eng ausfallen, da der Anpressdruck auf die Leine sehr groß ist. Die Schnur hat auf Grund der schnelleren Oberflächenströmung die in trägere Wasserschichten abtauchende Nymphe bereits überholt. Damit der U-förmige Schnurbauch am Leinenende erhalten bleibt, wird laufend durch kleine* ***Schwipps in die Strömung hinaus stromab gemendet*** *und gleichzeitig Schnur nachgefüttert (Phase 5, 6, 7 und 8). Alternativ dazu kann man jedoch in Phase 5 einen großen* ***Mendingbogen gegen die Strömung hinaus*** *legen und in gleicher Weise Leerschnur nachfüttern. So kann die Nymphe sauber mit der Strömung abtreiben, ohne dass sie seitlich versetzt wird. Da die Nymphe in der bodennahen Strömung langsamer treibt, weil sie hinten nachgezogen wird, kann man der Nymphe durch kurzes Anhalten oder Zuckeln mit der Rutenspitze Leben verleihen. Erfolgt während der Drift ein Biss wird der Indikator gegen die Strömung gezogen oder taucht ab. Am Ende der Drift, wenn gegebenenfalls die gesamte Leinenlänge ausgebracht worden ist, steigt die Nymphe hoch und treibt herum (Phase 9 und 10). In dieser Phase erfolgt oft eine vehemente Attacke. Beim Anhieb führt man die Rute parallel zur Wasseroberfläche stromauf. Dadurch wird der Leinenbogen verkürzt und die Fliege stromab beschleunigt, wobei der Fisch sicher im Maulwinkel gehakt wird.*

Außerdem unterscheidet man zwischen reinen Phantasiefliegen, wie zum Beispiel der Woolly Bugger und solchen, die bewiesenermaßen eine bestimmte Kleinfisch-Art imitiert, wie zum Beispiel der Muddler Minnow oder der Wool Head Sculpin.

Die Streamer mit ihren weichen Federschwingen eignen sich bestens für nicht allzu harte Strömungen, während die Bucktails mit ihren steiferen Haaren besser für turbulente Wasserzonen geeignet sind, da sie nicht in sich zusammenfallen.

Die wichtigste Eigenschaft aller Streamer und Bucktails, dem Fisch den Eindruck von etwas Lebendigem zu vermitteln, wird durch die Möglichkeit der aktiven Köderführung durch Rute und Leine noch zusätzlich verstärkt. ***Dieser doppelte Bewegungseffekt ist der eigentliche Grund für die optimale Fängigkeit dieses Köders.*** Der Wurf- und Schnurhand kommt bei der Führung der Fliege besondere Bedeutung zu, da der ständige Kontakt zu ihr, über die Schnur gewährleistet sein muss, um bei einem Biss, den Anhieb ohne Verzögerung setzen zu können.

Dort wo es erlaubt ist, kann der Streamer nicht nur am Tag, sondern auch in der Nacht mit Erfolg angeboten werden. Die Fische können bei Dunkelheit ihre Beute gegen den helleren Hintergrund des Nachthimmels sehr wohl erkennen und registrieren zusätzlich mit der Seitenlinie die vom Streamer ausgehenden Druckwellen im Wasser *(siehe Abb. 77 und 78, Seite 189).*

Um beim Streamerfischen die größeren Fliegen bequemer werfen und besser führen zu können, vor allem in kräftiger Wasserströmung, werden etwas steifere und schwerere Fliegenruten verwendet. Beim Fischen auf Forellen in Bächen, Flüssen, aber auch im Stillwasser reicht eine 9-Fuß-Rute der Schnurklasse 6 aus. Fischt man jedoch auf Meerforelle, Stealhead oder Lachs, kommen 9 bis 10-Fuß-Ruten der Schnurklasse 8-10 zum Einsatz. Für diese kampfstarken Fische ist eine robuste Rolle mit mindestens 100 Meter Backing erforderlich.

Je nach Gewässertiefe und Strömungsverhältnisse kann eine Schwimmschnur, Sink-Tip-Leine oder sogar eine Sinkschnur auf die Rolle montiert werden.

An windigen Tagen und am Meer bei Wellengang schafft eine „Intermediate“ einen besseren Kontakt zur Fliege, da sie schön gestreckt, unter dem Einflussbereich der Wellen schwebt.

In strömungsreichen Gewässern mit vielen und großen Steinen bringt eine Sink-Tip-Leine einige Vorteile, denn mit der sinkenden Spitze bringt man den Streamer schnell auf eine fischgerechte Tiefe, während die restliche Schnur auf der Wasseroberfläche schwimmt und gut manövriert werden kann, ohne dauernd an den Steinen hängen zu bleiben.

Grosse Wasserwucht und Hochwasser kann den Fliegenfischer zwingen, sich für eine Sinkschnur zu entscheiden, um die Fliege möglichst rasch in die notwendige Tiefe zu bringen. Auch auswechselbare Schussköpfe, unterschiedlicher Schwimmlagen, die an einer dünnen Schussschnur eingeschlauft werden, können Verwendung finden.

Beim leichten Streamerfischen auf Forellen sollte das Vorfach einen Spitzendurchmesser von mindestens 25 Millimeter, beim schweren Streamerfischen mindestens 30, besser 35 Millimeter aufweisen. Die Vorfachlänge kann bei einer Schwimmschnur bis etwa 3,50 Meter betragen, bei einer „Intermediate" reichen bereits 2,50 Meter, während bei einer Sink-Tip- oder Sink-Schnur höchstens 1,00 Meter erforderlich sind.

Nicht nur beim Nymphen- sondern auch beim Streamerfischen können, je nach Fließgeschwindigkeit und Tiefe, eigenschwere Vorfächer vorteilhaft eingesetzt werden. Diese beschwerten Vorfächer mit sehr unterschiedlichen Sinkeigenschaften sind mit einem monofilen Spitzenteil von etwa 1 Meter Länge versehen und in allen guten Fachgeschäften erhältlich.

Das Fischen mit den größeren Fliegen ist einfacher und leichter zu erlernen, als das Fliegenfischen mit Trockenfliegen oder Nymphen. Das liegt zunächst einmal daran, dass es in strömenden Gewässern immer eine gewisse Schwierigkeit bedeutet, eine Trockenfliege oder Nymphe so zu präsentieren, dass sie auch den Fischen möglichst naturalistisch erscheint.
Das gilt besonders dann, wenn unterschiedliche und daher schwierige Strömungsverhältnisse ständig bestrebt sind die Fliege zum Dreggen zu bringen, wenn sie sich mit einer anderen Geschwindigkeit als die der natürlichen Strömung bewegt. So durchschaut der Fisch sehr schnell die List, eine künstliche Fliege als natürliches Futter anzubieten.

Eine ganz andere Situation ergibt sich, wenn vorne am Vorfach ein großer Streamer oder Bucktail angebunden wird, der einen Kleinfisch imitiert, der gut schwimmen kann und öfters zu schnellen Fluchten gezwungen wird.

Eine Forellenartige akzeptiert einen Streamer, wohl wissend, dass ein Kleinfisch, im Gegensatz zu den Insekten-Imitationen, sich durchaus auf kürzere Strecken selbst gegen eine stärkere Strömung bewegen kann.

Beim Wurf selbst ist darauf zu achten, dass sich beim Rückwurf der Streamer mit dem Vorfach nach hinten ganz ausstrecken kann, um das größere Wurfgewicht besser in den Vorwärtswurf überzuleiten.

Da der Streamer ein Nassköder ist, der in allen Wassertiefen gefischt werden kann, ist er für den Angler nicht immer sichtbar. Deshalb ist es notwendig, über die Schnur ständig mit ihm unmittelbaren Kontakt zu haben. Nachdem weder der Wurf, noch die Darbietung und Führung des Streamers oder Bucktails für den Fliegenfischer problematisch sind, stellt sich die Frage, für welche Anbietevariante des Streamerfischens er sich entscheiden soll.

7.5.1 Stromabwärts

Die Methode die Fliege ***quer über oder stromabwärts in einem 45-Grad-Winkel***, in Richtung des anderen Ufers abzulegen und dann durch die Strömung bis unterhalb des Anglers herumtreiben zu lassen, eignet sich nicht nur für die kleineren Nassfliegen, sondern auch für die großen Streamer. Damit die Fliege möglichst unbehindert der Vorfachspitze vorausschwimmen kann, muss in einem entsprechenden Winkel zur Strömung eingeworfen, die Schnur bei Bedarf gemendet und der Wurf gänzlich ausgefischt werden. Eine möglichst günstige Wurfposition ist watend oder vom Ufer aus einzunehmen, um das Manöver zu unterstützen. Der Anbiss erfolgt häufig im ***letzten Drittel der Drift***. Diese Methode ist für Bachforellen ebenso wirksam wie für Meerforellen oder Lachse.

Zu beachten ist, dass die aus dem Meer in die Flüsse aufsteigenden Fische am Rand der starken Strömung flussaufwärts wandern, um Energie zu sparen. Aus diesem Grunde stehen sie häufig im Uferbereich, sofern es dort tief genug ist und dort werden sie auch gefangen. Bei einer gleichmäßigen und mittelstarken Strömung können sie jedoch überall stehen. In diesem Fall ist es ratsam, zu Beginn des Fischens nach Möglichkeit die interessanten Stellen zunächst in der unmittelbaren Umgebung mit kurzen Würfen abzufischen. Erst dann werden die Würfe, von Mal zu Mal um ca. 50 cm verlängert, bis zu einer Schnurlänge, die von der Breite des Flusses oder dem Können des Fischers abhängig ist. Beim Lachsfischen ist zu beachten, dass man immer am oberen Ende der Strecke beginnt. Nach jedem ausgefischten Wurf erfolgt ein normaler Schritt flussabwärts oder wie die Angelsachsen sagen: ***„one cast – one step“*** *(Abb. 73, Seite 182).*

Soll der Streamer zusätzlich mit aktivem Bewegungsreiz in den oberen oder unteren Wasserschichten angeboten werden, erfolgt der Ablegewurf quer über oder schräg stromab.

Sobald der Strömungsdruck die Leine baucht, wird sie gezielt gemendet, um anschließend den Streamer durch ständiges, langsames Verkürzen der Leine zu bewegen und heranzuholen. Dieser Bewegungsreiz kann dabei durch kurze Schwipps mit der Rutenspitze noch verstärkt werden.

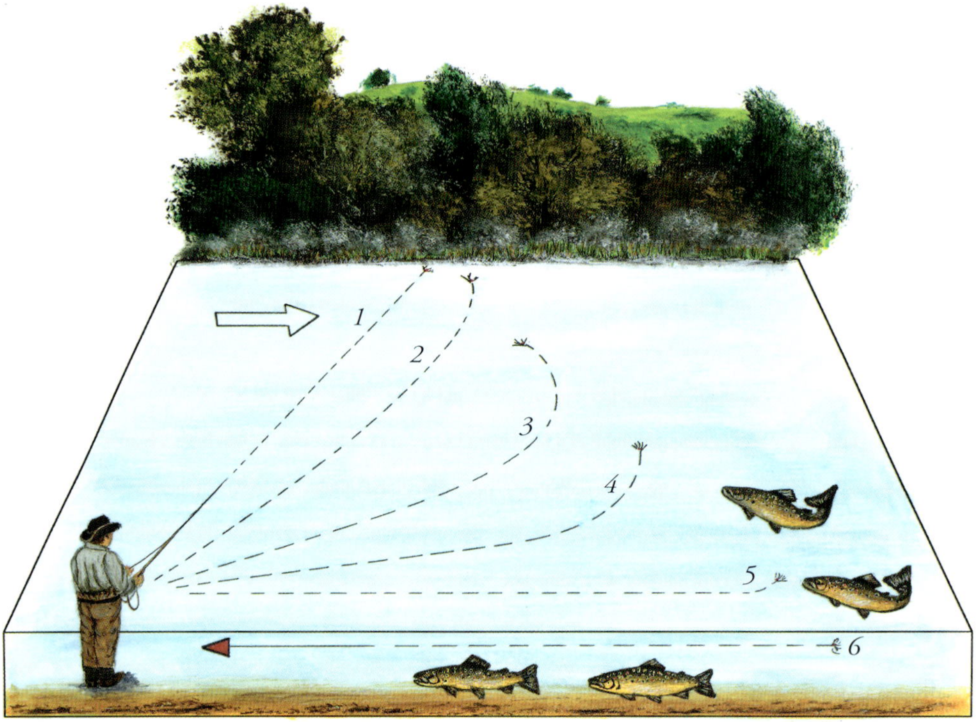

Abb. 73: Prinzip der Nassfliegen- und Streamerführung
1 = Im 45-Grad-Winkel stromab auswerfen
2 = Drift- und Absinkphase
3 = Leine beginnt sich auszubauchen
4 = Fliege fischt
5 = Leine treibt nicht weiter
6 = Leine wird jetzt eingestrippt.

Ist die Hauptströmung sehr schnell, braucht man eigentlich gar nicht mehr zu werfen. Den Streamer lässt man quer über pendeln, verzögert seine Abdrift durch Strecken der Leine und lässt ihn auf- und wieder abtreiben und wiederholt den Vorgang immer wieder.

Beim Streamerfischen schräg stromab kann man den linearen Strömungsdruck nutzen, um mittels eines Girlanden-Mendings nach rechts oder links, den Streamer wieder hinaus oder auch um Hindernisse herum oder in Uferbuchten wandern lassen.

Die Wahl des Streamers, des Vorfachs und der Leine hat sich auch hier nach der Fließgeschwindigkeit und Tiefe des Gewässers zu richten.

Eine weitere Variante des Streamerfischens mit aktivem Bewegungsreiz wurde in *Abb. 70, Seite 174* vorgestellt.

7.5.2 Stromaufwärts

Will man mit einer Schwimmschnur einen beschwerten Koppenstreamer in Grundnähe anbieten, wird mit einem Stoppwurf ***schräg stromaufwärts*** geworfen, damit er möglichst schnell zum Boden absinken kann. Anschließend lässt man den Streamer dicht am Grund stromabwärts taumeln und kann ihn, ab und zu, durch die Rutenspitze etwas vom Boden abheben. Sobald der Streamer unterhalb des Anglers eingeschwenkt ist, wird er langsam herangezupft, zwischendurch, lässt man ihn einen halben Meter abwärts trudeln und verleiht ihm mit der Rutenspitze noch zusätzliche Reizimpulse.

Beim Streamer- oder Bucktailfischen ***direkt stromaufwärts*** muss der Angler die Schnur mit etwas mehr als der Fließgeschwindigkeit des Wassers einholen. Dadurch hält er Kontakt zu der Fliege. Ist die Strömung jedoch schneller, geht der Kontakt verloren und die Fliege treibt lose ab und verliert damit einen Teil ihres lebendigen Aussehens.

Will man bei ***mäßiger bis schneller Strömung*** den Bereich unter dem gegenüberliegenden Ufer absuchen, wird der Streamer ***schräg stromaufwärts*** geworfen. Durch das wiederholte Menden gegen den Strom kann die natürliche Drift des Streamers an der Uferlinie entlang aufrechterhalten werden. Der Streamer wird, nachdem er etwas abgesunken ist, durch die zügige Strömung trudelnd stromab geführt, ohne, dass der Angler mit der Rute und der Schnur einen zusätzlichen Bewegungsreiz auslöst.

Soll bei ***langsam fließendem*** Wasser der gegenüber liegende Uferbereich abgefischt werden, wird der Streamer ***schräg stromaufwärts*** geworfen und ein großer Bogen stromab in die Schnur gelegt. Um den Streamer möglichst lange mit der Strömung entlang des Ufers abdriften zu lassen, muss entsprechend Schnur nachgefüttert und immer wieder gemendet werden.

7.5.3 Im Stillwasser

7.5.3.1 Vom Ufer aus

Beim Streamern in Fließgewässern sorgt die Strömung für die Bewegung der Fliege. Nicht so im Stillwasser, ganz gleich ob in einem See oder im Meer gefischt wird. Hier ist der Fliegenfischer gezwungen durch Einziehen der Leine dem Streamer etwas Leben zu geben.

Hinzu kommt, dass es keine Strömung gibt, die den Streamer unter Zug hält und dafür sorgt, dass sich ein zubeißender Fisch wie von selbst hakt.

Ausnahmsweise können jedoch Situationen eintreten, in denen der Seiten- bzw. Rückenwind oder Gezeitenströme, ähnlich wie die Strömung im Fließgewässer, so auf die Schnur einwirken, dass diese die ganze Zeit gestreckt bleibt.

Mit welcher Geschwindigkeit, schnell oder langsam, der Streamer eingeholt wird, hängt einmal von seiner Größe, der Wassertemperatur und der Tiefe des Gewässers ab. Zwischen der Größe einer Fliege und der Geschwindigkeit, mit der sie bewegt werden sollte, gibt es einen einleuchtenden Zusammenhang. Ein kleiner Streamer darf nicht schneller durchs Wasser gezogen werden, als ein entsprechend kleiner Fisch zu schwimmen vermag. Sehr große Streamer und Bucktails sind hingegen oft dann besonders fängig, wenn man sie mit größerem Tempo durch das Wasser zieht.

Die Einholgeschwindigkeit des Streamers wird jedoch auch von der Wassertemperatur bestimmt. Im Winter, wenn das Wasser kalt ist, sind die Fische träge und stehen mehr am Grund. In diesem Fall sollte der Streamer langsam, jedoch nicht leblos angeboten werden, damit die Fische in der Lage sind, ihn auch ohne große Mühe zu erreichen. Das richtige Einziehen wird auch noch von der Wassertiefe bestimmt. Zum Beispiel wird ein zu schnell gezogener Streamer sich zur Wasseroberfläche hin bewegen und trotz warmer Wassertemperaturen die tief stehenden Fische nicht erreichen können. Das Streamerfischen ist zu differenziert, als dass nur eine bestimmte Methode zur Anwendung kommen kann.

Jeder Angler wird durch Schnurzug der linken Hand oder durch Bewegung der Rutenspitze den Streamer, je nach Situation und Geschmack, einmal schneller, einmal langsamer, tiefer oder flacher, gleichmäßig oder ruckweise führen.

Nicht nur die Wetter- und Wasserverhältnisse sind zu berücksichtigen, sondern auch die Bewegung der Oberfläche, die kleineren oder größeren Wellen, die sich auf die Fliege auswirken.

7.5.3.2 Vom Boot aus

An einem Stillwasser gibt es eine Menge von Stellen, die für den Fliegenfischer außer Reichweite liegen, wenn er vom Ufer aus fischt. Meistens sind es die tieferen Zonen eines Sees, die nur mit einem Boot erreicht werden können. Um sich jedoch unauffällig diesen Fischeinständen zu nähern, muss das Boot sachkundig manövriert werden. Zunächst wird man sich zu entscheiden haben, ob vom dahintreibenden oder verankerten Boot aus gefischt oder mit der Fliegenrute sogar geschleppt werden soll.

Soll das Boot nur dazu dienen, sozusagen die Reichweite der Würfe zu verlängern, genügt es, an Stellen zu ankern, die besonders fischverdächtig erscheinen. Günstig sind zum Beispiel die Steilabfälle zwischen der flachen Uferzone und dem offenen Gewässer. Das Boot wird einige Meter vor der Abbruchkante verankert. Dann wird mit einer Sinkschnur oder einem Schusskopf in Richtung des tiefen Wassers ausgeworfen. Nachdem die Schnur ausreichend tief abgesunken ist, wird sie mit wechselndem Tempo wieder eingeholt. So kann fächerförmig der Bereich entlang der Schar-kante systematisch abgefischt werden *(Abb. 74, Seite 185)*.

Sollen jedoch größere Flächen eines Gewässers nach Fischen abgesucht werden, ist es besser vom treibenden Boot aus zu fischen. Das Boot wird von der Winddrift ständig in Bewegung gehalten, ohne die Fische zu stören. Selbst an ziemlich windstillen Tagen gibt es an den großen Seen immer eine leichte Brise und Strömung, die das Boot treiben lässt.

Bläst der Wind jedoch so stark, dass das Boot zu schnell abgetrieben wird, hilft ein Treibanker die Geschwindigkeit zu verringern. Normalerweise wird der Treibanker mittschiffs befestigt, da so das Boot breitseits vom Wind getrieben wird. Nur bei sehr hartem Wind kann es nötig sein, den Treibanker am Bug zu befestigen, damit das Boot mit dem Bug im Wind liegt und gleichzeitig gegen die Wellen schwimmt.

Abb. 74: Fächerförmiges Abfischen vom verankerten Boot entlang einer Scharkante

Die Windangriffsfläche, das Tempo und die Gefahr der Kenterung kann so zusätzlich verringert werden. Der Streamer oder Bucktail wird, soweit es der Wind zulässt, möglichst weit, schräg gegen die Driftrichtung geworfen. Durch den Zug des Bootes wird die Schnur in einem großen Bogen gestreckt und der Kontakt zur Fliege gewährleistet, die jetzt in kurzen Zügen bis zum Boot eingeholt wird. Der Anbiss erfolgt oft auf den letzten Metern *(Abb. 75, Seite 186).*

Eine weitere Methode einen Streamer oder Bucktail vom Boot aus mit der Fliegenrute anzubieten, ist das Schleppfischen. Es hat ebenso überzeugte Befürworter wie erbitterte Gegner. Es muss jedem Leser selbst überlassen bleiben, ob diese Art zu fischen seiner Vorstellung vom Fliegenfischen entspricht oder nicht. Die Methode soll hier wertfrei geschildert werden.

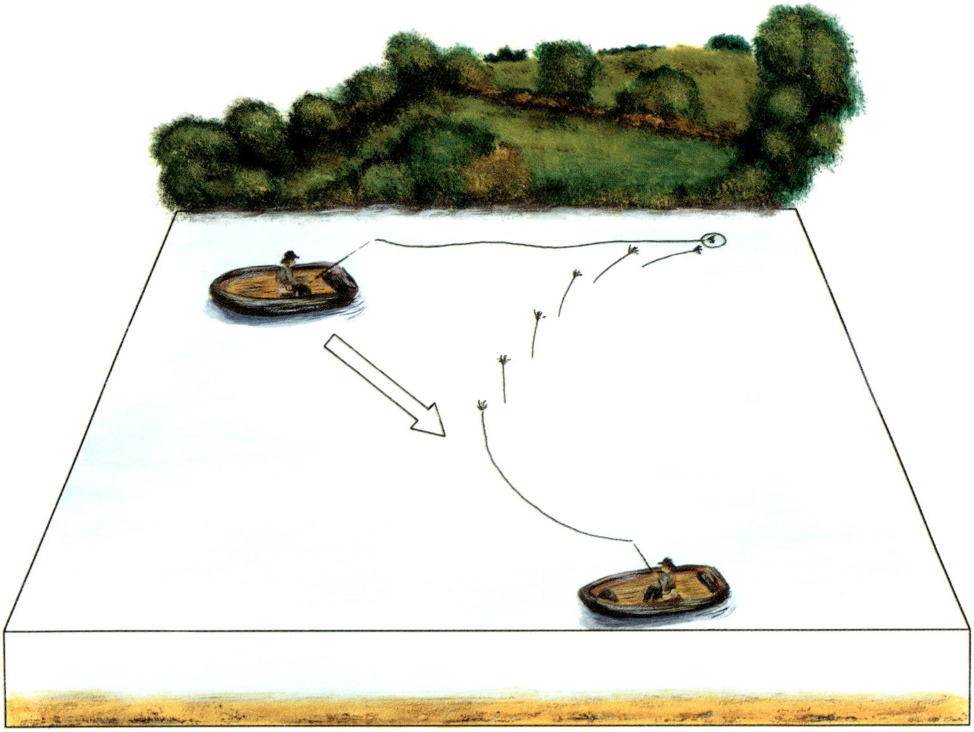

Abb. 75: Streamerfischen vom treibenden Boot aus – unter Ausnutzung der Drift
Beim Fischen vom treibenden Boot aus können größere Flächen nach Fischen abgesucht werden, da der Wind und die Strömung das Boot ständig in Bewegung halten. Es wird quer zur Driftrichtung des Bootes ausgeworfen und man fischt in einem großen Bogen, bis die Leine schließlich gerade hinter dem Boot liegt. Falls nötig, kann die Drift mittels eines Treibankers gebremst werden. Er wird bei starker Strömung am Bug, ansonsten mittschiffs befestigt.

Je nachdem wo die Fische stehen, werden unterschiedlich schnell sinkende Schnurtypen hinter dem Boot hergezogen, um den Streamer oder Bucktail, der oft eine beachtliche Größe aufweist, in der richtigen Tiefe anzubieten. In der Praxis ist die zu erreichende Tiefe nicht nur vom Gewicht und der Länge der Schnur, sondern auch von der Geschwindigkeit des Bootes abhängig. In welcher Tiefe der Fisch steht, bleibt jedoch die große Unbekannte.

Nicht nur am Meer, sondern auch in großen Seen, ist es möglich, zum Schleppen mit der Fliegenrute einen Bootsmotor zu verwenden. Dabei ist es üblich, die Sinkschnur nicht einfach hinter dem Boot herzuziehen, sondern der Fliege zusätzlich Eigenleben zu verleihen. Entweder wird die Rutenspitze ständig bewegt, oder man gibt immer wieder Schnur frei, um sie wieder aufzurollen.

Die einfachste Methode ist jedoch die, dass man sich an windigen Tagen nur im Boot treiben lässt und dabei die Fliege tief unten anbietet.

7.5.4 Im Meer

7.5.4.1 Von der Küste und vom Boot aus

In der Regel wird man von der Küste aus im Meer fischen. Mit dem Wind im Rücken ist es am leichtesten den Streamer auszuwerfen und die Leine gestreckt zu halten. Hilfreich sind auch die Gezeitenströme, die oft so stark sind, dass sie auf die Fliegenschnur ähnlich wie die Strömung in einem Fliessgewässer einwirken. Es wird mehr oder weniger quer zur Strömung geworfen, dann lässt man die Fliege gegen die Strömung einschwenken. So können größere Wasserflächen systematisch abgefischt werden.

Manchmal kommt es jedoch vor, dass die Strömung und der Wind entgegengesetzte Richtungen haben und die Fliegenschnur deshalb nur schwer zu kontrollieren ist. Auch mehr oder weniger starker Wellengang erschwert den Kontakt mit der Fliege, so dass es besser ist, statt einer Schwimmschnur eine „Intermediate" einzusetzen. Diese sinkt unter den Wirkungsbereich der Wellen ab, hat dadurch eine geringe Scheuchwirkung und kann kontrolliert geführt werden. Eine Technik, die sich vor allem auf die scheuen Meerforellen bewährt hat.

Soll im Meeresbereich vom Boot aus gefischt werden, gilt dasselbe zu beachten, wie beim Fischen auf großen Seen. Da hier der Wind, der Wellengang und vor allem die Strömung ungleich stärker auf das Boot einwirken, ist auf die Meerestauglichkeit des Bootes zu achten, wozu auch eine ausreichende Motorisierung zählt, sonst besteht Lebensgefahr.

An der Westküste von Kanada, in British Columbia ist das Fliegenfischen im Meer vom Boot aus durchaus üblich. Zur Zeit der Lachswanderungen wird im wind- und wellengeschützten Bereich der zum Pazifik hin vorgelagerten Inseln und den Flussmündungen mit einer schweren Sinkschnur und einem großen Reizstreamer mit Erfolg geangelt *(Abb. 76, Seite 188)*. Das Boot dient häufig nur als Transportmittel zu den fischträchtigen Fangplätzen.

Abb. 76: Ein Königslachs („Tyee") mit einem Gewicht von über 30 Pfund
Zur Zeit der Lachswanderungen wird im wind- und wellengeschützten Bereich der Flussmündungen vom Boot aus, mit einer schweren Sinkschnur und einem großen Reizstreamer mit Erfolg geangelt.

Abb. 77: Sonnenuntergang an einem Lachsfluss in British Columbia
Auch bei schlechten Lichtverhältnissen kann ein Streamer oder eine Lachsfliege mit Erfolg angeboten werden, denn die Fische können den helleren Hintergrund des Abend- oder Nachthimmels sehr wohl erkennen und registrieren zusätzlich mit der Seitenlinie die vom Streamer ausgehenden Druckwellen im Wasser.

Abb. 78: Sonnenaufgang und Morgendunst über der Traun (Theresienthal)
Das unter Abbildung 77 Gesagte trifft auch für die Morgendämmerung zu.

*„Oh Herr! Erweise mir die Gnade
und gib mir einen Fisch – so groß, dass ich,
ob dieser seltenen Gabe,
das Lügen nicht mehr nötig habe."*

8. Zielfische und Reiseziele

Bis zur Mitte des vorigen Jahrhunderts verband man das Fliegenfischen mit dem Fang von Salmoniden und deren Verwandte. In der Hauptsache waren das die Äsche, die Bach-, die Regenbogenforelle sowie der Bachsaibling und als das „Hochwild des Fliegenfischers" der atlantische Lachs sowie die Meerforelle. Letztere wurden in die Urlaubsträume aufgenommen, waren jedoch für die meisten Fliegenfischer unerreichbar.

In der Zwischenzeit hat sich vieles verändert. Auch die Palette der mit der Fliege befischbaren Arten hat sich gewaltig vergrößert. Es kamen nicht nur die pazifischen Lachsarten und die in den Flats beheimateten Fische wie Tarpon, Bonefish oder Permit hinzu, sondern auch eine ganze Reihe einheimischer Raub- und Friedfische.

Das hat mehrere Ursachen. Nicht nur in Mitteleuropa ist die Zahl der Fliegenfischer beträchtlich gestiegen, die Zahl der Forellengewässer ist jedoch gleichgeblieben. Viele Flugangler hatten keine oder nur unzureichende Gelegenheit auf Salmoniden zu fischen und mussten auf andere Fischarten ausweichen. Das heute erheblich erweiterte Wissen über die Natur der Nichtsalmoniden, insbesondere über deren Fressverhalten, erleichterte diesen Schritt, so dass der Befischungsdruck etwas gemildert werden konnte. Er ist jedoch immer noch so groß, dass jährlich Tausende von Fliegenfischer in ihrer Frei- und Urlaubszeit die Gastgewässer des In- und Ausland aufsuchen, um dort ihrer Passion nachzugehen. Der allgemeine Wohlstand hat einen beispiellosen Fischerei-Tourismus ermöglicht, der heute eine eigene Sparte der Reisebranche geworden ist, mit einem beachtlichen Entwicklungspotential. Die Gastgeber und Gastgeberländer haben sich darauf eingestellt. Die unbegrenzte Mobilität führt den Fliegenfischer bei seinen Reisen oft in die entferntesten Regionen dieser Erde.

Eine längere und größere Reise muss jedoch gut vorbereitet werden, will man nicht Gefahr laufen, enttäuscht und möglicherweise als Schneider heimzukommen. Der Fliegenfischer sollte wissen, welche Zielfische ihn an seinem Reiseziel erwarten, sich mit ihren artspezifischen Besonderheiten vertraut machen, um sich dann die passende Ausrüstung zu besorgen.

In einem fremden Land angekommen, macht es sich bezahlt, einen ortskundigen Guide zu engagieren, wenigstens die ersten Tage, um nicht ziellos am Fischwasser herumzuirren.

Die Vorkommen der Zielfische des Fliegenfischers und die geeigneten Reiseziele können hier nicht erschöpfend behandelt werden, denn das würde allein schon ein ganzes Buch füllen. Das vorliegende Kapitel kann nur eine Orientierungshilfe sein und Anregungen für die Urlaubsplanung vermitteln.

8.1 Die Äsche (Thymallus thymallus)

Alle Äschen mit ihren Unterarten gehören zu einer eigenen Familie der Thymallidae, die mit den Salmoniden eng verwandt sind. Im Englischen heißt sie „Grayling", was so viel wie die „Graue" heißt. Obwohl ihr Oberkiefer über den Unterkiefer hinausragt, nimmt sie nicht nur Grundnahrung in Form von Nymphen und Bachflohkrebsen zu sich, sondern auch Insekten an der Wasseroberfläche. Dabei ist sie ausgesprochen heikel, inspiziert das Beutetier oder seine Imitation aus kürzester Entfernung sehr genau und ist ausgesprochen vorfachscheu. Sie lebt gesellig in sogenannten Schulen in Grundnähe und meidet die direkte Strömung. Obwohl sie meist standorttreu ist, verlässt sie bei Hochwasser, bedingt durch die starke Strömung, ihren bevorzugten Einstand um sich einen neuen, schutzbietenden Standort zu suchen. Bei hohem Wasserstand hat man weniger Erfolg, am ehesten mit einer in Grundnähe angebotenen Nymphe. Weit günstiger ist eine gleichbleibende Wasserführung, bei der vor allem auch die Trockenfliege spannende Fischwaid verspricht. Das erklärt auch, warum in den Herbstmonaten mit den gewöhnlich niedrigen Wasserständen besonders erfolgreich auf Äschen gefischt werden kann. Trotz ihrer Vorsicht reagiert die Äsche bei weitem nicht so scheu auf die Anwesenheit des Anglers wie ihre Verwandten, die Forellen. Je nach geografischer Lage fällt ihre Laichzeit meistens in das späte Frühjahr; sie nimmt daher auch in den kalten Wintermonaten Nahrung zu sich und verlängert so die Fangsaison des Fliegenfischers.

Die Äsche hat eine Vorliebe für kleinere Fliegen, vor allem im Herbst und Winter. Größere Exemplare nehmen jedoch, gelegentlich räuberisch, auch einen kleinen Streamer. Auffallend ist ihre große Rückenflosse, die sie beim Drill wie einen Fallschirm einsetzt.

Die Äsche, wegen ihrer großen Rückenflosse auch Fahnenträgerin genannt, hat bei ihrer Nahrungsaufnahme an der Wasseroberfläche ein besonderes Steigverhalten entwickelt, das sich von dem der Salmoniden unterscheidet. Es äußert sich darin, dass sie zunächst genau die Beute beobachtet. Während sie dann zur Oberfläche schwimmt, wird sie von der Strömung flussabwärts getrieben, bis sie das Nahrungstier an der Oberfläche hinter ihrem Standplatz erreicht und einsaugt. Dann kehrt sie gleich wieder an ihren alten Standort im Flussbett zurück, um erneut Ausschau nach der nächsten Beute zu halten. Da ihr Steigpunkt mit ihrem Standort nicht identisch ist, muss der Aufsetzpunkt der Fliege, unter Berücksichtigung ihrer Standtiefe sowie der Strömungsgeschwindigkeit, durch eine entsprechende Vorhaltedistanz bestimmt werden. Auch zeigt sie wenig Neigung, anders als die Forelle, Oberflächennahrung auch weiter seitlich aufzunehmen. Aufgrund der artspezifischen Besonderheiten sollte man den Wurf stromauf, wo immer es die Umstände gestatten, vermeiden. Stattdessen sollte die dem Vorfach vorausschwimmende Trockenfliege mit der entsprechenden Vorhaltedistanz querüber oder stromabwärts, am besten schräg stromab, präzise angeboten werden.

Die Äschen reagieren extrem empfindlich auf die Veränderung von ökologischen Bedingungen. Deshalb haben sich in Mitteleuropa die Äschenbestände dramatisch verschlechtert. Nicht nur der Fraßdruck der Kormorane, sondern vermutlich auch die chemischen Substanzen, die selbst in den geklärten Abwässern noch enthalten sind, machen ihr schwer zu schaffen. Die zur Zeit laufenden wissenschaftlichen Untersuchungen werden hoffentlich bald zur Klärung dieses Problems beitragen.

Die Äsche wird nicht so groß wie die Bach- oder Regenbogenforelle. In Deutschland wurden jedoch schon Exemplare mit über 3 kg gefangen.

Das Verbreitungsgebiet der europäischen Äsche erstreckt sich vom Mittelmeergebiet bis nach Nordeuropa. Sie fehlt jedoch auf der iberischen Halbinsel, in Irland und im Süden Italiens sowie in Südfrankreich. In Osteuropa erstreckt sich ihr Verbreitungsgebiet bis zum Ural. Weiter im Osten leben zwei weitere Unterarten, die jedoch für den Fliegenfischer von geringerem Interesse sind. Die vierte Unterart, die amerikanische Äsche, auch Arctic Grayling genannt, ist in Nordamerika beheimatet. Ihr wird dort gerne und häufig mit der Fliege nachgestellt. Sowohl die europäische Äsche, als auch ihre amerikanische Schwester kommen nicht nur in der sogenannten Äschenregion der Fließgewässer vor, sondern auch in einer ganzen Anzahl von Seen, vorzugsweise in solchen mit Zu- und Abflüssen.

Für den Gastfischer ergeben sich in ***Deutschland***, zum Beispiel in den Gewässern der ***Fränkischen Schweiz***, noch Möglichkeiten auf diesen Fisch mit der Fliege zu angeln.

Auch ***Österreich, Frankreich und Italien*** besitzen noch einige Gewässer mit guten Äschenbeständen. Im Osten von Frankreich, im Jura und in Südtirol gibt es eine Reihe von Hotels, die bei einem entsprechenden Aufenthalt, Lizenzen vergeben.

Relativ leicht erreichbare Reiseziele mit intakten Äschenbeständen und einer natürlichen Reproduktion sind ***Slowenien*** und ***Dänemark***. Steht genügend Zeit zur Verfügung und scheut man den weiten Anfahrtsweg nicht, sind sicherlich die Flüsse im Norden von ***Schweden*** und ***Norwegen*** eine gute Adresse. Als Beispiel soll hier die Glomma in Norwegen genannt werden, die für ihre guten Äschenbestände bekannt ist *(Abb. 80, Seite 194/195).*

Abb. 80: Früh übt sich – wer ein Meister werden will
(Jugendstil-Bronzestatue aus der Sammlung von H. L. Lorenz, Kulturgeschichte des Angelsports)

Johannes Harth mit einer Äsche von 53 cm und 4 Pfund.
Gefangen am 31. 7. 2004 mit einer Nassfliege, Hakengröße 12 und einer Rute der Schnurklasse 4 in einem kleinen Karstfluss (Fliegen-Fischer-Gemeinschaft Oberes Donautal).

Abb. 81: Die Marmorforelle (Salmo trutta marmorata)
Sie ist eine in den Zuflüssen der Adria vorkommende großwüchsige Unterart der Bachforelle. Ihr Name ist auf die marmorierte Körperfärbung zurückzuführen. Neben ihrer Marmorierung und ihrer Größe unterscheidet sie sich durch das Fehlen roter Punkte von der Bachforelle.
*In **Südtirol** kommt sie in der Etsch und in der Talfer vor.*
*In **Slowenien** ist es die Soca mit ihren Nebenflüssen, die über größere Marmorata-Bestände verfügt.*

*Über die zahlreichen Fischereimöglichkeiten in **Südtirol** erhält man Auskünfte bei:*
Robert Pegoretti, Pension Sonnheim, Vöranerweg 11, I-39010 Gargazon,
Tel. und Fax 0039-0473-292347, Mail: info@sonnheim.com, Homepage: www.sonnheim.com

*Über das Fischen in **Slowenien** kann man sich bei Milan Wutte,*
Vesielach 1, A-9123 St. Primus, Telefon 0043-(0)4239-2869,
Mail: alpe-adria-fischerei@wutte-milan.at, Homepage: wutte-milan.at, informieren.

8.2 Die Bachforelle (Salmo trutta fario)

Jeder Angler kennt das Aussehen einer Bachforelle, deren erstaunliche Vielfalt von Formen und Rassen mit ihrem großen Verbreitungsgebiet zusammenhängt.

Die Umwelt und die genetische Ausstattung beeinflussen das Aussehen des Fisches gleichermaßen. Bachforellen in klarem Wasser über einem hellen sandigen Grund zeigen sich deutlich heller als solche, die in tiefen und dunkelgefärbten und moorigem Wasser leben. Sie können sich problemlos farblich ihrer Umgebung anpassen, stellen jedoch sehr hohe Anforderungen an die Umwelt. Sie benötigen sauberes und klares Wasser, weil ihre Kiemen leicht von Trübstoffen verklebt und verstopft werden. Auch brauchen sie kaltes Wasser, das nicht wärmer wird als 20° C. und für den Stoffwechsel und das Wachstum genügend Nahrung. Sie sind in der Regel standorttreu und zeigen im Fließgewässer ein ausgeprägtes Revierverhalten. Die Gewässerstruktur sollte so beschaffen sein, dass sie genügend Deckung finden. Die Größe des Fisches wird von seiner genetischen Ausstattung und der Umwelt bestimmt. Grundsätzlich gilt jedoch, je mehr er frisst, desto größer kann er werden. Die Nahrung der Bachforelle ist sehr umfassend und reicht von den verschiedensten Insekten bis hin zu größeren Beutefischen. Der größte Teil der Nahrung besteht aus den unter der Wasseroberfläche am leichtesten zu erbeutenden Nymphen und Bachflohkrebsen. Sie steigt jedoch auch gern nach der ihr zusagenden Oberflächennahrung und wird deshalb öfters mit der Trockenfliege gefangen. Die Bachforellen sind Winterlaicher. Je nach Standort laichen sie von Oktober bis Januar. Ihr Gewicht kann bis über 13 kg betragen.

Ihr ursprüngliches Verbreitungsgebiet war ganz Europa und Kleinasien. Inzwischen wurde sie auch in außereuropäischen Ländern mit Erfolg eingebürgert. In ***Nord- und Südamerika***, sowie ***Neuseeland***, um nur einige Länder zu nennen, haben sich größere Bestände von diesem so schönen Fisch entwickeln können. Ohne die Bachforelle wäre das Fliegenfischen weltweit nicht so populär geworden. Hinzu kommt, dass sie nicht nur in Fliessgewässern ihren Lebensraum hat, sondern auch in den kalten Seen, wie zum Beispiel in ***Irland*** oder ***Schottland***.

Fliegenfischer, die gerne ins Ausland reisen und zum Beispiel keine Unsummen für eine Wochenkarte in einem englischen Kreidefluss ausgeben wollen, sofern sie überhaupt eine bekommen, sollten sich für einen irischen See mit den prächtig gezeichneten Brown Trouts entscheiden.

Auch die Bäche und Flüsse ***Nordeuropas*** beherbergen diesen Fisch in größerer Anzahl und mit oft erstaunlich hohen Stückgewichten und sind deshalb eine Reise wert.

Scheut man jedoch lange Anreisen oder möchte man nur für einige Tage der Waserwaid nachgehen, gibt es sowohl in ***Deutschland***, der ***Schweiz***, in ***Südtirol*** und ***Slowenien*** recht gute Möglichkeiten.

Besonders ***Österreich*** besitzt noch größere natürliche Bachforellenpopulationen, allerdings mit steigenden Preisen für die Tages-, Wochen- oder Jahreskarten. *(Abb. 82, Seite 198).*

Abb. 82: Günter Feuerstein mit einem schönen Exemplar von Bachforelle

8.3 Die Regenbogenforelle (Oncorhynchus mykiss)

Die eigentliche Heimat der Regenbogenforelle ist das Pazifikbecken. Sie wurde 1882 aus dem Westen Nordamerikas in Deutschland eingeführt und in vielen Fließgewässern der Forellen- und Äschenregion sowie in Seen, Talsperren, Baggerseen eingesetzt.

In ihrer Ursprungsheimat bildet die Art zwei unterschiedliche Formen aus. Eine Wanderform, die wie unsere Meerforelle in der Küstenregion umherstreift und nur zum Laichen in die Flüsse aufsteigt, und eine stationäre Form, welche in den Bächen des Hochlandes ein ähnliches Dasein führt wie bei uns die Bachforelle. Da beide Formen bei uns eingeführt und vielfach gekreuzt wurden, gibt es auf die in Fischerkreisen immer wieder diskutierte Streitfrage, ob Regenbogenforellen in unseren Fließgewässern abwandern oder nicht, zwei richtige Antworten, nämlich ja und nein. Das jeweilige Verhalten dürfte nicht nur von Bestand zu Bestand unterschiedlich sein, sondern auch mit den vorgefundenen Umweltbedingungen zusammenhängen. Ein weiterer Umstand, der den Aufbau von stationären Regenbogenbeständen von vornherein ausschließt, ist die vielfach geübte Praxis fangfähige Fische einzusetzen. Die an ein bequemes Leben im Zuchtbecken schon zu sehr gewöhnten Fische, finden sich mit den harten Bedingungen eines Fliessgewässers nicht zurecht und sind, wenn sie nicht kurz nach dem Besatz herausgefangen werden, meist auf Nimmerwiedersehen verschwunden. Die Regenbogenforelle hat gegenüber der Bachforelle einige Vorteile, wenngleich diese mehr aus kommerziellen Gründen und aus der Sicht der Angler begründet werden. Einerseits ist sie ein idealer Speisefisch, weil sie schnell abwächst, angesichts der hohen Bestandsdichte in den Zuchtanstalten nicht unter Stress gerät und das Futter effizient zu Fleisch verwandelt. Andererseits erfüllt sie einige angelspezifische Anforderungen, da sie höhere Temperaturschwankungen besser verträgt, auf Gewässerverschmutzungen nicht so sensibel reagiert, an den Standort geringere Ansprüche stellt und weniger scheu ist als die Bachforelle. An der Angel erweist sie sich als temperamentvolle Kämpferin, die tagsüber bereitwilliger an die Fliege geht. Dort wo sie optimale Bedingungen vorfindet, pflanzt sie sich auch fort, je nach Wassertemperatur zwischen Dezember und Mai. Wie gut sich die Regenbogenforellen in das Ökosystem eines natürlichen Bachforellenbestands einfügen ist noch umstritten. Deshalb sollte man in Gewässern, wo noch eine natürliche Reproduktion von Bachforellen stattfindet, mit dem Besatz von Regenbogenforellen eher vorsichtig sein. Das gleiche gilt für Flüsse, in denen Seeforellen zum Laichen aufsteigen. Eine Beratung durch eine Fischereiforschungsanstalt, die mit den örtlichen Gewässerverhältnissen vertraut ist, ist in jedem Fall angezeigt.

In Trinkwasserreservoiren wird die Regenbogenforelle oft als vortrefflicher Indikator für die Gewässerreinheit eingesetzt und bietet dort dann eine ausgezeichnete Fischwaid. Sie ist der Besatzfisch par excellence und nahezu ***weltweit*** verbreitet. Dort wo sie ein großes Nahrungsangebot vorfindet, in der Hauptsache sind das Insekten in allen Entwicklungsstadien sowie Brut- und Kleinfische, kann sie ein Gewicht von über 10 kg erreichen. *(Abb. 83, Seite 200).*

Abb. 83: Eine kapitale Regenbogenforelle aus der Mur in Österreich

8.4 Der Bachsaibling (Salvelinus fontinalis)

Dieser farbenprächtige und sehr gefräßige Fisch ist auch ein Import aus Nordamerika, der bei uns in Deutschland Ende des 19. Jahrhundert erfolgte. Die Bachsaiblinge sind Kaltwasserfische, die im Vergleich zu den Bachforellen jedoch relativ anspruchslos bezüglich des Sauerstoffbedarfs und der Versäuerung der Gewässer sind. Sie besiedeln die Oberläufe der Fliessgewässer und haben sich als Besatzfische in fast ganz Europa verbreitet.

Der Bachsaibling ist kein Zielfisch im eigentlichen Sinn, eher ein Beifang beim Forellenfischen. Dort wo jedoch die Bachforelle keinen optimalen Lebensraum mehr findet, wird man ihn als Besatzfisch tolerieren. Der Bachsaibling ist sehr beißfreudig und zeigt bei der Nahrungsaufnahme von Insekten ein geringes selektives Verhalten. *(Abb. 84 Seite 201).*

Abb. 84: Ein prächtiger Bachsaibling aus der Passer in Südtirol

8.5 Der Huchen (Hucho hucho)

Der Huchen ist einer der gefräßigsten Räuber unter den Salmoniden. Sein ursprüngliches Verbreitungsgebiet ist die Donau mit ihren Nebenflüssen. Er besitzt einen verhältnismäßig großen Kopf zu seinem stromlinienförmigen Körper, der oft bei älteren Fischen einen kupferfarbenen Glanz aufweist und ihm auch den Namen Rotfisch eingebracht hat. Er laicht von März bis Mai. Seine beste Fangzeit ist der Winter bei eher unfreundlichem Wetter. Sein Gewicht kann über 45 kg betragen. Wem das Glück zu Teil wird, als Fliegenfischer mit dem Streamer einen kapitalen Fisch zu erbeuten, wird das wohl sein ganzes Leben nicht vergessen.

Auch heute noch werden, nicht nur in ***Österreich***, sondern auch in ***Deutschland***, immer wieder Huchen mit einer Großfliege gefangen. Da diese Strecken nicht für jedermann zugänglich sind, besteht die Möglichkeit, ersatzweise außerhalb Europas, als Tourist Jagd auf den sibirischen Huchen (H. taimen) zu machen. Entsprechende Reiseangebote sind aus den Fischereizeitungen oder aus dem Internet ersichtlich. Wer gezielt Jagd auf einen Huchen machen will, benötigt nicht nur Geduld und Einsatzfreude, sondern auch eine kräftige Rute der Schnurklasse 10. *(Abb. 85, Seite 202).*

Abb. 85: Ein kapitaler Huchen aus der Drau in Österreich

8.6 Die Seeforelle (Salmo trutta lacustris)

Wesentliche Unterschiede zwischen Seeforelle und Bachforelle bestehen nur in Hinblick auf Färbung und Zeichnung des Körpers. Der Rücken der Seeforelle ist meist grünlichgrau bis blaugrau gefärbt. Die Flanken sind silbrig, der Bauch weiß bis hellgrau. Auffallend sind die vielen unregelmäßig geformten, manchmal x-förmig ausgebildeten schwarzen Flecken am Körper. Inwieweit es sich bei den drei Fischen Bach, See- und Meerforelle überhaupt um getrennte Arten, Unterarten oder lediglich um unterschiedliche Standortformen handelt, ist bisher nicht geklärt. Das wird viele erstaunen und so mancher bezweifeln, zumal die Seeforelle bei uns ein Stückgewicht von über 25 kg erreichen kann. Solche Exemplare wurden jedoch nicht mit der Angel, sondern im Bodensee mit dem Netz gefangen.

In der allseits bekannten Traun in ***Österreich*** werden jedes Jahr beachtliche Exemplare dieser Art, die vom See in den Fluss zum Laichen aufsteigen, mit der Fliege gefangen.

Auch in der Argen, einem Zufluss des Bodensees, sind Zufallsfänge mit der Fliege bekannt geworden. *(Abb. 86, Seite 203)*.

Abb. 86: Eine schöne Seeforelle aus der Traun

8.7 Die Meerforelle (Salmo trutta)

Die Meerforelle ist ein Fisch der Küstengewässer des Nordatlantiks, einschließlich der Nord- und Ostsee sowie der dort mündenden Zuflüsse. Sie ist wie der Lachs auch ein anadromer Fisch, das heißt, sie lebt im Meer und steigt zum Laichen ins Süßwasser auf. Sie wird im allgemeinen als die Stammform der beiden anderen bei uns heimischen Forellenarten, Bach- und Seeforelle, angesehen. Im Unterschied zum Lachs, dem der Fisch stark ähnelt, wirkt die Meerforelle etwas plumper. Der Kopf ist im Vergleich zum Körper größer, der Schwanzstiel dicker und der Hinterrand der Schwanzflosse meist nicht eingebuchtet. Im Gegensatz zum Lachs hält sich diese Art im Meer vorwiegend in Küstennähe auf. Von Juli bis November steigen die Meerforellen in die Flüsse auf, meist noch weiter in die Oberläufe hinein als die Lachse, um dort im Dezember bis März abzulaichen. Von den Fress- zu den Laichplätzen sind keine extrem langen und daher anstrengenden Wanderungen notwendig. Deshalb sind die Fische nach dem Laichen weitaus kräftiger als Lachse und erleiden daher geringere Verluste. Nach dem Ende der Laichzeit ziehen die Elterntiere wieder in das Meer zurück. Die Jungfische folgen in zwei bis vier Jahren nach. Die meisten Meerforellen machen in ihrem Leben mehrere Laichwanderungen mit. Die Meerforelle ist ein schnellwüchsiger Fisch, deren Gewicht von knapp 1 bis über 15 kg reichen kann.

Aus dem ***Ostseeraum*** werden immer wieder Rekordfänge gemeldet, wie zum Beispiel der Weltrekordfisch von 15,2 kg, der im Herbst 1993 im berühmten schwedischen Fluss Em mit der Fliege gefangen wurde.

Sowohl an der Küste, als auch im Fluss bestehen gute Aussichten eine Meerforelle zu fangen, wenn man sich auf das Verhalten dieses sehr sensiblen und unberechenbaren Fisches geduldig einstellt. Sie reagiert äußerst empfindlich auf Störungen durch den Angler, auf Schwankungen des Wasserstandes, der Wasser- sowie Lufttemperatur, auf die Lichtintensität der Sonne und des Mondes. Sie fühlt auch im Fluss den Wechsel der Gezeiten und des Wetters. Ihre Vorsicht wächst mit zunehmendem Aufenthalt im Süßwasser. Es kann deswegen kaum verwundern, dass ein großer Teil der Meerforellen nachts gefangen wird. Man beginnt das Fischen in der Dämmerung und fährt fort bis zum Sonnenaufgang. Jedoch auch am Tage werden Meerforellen gefangen, vor allem dort, wo der Befischungsdruck und die Beeinträchtigung durch die Zivilisation nicht so groß ist, wie zum Beispiel in den Flüssen und Seen Irlands. Das passende Meerforellengerät fängt an bei einer Rute von 9 Fuß Länge der Schnurklasse 6 und endet bei einer Rutenlänge von 9 bis 9,5 Fuß der Schnurklasse 8.

Ein Reiserutenset der Schnurklasse 6 und 8 sollte deshalb zur Grundausstattung eines jeden Fliegenfischers gehören, mit dem er fast überall in der Welt universell fischen kann. Ich persönlich bevorzuge eine Einhandrute von 9,6 Fuß Länge der Schnurklasse 8, mit der sich, aufgrund der Schwere der Schnur auch noch bei widrigen Winden, die im Norden häufig wehen, genügend weit werfen lässt und die sich gleichzeitig auch für das Lachsfischen gut eignet. Eine entsprechende korrosionsbeständige Rolle mit einer ruckfreien Bremse und mindestens 100 Meter Backing ist obligatorisch. Als Schnur eignet sich eine Keulenschnur als Schwimmschnur oder Intermediate. In bestimmten Situationen mag auch eine Sinkschnur angezeigt sein. Besser lässt sich jedoch eine Fliege mit einer Schwimmschnur und einem sinkenden Vorfach auf Tiefe bringen. Am Meer werden häufig Schussköpfe unterschiedlicher Schwimmeigenschaften verwendet, mit denen sich etwas weiter werfen lässt. Dafür muss man eine schwierigere Handhabung in Kauf nehmen. Dazu zählt, dass man die dünne Schussleine wegen der Wellen nicht neben sich im Wasser ablegen kann, sondern einen Schusskorb benötigt, will man eine Perücke mit vielen Knoten vermeiden. Auch das hässliche Geräusch in den Rutenringen beim Einholen der Leine, verursacht durch die Verbindung von Schusskopf und der Running-Line, ist mehr als störend. Die Vorfachspitze sollte eine Stärke von 25 mm haben, dort wo auch mit einem Lachs zu rechnen ist, jedoch 0,35 mm nicht unterschreiten. Als Universalfliege eignet sich zum Beispiel eine rote Garnelenfliege.

Wer nicht das Glück hat in der Nähe eines Meerforellenflusses oder an der Küste zu wohnen, der wird reisen müssen. In vielen Ländern ist die Meerforelle ein Wirtschaftsfaktor, da sie viele Angeltouristen in das Land lockt. ***England, Wales, Schottland, Irland, Norwegen, Schweden*** sowie ***Finnland*** und als näheres Ziel ***Deutschland*** oder ***Dänemark*** sind traditionelle Länder in denen Meerforellen mit der Fliege gefangen werden.

Entsprechende Auskünfte erhalten sie in den Touristenbüros. Auch Anglerhotels, die in Fischerzeitungen inserieren, versenden gerne Informationsmaterial einschließlich einer Fangstatistik der letzten Jahre. Häufig sind Auskünfte auch im Internet abrufbar. Nur der informierte Angler wird mit einer angemessenen Ausrüstung, zur richtigen Zeit, am richtigen Gewässer stehen und so seine Chancen wahrnehmen können. *(Abb. 87, Seite 205).*

Abb. 87: Oben ein atlantischer Lachs – unten eine Meerforelle
Deutlich sind die Unterschiede zu erkennen.

8.8 Der atlantische Lachs (Salmo salar)

Das Vorkommen des Atlantischen Lachses erstreckt sich im Westen von Grönland über die Ostküste Nordamerikas südwärts bis zum Cape Cod. Auf der östlichen Seite des Atlantikbeckens liegt die Grenze beim Weißen Meer und erstreckt sich über die Nord- und Ostssee bis in den Süden nach Spanien und Portugal.

Die Atlantischen Lachse sind langgestreckte, spindelförmige Fische. Ihr kleinerer spitzschnauziger Kopf und der schlanke Schwanzstiel mit der stärker ausgebuchteten Schwanzflosse unterscheidet sie unter anderem von der Meerforelle. Deshalb kann man große Lachse mit dem Schwanzwurzelgriff hochhalten, Meerforellen jedoch nicht. Die Lachse sind Wanderfische, die sich, sobald sie geschlechtsreif werden, im Meer zu großen Gruppen zusammenschließen und sich in Richtung auf die Stätten ihrer Geburt in Bewegung setzen. Für ihre kräftezehrenden und gefährlichen Wanderungen von teilweise mehreren tausend Kilometern haben sich die Tiere mit erheblichen Fettreserven ausgerüstet. Mit Hilfe ihres hervorragenden Orientierungsvermögens sind sie in der Lage, in den Weiten des Ozeans nicht nur die richtige Küstengegend, sondern auch eine ganz bestimmte Flussmündung und die zu ihren Geburtsstätten führenden Nebenflüsse wiederzufinden. Der Aufstieg in die Flüsse erfolgt in den einzelnen Gewässern zu unterschiedlichen Zeiten. Man spricht vom Frühjahrs-, Sommer- und Herbstaufstieg. Sie laichen im Oberlauf der Flüsse von September bis Februar auf kiesigem Untergrund. Im Gegensatz zu den Pazifischen Lachsarten kann der Atlantische Lachs das Laichgeschäft überleben und mehrmals laichen. Obwohl sie während des Aufstiegs keine Nahrung zu sich nehmen, werden sie, aufgrund ihres Beißreflexes trotzdem mit der Angel gefangen. Der Atlantische Lachs kann ein Gewicht bis zu 45 kg erreichen.

Nach dem Laichen werden die Atlantischen Lachse „Kelts“ genannt, deren Großteil stirbt. Streng genommen werden mit dem Begriff Lachs nur die Fische bezeichnet, die mehrere Winter im Meer verbracht haben. Ein „One-sea-winter-fish“ ist ein zum ersten Male aufsteigender Lachs mit bis zu vier Pfund, auch „Grilse“ genannt. Ein Junglachs im Süßwasser heißt „Parr“, ein abwandernder „Smolt“

Den Rückgang der Lachsbestände nicht nur in Europa, sondern auch an der Ostküste Nordamerikas, versucht man durch entsprechende Besatzmaßnahmen der Brut- und Aufzuchtanstalten aufzuhalten bzw. gegenzusteuern. Das geschieht insbesondere in den ***skandinavischen Ländern***, ***Irland***, ***Schottland*** und auch in ***Kanada***. Das sind auch die begehrten Reiseziele, wo es sich noch lohnt, auf diesen prächtigen Fisch zu angeln.

Für die meisten Angler ist der Atlantische Lachs die wohl begehrteste Beute. Er zählt zum „Hochwild“ der Fliegenfischer. Zu den Eigenarten der Lachsgewässer zählt die Tatsache, dass in kleineren Flussläufen die Lachse nur bei hohem Wasserstand aufsteigen. Ob der Fliegenfischer einen guten Sport haben wird, hängt letztlich vom Regen ab. Denn bei Trockenheit ist es nichts mit dem Angeln, wie man immer wieder zum Beispiel in den Spate-Rivers (was soviel wie plötzliches Hochwasser bedeutet) in Irland feststellen kann. Deshalb sind die großen Lachsflüsse viel beliebter, denn hier können die Fische jederzeit heraufkommen. Jedoch auch hier verstärkt das Hochwasser den Aufstieg der Fische. Dem Beliebtheitsgrad dieses Fisches entspricht die Nachfrage nach Lizenzen, die oft sehr teuer sein können.

In Europa hat sicherlich Norwegen mit seiner grandiosen Naturkulisse noch immer die größte Anzahl der interessanten Gewässer mit den stärksten Fischen. Zu den 15 besten Flüssen ***Norwegens*** zählen, in der Reihenfolge ihres Lachsaufkommens im Jahre 2001: Tana, Gaula, Namsen, Orkla, Vestfold, Numedalslagen, Tengs-Bjeerkreimelva, Neidaelva, Alta, Mandalselva, Drammenelva, Nidelva, Stjordal, Figgjo und Stordalselv. Fischereilizenzen zu moderaten Preisen für die Gaula, Stjordal und Forra sind beim Norwegian Flyfishers Club AS erhältlich. Weitere Adressen sind zu erfragen im Norwegischen Fremdenverkehrsamt oder im Internet.

In ***Schweden*** ist die Mörrum in Blekinge für ihre Lachsbestände weltbekannt. Die Saison beginnt hier am 1. April und endet am 30. September. Die Nachfrage nach Lizenzen ist so groß, dass man sich lange im voraus um eine Lizenz bewerben muss, die im Losverfahren vergeben wird.

Wer gerne in den Flüssen und Seen im Westen Irlands fischen möchte, sollte sich zunächst die Broschüre der Irischen Fremdenverkehrszentrale kommen lassen, um sich zu informieren. Die Preise für die Lachslizenzen in ***Irland*** sind dergestalt, dass sie die Urlaubskasse nicht allzu sehr strapazieren.

Auch an der ***Ostküste Kanadas*** lässt sich vortrefflich auf Lachs fischen. Die kurze Flugzeit und die günstigen Preise für die meisten Lachsgewässer sprechen für einen Fliegenfischerurlaub in dieser Region.

In ***New Brunswick*** sind es die Flüsse Miramichi, St. John, Restigouche und der Tobique-River, die für ihr Lachsvorkommen bekannt sind.

In ***Nova Scotia*** können in folgenden Flüssen Lachse gefangen werden:
Stewiacke River, St. Mary's River, Moser River, Margaree River, Gold River, La Have River, Medway River und Grand River.

Auf der ***Halbinsel Kola im Norden Russlands*** befinden sich mehr Lachsflüsse pro Quadratkilometer als irgendwo sonst auf der Welt und mehr Atlantische Lachse als man sich vorstellen kann, zum Teil mit beachtlichen Stückgewichten.

Der Ponoi ist der größte Fluß auf Kola, der Varzuga der zweitgrößte Fluß mit den meisten Fischvorkommen, der Umba hat die längste Lachssaison. Weiter im Norden gibt es noch die Flüsse Kola, Kharlovka, Yokanga, Varzina und Rynda mit imposanten Fischen von über 18 kg.

Während in Skandinavien und Nordeuropa mehrheitlich die Zweihandrute zum Lachsfischen benutzt wird, bevorzugt man in Nordamerika überwiegend die Einhandrute. Die klassische Zweihandrute beträgt 15 Fuß und muss mindesten die Schnurklasse 10 werfen können, während die Einhandrute 9 bis 9,6 Fuß lang und für Schnüre mindestens der Klasse 8 geeignet sein sollte. *(Abb. 87, Seite 205).*

8.9 Die Pazifischen Lachse

Von den sechs Arten der wandernden Pazifischen Lachse, die auf das nördliche Pazifikbecken beschränkt sind, kommen ***fünf*** davon im ***Nordwesten des amerikanischen Kontinents*** vor und sind jedes Jahr das Ziel unzähliger Fliegenfischer aus der ganzen Welt. Der Masu- oder Kirschlachs (Oncorhynchus masou) hat sein Verbreitungsgebiet auf der asiatischen Seite des Pazifik und kann dort auch mit der Fliege gefangen werden.

Im Gegensatz zum Atlantischen Lachs sind sie nicht fähig, das Laichen zu überleben. Oberflächlich betrachtet, ähneln sie mit ihrem silbrigen Kleid, das sie im Meer tragen, durchaus dem frisch aufgestiegenen Atlantischen Lachs. Mit Beginn der Laichzeit entwickeln die Fische jedoch ein dunkleres Laichkleid, durch das sie sich vom Atlantischen Lachs deutlich unterscheiden. Die Zeitpunkte des Aufstiegs sind von Fluss zu Fluss und von Art zu Art verschieden. Deshalb ist es wichtig, vor Antritt einer Reise sich genau über die Aufstiegszeiten der jeweiligen Lachsart am entsprechenden Fluss zu informieren. Die meisten Lodge-Besitzer führen seit Jahren einen ***Aufstiegskalender*** und geben bereitwillig Auskunft welche Lachsart wann in welchem Fluss voraussichtlich aufsteigen wird. Verschiebungen sind möglich, ebenso die von Jahr zu Jahr schwankende Anzahl der aufsteigenden Fische.

Die meisten pazifischen Lachsarten werden mit Nassfliegen oder Streamer der Größe 2-10 in Schwarz, Violett, Rosa, Purpur, Orange, Pink und Hellgrün gefangen. In der Regel werden sie in der Nassfliegen- oder Streamertechnik gefangen.

8.9.1 Der Königslachs (Oncorhynchus tshawytscha)

Der Königslachs wird auch „King Salmon“ oder „Chinook“, mit einem Gewicht von über 30 englische Pfund (1 pound (lb.) = 453,59 g) „Tyee“, in Neuseeland auch „Quinnat“ genannt. Als Meeresbewohner besitzt er silberfarbene Flanken mit einem weißlichen Bauch und einem blauschwärzlichen Rücken. Wenn der Königslachs ins

Abb. 88: Indian summer im Osten von Kanada

Abb. 89: Ein kapitaler Lachs aus dem Margaree River in Nova Scotia

Süßwasser eindringt, besitzt er genügend Fettreserven für die Wanderung und das eigentliche Laichgeschäft. Während des Aufstiegs in die Flüsse erfolgt ein zunehmender Verfall seiner Fleischqualität und seines Aussehens. Er verfärbt sich rot, schwarz oder bronzefarben, der Oberkiefer bildet einen Haken nach unten und die Zähne entwickeln sich zu Fangzähnen, während die Flecken, die schwarz, groß und regelmäßig auf der Oberseite, der Rückenflosse und den beiden Spitzen der Schwanzflosse verteilt waren, deutlich abnehmen. Als einziger Pazifischer Lachs besitzt er eine schwarze Innenseite des Mauls und die Afterflosse zeigt einen geraden Hinterrand und nicht einen konkaven wie bei den übrigen Pazifiklachsen. Er kann in ***Kanada*** im Skeenaflusssystem und in den Flüssen ***Alaskas*** mit der Fliege gefangen werden, obwohl er im Süßwasser die Nahrungsaufnahme einstellt. Der Königslachs, als der größte Wanderfisch für den Salmonidenangler, ist schon in Exemplaren von über 80, von Berufsfischern von über 100 englischen Pfund gefangen worden. Der Aufstieg kann je nach geografischer Lage und Witterung vom Sommer bis in den frühen Herbst erfolgen.

Fliegenfischen auf Königslachs erfordert starkes und robustes Gerät. Für seinen Fang sind Ein- oder Zweihandruten mindestens der Schnurklasse 10, Rollen mit einem erstklassigen Bremssystem und wenigstens 250 m Backing tauglich, um diesen Giganten zu bändigen *(Abb. 90 u. 91, Seite 211).*

8.9.2 Der Silberlachs (Oncorhynchus kisutch)

Der „Coho“, wie der Silberlachs auch genannt wird, ist dem Atlantischen Lachs in Größe und Verhalten am ähnlichsten. Er wird im Gegensatz zum „King“ nicht so groß, kommt jedoch sehr zahlreich vor, steigt auch in kleinere Gewässer auf, kämpft fintenreich, vollführt atemberaubende Sprünge und ist der ideale Fisch für den Fliegenfischer. Er hat im Gegensatz zum „King“ eine weiße Auskleidung des Maules, einen konkaven Hinterrand der Afterflosse sowie eine weniger ausgeprägte Ausbuchtung der Schwanzflosse bei der nur der obere Rand gefleckt ist und die zahlenmäßig geringeren Flecken auf dem Rücken und der Rückenflosse. Für gewöhnlich steigen die Cohos ab Spätsommer den ganzen Herbst hindurch in die Flüsse auf.

Das Laichkleid des Männchens zeigt unregelmäßige rote Flanken und den typischen Lachshaken. Er wird selten über 10 kg schwer und kann deshalb mit einer Einhandrute der Schnurklasse 8 befischt werden. Sowohl eine Schwimmschnur, eine Intermediate oder eine Sinktip-Leine können Verwendung finden. Die Vorfachstärke sollte 0,35 mm nicht unterschreiten. Eine breite Palette der buntesten Streamer eignen sich als Köder.

***Abb. 90:** Sepp Prager beim harten und aufregenden Drill eines großen Lachses*

***Abb. 91:** Als Belohnung ein kapitaler Chinook aus dem Skeena River*

Es kommt immer wieder vor, dass statt eines „Cohos“ ein „King“ auf die Fliege beißt. Dann heißt es nicht nur drillen auf Teufel komm raus, sondern oft laufen, damit das Kraftpaket nicht das Vorfach sprengt und man einen geeigneten Platz findet, um den Fisch sicher zu landen *(Abb. 92 und 93, Seite 213)*.

8.9.3 Der Rotlachs (Oncorhynchus nerka)

Der „Sockeye“ oder Blaurückenlachs, wie der Rotlachs auch genannt wird, verliert sein silbriges Kleid, wenn er mit Beginn der Laichzeit in riesigen Formationen die Flüsse hinaufwandert. Man erkennt ihn im wesentlichen an seinem grünlichen Kopf, dem leicht entwickelten Buckel und an dem leuchtendroten Körper. Sein Gewicht beträgt 2 bis 3,5 kg; dort wo er vorkommt ist er durchaus ein attraktiver Angelfisch, zumal sein Fleisch wohlschmeckend ist.

In den unteren Flussabschnitten und deren Mündungsbereichen kommt der Sockey zum Jagen an die Wasseroberfläche und kann dort mit der Fliege gefangen werden. Weiter stromauf, im Süßwasser, sind die Fische noch am ehesten nach ihrer Ankunft in ihren Laichgründen zu überlisten. Je länger sich die Fische im Süßwasser aufhalten, desto resistenter werden sie gegenüber einem Reizköder.

Im Roderick Haig-Brown Provincial Park in British Columbia können jedes Jahr zwischen Ende September und Anfang Oktober die Lachse bei ihrer Laichwanderung im Adams River beobachtet werden. Zu dieser Zeit haben die Lachse bei ihrer 17-tägigen Wanderung vom Pazifischen Ocean bis in den Adams River bereits 485 Kilometer zurückgelegt. Dieses großartige Naturschauspiel kann man von eigens dafür hergerichteten Holzplattformen beobachten.

Auch der Chilco-River und der Chilco-Lake, in denen im September bis zu zwei Millionen Rotlachse laichen, bieten ebenfalls dieses faszinierende Naturschauspiel *(Abb. 95, Seite 216)*.

8.9.4 Der Buckellachs (Oncorhynchus gorbuscha)

Der Buckellachs, auch „Humpy“ oder „Pink Salmon“ genannt, ist längst nicht so attraktiv zum Fang mit der Fliege, wie der Königs- oder der Silberlachs, zumal auch sein Fleisch von geringerer Qualität ist. Sein Gewicht beträgt zwischen drei bis fünf Pfund. Im Meer sind die geschlechtsreifen Rogner und Milchner hellsilbern gefärbt mit kleinen Schuppen. In den Laichgründen angekommen, zeigen die Weibchen eine matte Färbung, während die Männchen den charakteristischen Buckel entwickeln. Ihre Flanken sind unansehnlich gelbbraun mit schwach ausgeprägten senkrechten Streifen. Je nach geografischer Lage fallen Ihre Laichwanderungen in die Monate Juli bis Oktober *(Abb. 95, Seite 217)*.

Abb. 92: Ein zufriedener Angler mit kapitaler Beute

Abb. 93: Diese Dame kann nicht nur erfolgreich Fischen, sondern auch vorzüglich Fliegen binden

8.9.5 Der Ketalachs (Oncorhynchus keta)

Besser bekannt unter dem Namen Hundslachs oder „Chum Salmon". Er steigt spät in der Saison in die Flüsse auf und sein Gewicht beträgt zwischen sieben und vierzehn Pfund. Damit ist er deutlich schwerer als der „Sockeye" und gilt als einer der attraktivsten Fische, zumal er willig die angebotenen Fliegen nimmt. Sein Name „Dog Salmon" charakterisiert entweder die hundeähnlichen Zähne der geschlechtsreifen Tiere oder weist auf die Tatsache hin, dass er lange Zeit von den Indianern und Trappern nicht nur als Nahrungsquelle, sondern auch als Hundefutter genutzt wurde. Er eignet sich vortrefflich zum Räuchern und Trocknen und wird auch heute noch von den Nordwestindianern als Fleischreserve genutzt. Oft beginnen die Laichwanderungen schon im Juli, können sich jedoch bis in den Dezember hinein erstrecken. Der Ketalachs besitzt ein olivfarbenes Laichkleid mit gezackten, rötlichen oder gelblichen senkrechten Streifen auf den Flanken. Die Spitzen der Afterflossen und des unteren Lappens der Schwanzflosse ist weiß gefärbt.

Im Meer ist der Hundslachs jedoch silbern mit einem violetten Schimmer, der zum Rücken hin dunkler wird *(Abb. 95, Seite 217)*.

8.10 Die Stahlkopfforelle (Oncorhynchus mykiss)

Die Stahlkopfforelle auch „Steelhead" genannt, ist ein Wanderfisch, der vom Salzwasser zum Laichen in die Flüsse aufsteigt. Sie ist eine enge Verwandte der Regenbogenforelle. Sie kann ein Gewicht von über 40 Pfund erreichen. Die Heimat dieses prächtigen Fisches mit blaugrauem Rücken und glänzenden, silbernen Flanken ist die ***Westküste Nordamerikas***. Ihre Bestände sind leider rückläufig. „Catch and Release" versteht sich hier von selbst.

Es gibt den sogenannten Sommer- und den oft noch größeren Winter-Run. Die Fangtechniken gleichen denen, die auf den Pazifischen Lachs angewendet werden. Es werden im Wet Fly Swing Nassfliegen und Streamer angeboten. Im Sommer und Herbst bei niedrigem Wasserstand kann auch mit der Trockenfliege gefischt werden.

Für das Steelheadfischen benötigt man eine Rute von mindestens 9 bis 9,6 Fuß Länge der Schnurklasse 8. Dort, wo mit sehr großen Fischen zu rechnen ist, empfiehlt sich die Schnurklasse 9 bis 10 und sogar der Einsatz von Zweihandruten. Da die besten Runs oft in die Winterzeit fallen, muss man sich im wahrsten Sinne des Wortes warm anziehen. Auch an die Kondition des Fischers werden oft erhebliche Anforderungen gestellt, denn es geht in der Wildnis oft über Stock und Stein.

Hervorragende Reviere befinden sich an der Nordwestküste Amerikas, vor allem innerhalb des ***Skeenaflusssystems von British Columbia***. Bekannte Flüsse sind der Babine, Bulkley, Kitimat, Sustut, Kispiox und Copper River (siehe auch Kapitel

„Erinnerungen"). Jedoch auch außerhalb des Skeenaflusssystems gibt es eine ganze Reihe von erstklassigen Füssen, wie zum Beispiel der weltberühmte Dean River im Tweedsmuir Provincial Park. Ein Mindestaufenthalt von 14 Tagen und ein Guide mit guten Ortskenntnissen sind Voraussetzung, um einer solchen „Edlen Beute" habhaft zu werden.

Die Preise sind in der Regel beträchtlich, da nicht nur Jetstreamboote, sondern auch Hubschrauber eingesetzt werden, um die weitentfernten und unzugänglichen Gewässer zu erreichen. Hinzu kommt, dass dieser Fisch auch von den US-Amerikanern sehr geschätzt wird, die daran gewöhnt sind, für diesen außergewöhnlichen Sport hohe Summen zu bezahlen.

Eine rechtzeitige Anmeldung in einer renommierten Lodge ist unumgänglich, will man nicht Gefahr laufen, das geplante Fischereiabenteuer wegen Überbuchung abschreiben zu müssen *(Abb. 94, Seite 215).*

Abb. 94: Eine prächtige Steelhead aus dem Skeena River in British Columbia

Abb. 95: Die pazifischen Lachsarten in ihrem Meeres- und Laichkleid

CHUM
Oncorhynchus keta
MARINE PHASE

CHUM
Oncorhynchus keta
SPAWNING PHASE

COHO
Oncorhynchus kisutch
MARINE PHASE

COHO
Oncorhynchus kisutch
SPAWNING PHASE

PINK
Oncorhynchus gorbuscha
MARINE PHASE

PINK
Oncorhynchus gorbuscha
SPAWNING PHASE

9. Anhieb, Drill und Landung

Das Wort ***Anhieb*** als Bezeichnung für das Setzen des Hakens hat sich zwar bei uns eingebürgert, ist jedoch eine unzutreffende Wortwahl, da es sich beim Fliegenfischen fast nie um einen scharfen Anschlag handelt, eher um ein mehr oder weniger rasches Anheben der Rute. Als die wohl sicherste Methode erweist sich der ***seitliche Anschlag***, bei dem die wenigsten Fische verloren gehen. Ein immer wieder begangener Fehler bei einem sichtbaren Biss ist der zu früh erfolgte Anhieb, bei dem die noch nicht richtig eingeschlürfte Fliege dem Fisch aus dem Maul gerissen wird. Der Fisch stößt zwar die als ungenießbar erkannte Fliege ziemlich rasch wieder aus. Bei kleineren Fischen dauert das ein bis zwei Sekunden, bei größeren eher etwas länger, so dass man nicht überhastet reagieren muss. Fliegen, die auf größere Haken gebunden sind, werden schneller ausgestoßen als dies bei kleineren Imitationen geschieht. In schnell strömenden Gewässern ist der Fisch gezwungen, unverzüglich zuzufassen, um die Fliege überhaupt zu erreichen, so dass etwas schneller angeschlagen werden sollte. Das gleiche gilt, wenn mit langer Leine gefischt wird, denn hier muss der Trägheitsmoment überwunden werden, wobei der Anhieb kräftiger ausfallen darf. Wirksam wird man jedoch nur dann den Haken setzen können, wenn keine überflüssige Schnur auf dem Wasser treibt. Das setzt voraus, dass man in jeder Situation für Schnurspannung zwischen Rute und linker Hand sorgt, denn lose Leine hinter dem Leitring lässt jeden Anschlag ins Leere gehen.

Wird nicht mit der Trockenfliege, sondern mit Nassfliege, Nymphe oder Streamer gefischt, ist der Anbiss ungleich schwieriger zu erkennen. In diesen Fällen muss das Vorfach bzw. die Leine genau beobachtet werden. In dem Moment, wo das Vorfach nicht mehr normal abschwimmt, plötzlich eintaucht, ohne erkennbare Ursache still steht oder von der Strömungs-Richtung abweicht, kann es sich um einen Biss handeln, der mit einem gefühlvollen Anhieb quittiert werden muss. Beim Nassfliegenfischen kommt es vor, dass sich der Fisch oft selbst hakt, wenn er bei gestreckter Leine die Fliege mit einer raschen Wendung seitlich oder stromabwärts nimmt.

Beim Nymphenfischen muss ganz besonders genau beobachtet und etwas schneller angeschlagen werden, da der Fisch eine Nymphe viel schneller ausspuckt, zumal er unter Wasser mehr Zeit hat diese eingehend zu prüfen. Eine Sichthilfe in Form eines Bissanzeigers erleichtert das Erkennen eines Bisses.

In dem Augenblick, wo der Haken gefasst hat, beginnt der aufregendste, manchmal auch der schwierigste Teil des Fischens, den wir als ***Drill*** bezeichnen. Jetzt ist ein kühler Kopf gefragt und die ganze Geschicklichkeit des Anglers, will er den Fisch nicht verlieren und als zweiter Sieger vom Platz gehen.

Der Fisch, schwimmt normalerweise waagrecht im Wasser, sofern er sich nicht freiwillig nach oben oder unten bewegt. Wenn beim Drill ein Zug an der Schnur den Kopf unnatürlich nach oben zieht, kämpft der Fisch dagegen an, versucht seine natürliche Haltung einzunehmen und ermüdet dabei. Der Effekt verstärkt sich noch unter einem seitlichen Zug. Deshalb ist es wichtig, wenn sich im Verlauf des Drills der Zugwinkel auf den Fisch ändert. Der Winkel der hochgehaltenen Rute, die Druck in der Höhe und zur Seite auf den Fisch ausübt, beträgt 60 bis 30 Grad zur Wasseroberfläche. Ein zu spitzer Rutenwinkel ist jedoch weniger ideal, wenn der Fisch sich wild schüttelt, an der Oberfläche schlägt, springt oder sich plötzlich und unvorhersehbar in eine andere Richtung bewegt. Die feinen Vorfachspitzen erfordern eine nicht zu straff gespannte Leine, aber auch keine zu lockere, denn die Fühlung mit dem Fisch darf nicht verloren gehen. Eine lockere Schnur ermöglicht es dem Fisch die Fliege herauszuschütteln. Wird der Drill zu sehr forciert, kann das Vorfach reißen oder sich der Haken aufbiegen, was bei Großfischen wie dem Lachs immer wieder vorkommt.

Auch bei kleineren Fischen, wie zum Beispiel der Äsche mit ihrem weichen Maul ist es nicht ratsam, beim Drill ihre Fluchten mit Gewalt zu parieren. Denn das führt häufig zum Ausschlitzen des Hakens oder zur Überlastung des Vorfachs und endet mit dem Verlust des Fisches.

In einer schnellen Strömung ist es leichter einem Fisch die Fliege stromab als stromauf zu servieren. Reagiert der Fisch mit einem Anbiss hat er zunächst alle Vorteile auf seiner Seite, da er mit dem Kopf zur Strömung steht. In dieser natürlichen Position verbraucht er wenig Kraft, da er reichlich mit Sauerstoff versorgt wird und sein ganzes Gewicht in der Strömung einsetzen kann, um sich vom Angler zu entfernen. In einer solchen Situation sollte der Fischer versuchen mit einem konsequenten ***Seitenzug*** mit gesenkter Rute den Fisch möglichst schnell aus der Strömung herauszudirigieren und in die langsamere Flachwasserzone zu führen *(Abb. 96, Seite 220)*. Hier kann man den Fisch durch mehrfache Richtungsänderungen weiter ermüden und aus dem Gleichgewicht bringen, indem er durch einen seitlichen Zug am Angler vorbei geführt wird und ihn dann anschließend zum Wenden zwingt. Nach einigen Wiederholungen gibt der Fisch meistens auf und kann dann sicher gelandet werden.

Während sich der Druck auf den Fisch hauptsächlich durch den unterschiedlichen Zugwinkel der Rute verändern lässt, eröffnet die ***Rolle*** eine zweite Möglichkeit und ist für größere Fische unverzichtbar. Bevor man den ersten Wurf macht, stellt man die Rolle, sofern sie eine Bremse hat, nach der Tragkraft des Vorfachs ein. Sobald der flüchtende Fisch zügig Schnur von der Rolle nimmt, sollte man die Finger von der rasenden Kurbel fernhalten, sonst gibt es Prellungen und blaue Flecken, denn die Kurbel ist nicht zum Bremsen gedacht. Den nötigen Widerstand bringen entweder die

Abb. 96: Der Seitenzug
Der beste Weg einen starken Fisch beim Drillen unter Kontrolle zu bekommen, ist der Seitenzug.

Rätsche oder die Scheibenbremse der Rolle auf, wobei der Handballen als zusätzliche Bremshilfe eingesetzt werden kann.

Sobald der Fisch innehält, muss die Hand sofort wieder in Bereitschaft zum Einholen der Leine gehen, da bei lockerer Schnur sofort die Kontrolle über den Fisch verloren geht.

Soll der Fisch wieder zurückgesetzt werden, darf der Drill und die Landung nicht unnötig hinausgezögert werden, um den Fisch nicht übermäßig zu erschöpfen. Dabei ist zu bedenken, dass Forellen und Saiblinge eine bessere Kondition haben als zum Beispiel die Äschen.

Beim Watfischen ist die Handlandung am idealsten. In der Regel ist es nicht notwendig, den Fisch aus dem Wasser zu nehmen, denn meistens gelingt es, den Haken sofern er weit genug vorne im Fischmaul sitzt, zu lösen. Man fasst die Fliege mit zwei Fingern und hängt sie aus. Sitzt der Haken tief, wird die linke nasse Hand von hinten unter den Bauch des Fisches gelegt, während die rechte den Haken mit größter Vorsicht mittels einer Arterienklemme aus dem Fischmaul löst. Eine noch bessere Möglichkeit besteht darin, den Fisch mit vorher angefeuchteten Händen auf den Rücken zu legen, da er so beim Hakenlösen besser still hält und die Gefahr innerer Verletzungen verringert wird. Das Lösen der Fliege aus dem Fischmaul geht besonders leicht, wenn ohne Widerhaken gefischt wird *(Abb. 97, Seite 222).*

Wenn der Fisch jedoch den Haken tief geschluckt hat und dieser dann in einem unzugänglichen Maulbereich sitzt, ist es oft besser das Vorfach möglichst kurz abzuschneiden, um ihm die unangenehme „Operation“ zu ersparen. Der Haken wird schnell durchrosten und die Überlebenschance des Fisches steigt beträchtlich. Beim Zurücksetzen muss der Fisch mit dem Kopf gegen die Strömung gehalten werden, um ihn nach dem anstrengenden Drill zu reaktivieren, bis er aus eigener Kraft in der Lage ist, aus der Hand davonzuschwimmen. Im stehenden Wasser wird der zurückzusetzende Fisch so lange vor und zurück bewegt, bis er wieder selbst die Balance halten kann und seine Kiemen richtig arbeiten. Dort wo eine Handlandung nicht möglich ist, sollte unbedingt ein ***Kescher*** mit einem ***knotenlosen Netz*** verwendet werden, um die empfindliche Schleimschicht des Fisches nicht zu verletzen.

Die Handlandung eines ***Lachses*** erfolgt durch einen Griff an der schlanken Schwanzwurzel. Der Schwanz wird so gehalten, dass der kleine Finger zur Schwanzflosse hinzeigt.

Bei einer weiteren Variante greift man den liegenden Fisch mit Daumen und Zeigefinger, Handrücken unten liegend, um die schmalste Stelle der Schwanzwurzel. Die anderen Finger legt man dabei unter den Fisch. Das erlaubt ebenfalls einen sicheren Griff.

Mit diesem ***Schwanzwurzelgriff*** kann er bequem herausgehoben werden. Ein Wollhandschuh verbessert den Griff außerordentlich und ist sehr hilfreich, vor allem dann, wenn der Lachs sehr groß ist. Wer jedoch darin keine Übung hat, wird sich eher auf einen Kescher verlassen.

Abb. 97: ***Fischen ohne Widerhaken und behutsames Zurücksetzen schonen die Fischbestände***

10. Erinnerungen

Der häufig zu beobachtende Hang, das Fliegenfischen mit englischen Ausdrücken zu erklären, erweckt für Außenstehende den Eindruck, als ob es in der angelsächsischen Welt, vor allem in Nordamerika seinen Ursprung hätte. Wenn man den Historikern glauben darf, war in Europa bereits vor über 2000 Jahren die Kunst des Fliegenfischens den Bewohnern des antiken Mazedoniens bekannt. Diese Art zu angeln wurde jedoch nicht nur zum Nahrungserwerb, sondern bereits aus Freude an dieser raffinierten Kunst ausgeübt. Im Mittelalter sprach man in den deutschen Landen von der „Lustfischerei" oder dem „Vederangel".

Vermutlich ging dann das Wissen um diese Kunstfertigkeit über die Schweiz nach Frankreich und übersprang von dort den Ärmelkanal. Vor allem im Süden Englands fand diese Fischfangmethode Eingang in das Freizeitvergnügen von Adel und Klerus. Im Jahre 1496 wird von der Äbtissin Juliana Berners erstmals in dem Buch „A Treatyse of Fysshynge Wyth a Angle" das Fischen mit künstlichen Fliegen in kurzer Form beschrieben. In Nordamerika wurde das Fliegenfischen sehr viel später, wenn man von den Nordwestindianern und den Inuit einmal absieht, durch die aus Europa stammenden Einwanderern verbreitet.

Im österreichischen Kulturkreis, insbesondere an der Traun, wird das Fliegenfischen nachweislich seit 1360, nicht nur von Adel und Klerus, sondern auch vom „gemeinen Volk", als Freizeitvergnügen bis zum heutigen Tage gepflegt. Diese Tradition hat auch Hans Gebetsroither auf vortreffliche Weise fortgesetzt und weitergegeben. Sein enormes fischereiliches Wissen und Können, aber auch seine menschliche Originalität kommt in der nun folgenden Begebenheit, die heute bereits Geschichte ist, am besten zum Ausdruck.

Hans Gebetsroither, die große Vatergestalt der deutschsprachigen Fliegenfischer, war bis ins hohe Alter ein Ausbund an Vitalität. Trotzdem war es für alle überraschend, dass er in seinem hohen Alter eine Einladung nach Britisch Kolumbien annahm. Niemand konnte zu dem Zeitpunkt ahnen, dass er kurz darauf, am 13. 12. 1986 für immer die Rute aus der Hand legen musste.

Wer die Vergangenheit nicht ehrt, verliert die Zukunft
Wer seine Wurzeln vernichtet, kann nicht wachsen
(Friedensreich Hundertwasser 1999)

Vom 18. bis 29 September 1986 fischte Hans Gebetsroither tatsächlich in der westlichsten Provinz Kanadas. Hans und sein Freund Dr. Bernd Schiedek, von dem diese Geschichte verbürgt ist, haben sich mit Lee Wulff, in der Fishing Lodge von Martin Schmiderer in Terrace getroffen.

10.1 Hans in seinem Element

Dr. Schiedek berichtet unter anderem: Und es waren dann in der Tat Sternstunden, als sich diese beiden grand old men des mitteleuropäischen und des amerikanischen Fliegenfischens wiedersahen. Es war die Begegnung zweier Männer, von denen diesseits und jenseits des Atlantiks so viel Impulse ausgegangen waren und die schon zu ihren Lebzeiten zu Legenden geworden sind. Schön, sie beide – Hans Gebetsroither mit seinen 83, Lee Wulff mit 81 Lenzen – so voller Vitalität und voll Begeisterung fürs Fischen zu sehen!

Mit von der Partie war auch Lee Wulffs Frau Joan, mehrmalige US-Meisterin, einmal Weltmeisterin im Casting und darüber hinaus eine glänzende Fischerin. Mike Sakamoto aus Hawaii war eigens angereist, um über Lee und Joan Wulff sowie Hans Gebetsroither einen TV-Film zu drehen. So waren diese Tage ausgefüllt mit Werfen, Binden, Gedankenaustausch und nicht zuletzt – mit einer fantastischen Fischerei auf Steelhead, und zwar mit der Trockenfliege.

Der herrliche Copper River bot hierfür fabelhafte Möglichkeiten. Hans Gebetsroither und ich konnten an diesem 120 km langen Fluss dreizehn prachtvolle Steelheads landen. Wundervolle blanke Fische, zwischen zehn und zwanzig Pfund schwer. Es war ein erhebendes Gefühl, den Copper entlang zu fliegen und sich die Fische selbst zu suchen. Der Helikopter landete dann unmittelbar am Ufer, was für Hans Gebetsroither sehr günstig war. Für sein Alter war Hans zwar geistig und körperlich absolut fit, aber beim Zurücklegen weiter Wegstrecken, vor allem im Gelände, hatte er seit mehreren Jahren Probleme.

Beim Fischen beeindruckte Hans dann, wie eh und je durch sein eminentes Können. Es war eine Freude, ihm beim Service der Trockenen zuzuschauen und zu beobachten, wie souverän er seine Fische drillte.

Wer jemals eine 5-Kilo-Steelhead an der Fliegenrute erlebt hat, wird dieses unbeschreibliche Gefühl nie mehr vergessen: diese rasanten Spurts, weit in den Fluss hinaus, das Sperren breitseits in der Strömung und diese Serien hoher Sprünge. Ganz unwahrscheinlich ist die Kampfkraft dieser Fische und schier unbeschreiblich das Glücksgefühl, wenn man eine Steelhead endlich landen kann. Da war Hans Gebetsroither voll in seinem Element. Unübersehbar war seine reiche Erfahrung, bis hin zur Handlandung fürs Foto, bevor er alle seine Fische sanft in die Freiheit zurückentließ.

Die vielen Gewässer in dieser unberührten Landschaft eröffneten die mannigfaltigsten Möglichkeiten. Eines Tages flogen Hans und ich mit dem Wasserflugzeug in

Richtung Alaska an einen Bergsee, in dem hübsch gefärbte Regenbogenforellen lebten. Bedingt durch dessen geographische Lage, haben die Fische dort im Jahresverlauf nur eine kurze Zeitspanne zur Nahrungsaufnahme. Zehn Jahre brauchen die Forellen, um anderthalb Pfund schwer zu werden. Wir hätten so viele Fische fangen können, wie wir wollten, nahmen aber nur zwei für die Küche mit. Sie hatten blutrotes Fleisch und schmeckten großartig.

Der Bergsee war von einer landschaftlichen Schönheit, die kaum zu beschreiben ist. Am Ufer sitzend, führten wir eine angeregte Unterhaltung über die Regenbogenforelle und ihre heute so große Verbreitung. Die Kanadier sind begeistert über diesen schönen Fisch, den auch Hans aus seinen vielen Jahren an Alpengewässern bestens kannte.

Gefachsimpelt wurde jedenfalls ausgiebig. Hans Gebetsroither steuerte viel aus seinem reichen Erfahrungsschatz bei und das Erklären unterschiedlicher Knoten-Typen machte ihm besonderen Spaß. Wie man richtig wirft, zeigten Joan Wulff und Hans Gebetsroither, als sie für das hawaiianische Fernsehen auf der Wiese verschiedene Wurfarten vorführten: Joan und Hans synchron!

Bei alledem kam auch der berühmte österreichische Schmäh nicht zu kurz. Als einmal den ganzen Tag über niemand außer Hans einen Fisch gefangen hatte und als dann abends in der Lodge lang und breit über die Fliege und die Hakengröße diskutiert wurde, mit der er Erfolg gehabt hatte, setzte Hans sein spitzbübisches Lächeln auf und meinte: „Das ist alles egal. Ich serviere eben so, dass der Fisch kommen muss!“

Natürlich hatten wir stundenlang über die verschiedenen Wurfstile debattiert, und eines späten Abends, nach einigen Gläschen Wein, sagte Lee Wulff zu mir, ich möge Hans – der ja kaum Englisch sprach – fragen, wie er den Wurfstil von ihm und seiner Frau Joan denn nun fände. Die Antwort von Hans kam prompt. Auf Joan gezeigt: „Your cast ist first class“ und zu Lee Wulff meinte Hans: „Your cast ist Scheiße“. Eisiges Schweigen bei allen Anwesenden, ich wurde aufgefordert zu übersetzten und mein sehr frei gehaltener Text lautete in etwa: „Hans meint, dass ihr beide mit Eurem Stil sehr gut werft, Joan noch um eine Spur eleganter als Lee ...“.

Nach zehn Tagen mussten wir schließlich die Heimreise antreten. Uns war bewusst, eines der ganz großen Fischerparadiese dieser Erde besucht zu haben. Wir waren tief beeindruckt und unser Oberfischmeister i. R. brachte es mit denkwürdigen Worten zum Ausdruck: „Diese Reise war für mich das größte Erlebnis meines Lebens. Die Landschaft ist genauso schön wie mein Salzkammergut“.

Abb. 98: Hans mit einer 15-pfündigen Steelhead aus dem Copper River

Abb. 99: Von rechts nach links: Joan Wulff, Hans Gebetsroither, Lee Wulff bei einer Wurfvorführung

Abb. 100: Von rechts nach links: Hans Gebetsroither, Lee Wulff, Dr. Bernd Schiedek

Abb. 101: Hans Gebetsroither bei der Demonstration seiner „Hohen Schule“

10.2 Den Bären im Nacken

Es war im September des Jahres 2001 als meine Frau und ich wieder einmal auf die von uns geliebten Queen Charlotte Islands flogen, um die großartige Natur mit der nahezu überirdischen Ruhe zu genießen. Von der Wildnis dieser Inselgruppe geht eine außergewöhnliche Ausstrahlung aus. Urwälder mit gen Himmel ragenden Zedern gleichen einer von der Natur selbst geschaffenen Kathedrale. Flora und Fauna sind so einzigartig, dass man auch von den Galapagos-Inseln des Nordens spricht. Diesem nahezu unberührten Eiland wohnt eine eigene Kraft inne, die einen die Grenzenlosigkeit der Zeit spüren lässt und Gelegenheit zur Besinnung gibt. Zu dieser Zeit waren die Lachszüge in vollem Gange und für uns Fischer ein magischer Anziehungspunkt, jedoch auch für die Schwarzbären, die hier aufgrund des überreichen Nahrungsangebots zu den Größten ihrer Gattung heranwachsen können.

Zunächst fischten wir auf der Nordinsel im Tlell, einem von dem Gezeitenstrom stark geprägten Fluss. Auch der Yakoun mit seinen verschiedenen Lachsarten, die jedes Jahr flussaufwärts wandern, um ihre Art zu erhalten, zog uns immer wieder an. Dabei legten wir jeden Tag beachtliche Wegstrecken zurück, da die Flüsse von ihrer Mündung in das Meer bis weit in das Hinterland mit seinen teilweise undurchdringlichen Urwäldern befischbar sind. Nachdem wir bereits in der ersten Woche sehr erfolgreich auf Silberlachs gefischt hatten, waren wir der Ansicht, zur Abwechslung andere Flussläufe zu erkunden.

Sehr früh am Morgen fuhren wir mit einem befreundeten Ehepaar auf die Südinsel, um uns die dortigen Bäche und Flüsse anzusehen und, wenn sich die Gelegenheit bot, auch auf Lachs zu angeln. Der zunächst lange Anfahrtsweg auf gut ausgebauten Straßen wurde durch das Übersetzen mit der Fähre wohltuend unterbrochen. Dem Betrachter bot sich an diesem schönen Morgen ein großartiger Blick auf den fjordartigen Meeresarm mit kleinen bewaldeten Inseln und einem atemberaubenden Wald- und Bergpanorama im Hintergrund. Weiter ging es mit dem geländegängigen Allradfahrzeug, jetzt allerdings auf schlechten Wegen und durch eine von Menschen nahezu unbesiedelte Wildnis.

An den verheißungsvollen Stellen der unterschiedlichen Flussläufe wurde nach Fischen Ausschau gehalten. An einer etwas lichteren Flussaue hielten wir und beschlossen, von hier aus das Gelände zu erkunden und einen günstigen Flusseinstieg zu suchen.

Rasch waren die Watstiefel angezogen, Rute und Rolle montiert und die notwendigen Utensilien in den Taschen verstaut. Erich und Iris, unser befreundetes Ehepaar, die schon einmal in dieser Gegend gefischt hatten, bildeten die Vorhut, während meine Frau mir voran ging und ich so die Nachhut bildete. Wir quälten uns durch den sumpfigen Morast, eines aus Weiden und Erlen bestehenden Auwaldes. Überraschend schnell standen wir an einem Fluss, dessen klares und nicht zu tiefes Wasser unsere Phantasien und Aussichten auf große Lachse beflügelten. Unsere Gruppe verteilte sich am Ufer und jeder suchte sich einen geeigneten Einstieg. Als Letzter ging ich weiter flussaufwärts und verweilte etwas am Ufer, um zu beobachten wohin sich meine Vorgänger bewegten, um dann eine günstige Stelle mit dem nötigen Abstand zu meinem Nachbarn zu beziehen. Plötzlich sah ich Erich, der bereits am anderen Ufer war, heftig mit beiden Armen winken, was ganz offensichtlich mir galt, während Iris sowie meine Frau Marianne wie versteinert im Wasser standen und in meine Richtung starrten. Gleichzeitig hörte ich hinter mir ein dumpfes Schnauben. Ich stand bereits im Wasser und drehte mich langsam um und sah in einer Entfernung von etwa sechs Metern einen kapitalen Schwarzbär am Uferrand hinter mir, der mir mit einer unmissverständlichen Drohgebärde klar machte, dass das sein angestammtes Lachsrevier war und ich hier nichts zu suchen hatte.

Als Jagdgast im Westen von Kanada, in den Bergen Britisch Kolumbiens, hatte ich bereits mehrere Begegnungen mit Schwarzbär und Grizzly, die für diese auch schon tödlich endeten. Diesmal als Fischer, zumal nur mit einer Fliegenrute der Klasse 8 bewaffnet, sah es so aus, als wenn die Karten zu Gunsten des Bären verteilt waren.

Jeden weiteren Blickkontakt zu dem mächtigen „Blacky" vermeidend, strebte ich ohne hastige Bewegungen der Flussmitte zu, um die Fluchtdistanz zu vergrößern und ihn nicht weiter zu provozieren. Als ich schon fast auf der anderen Seite des Flusses war, drehte ich mich ganz langsam um und sah zu meinem Erstaunen zwei kleinere Bären, die jetzt aus dem Dickicht traten und sich zielstrebig dem großen Tier, offensichtlich ihre Mutter, anschlossen. Jetzt wurde mir klar, in welcher Gefahr ich mich befunden hatte, denn mit einer führenden Bärin ist wirklich nicht zu spaßen. Ein Aufeinandertreffen von Mensch und Tier, vor allem dann, wenn die Fluchtdistanz zu gering ist und der Bär nicht mehr die Möglichkeit hat, sich unbemerkt zurückzuziehen, kann böse Folgen für den Buschläufer haben. Handelt es sich um eine Bärin, die im unvermittelt auftauchenden Menschen eine Bedrohung ihrer Jungen sieht, kann eine solche Begegnung für ihn sogar tödlich enden. Beispiele dafür gibt es in Nordamerika genug.

Da mir in dieser gefährlichen Situation nach fotografieren nicht zu Mute war, habe ich etwas später ein eindrucksvolles Bild eines Lachse verspeisenden Schwarzbären erworben, das von einem bekannten indianischen Künstler stammt und mich an diese nicht alltägliche Begegnung beim Fischen immer wieder erinnern wird *(Abb. 102, Seite 231)*.

Abb. 102: „Mexalh Bear People" *(Sammlung H. L. Lorenz, Kulturgeschichte des Angelsports). Obiges Bild von Floyd Joseph, aus dem Stamm der „Salish people", ist ein Beispiel für die hohe künstlerische Begabung der Nordwestindianer, die abstrakt und doch sehr naturalistisch die Tiere ihrer Umwelt darstellen und sie in ihren Lebensbereich mit einbeziehen.*

Die nun folgenden Bilder und vorgestellten Künstler zeigen ganz deutlich, dass sie aus der traditionsgebundenen Indianischen Kunst der Nordwestküste schöpfen. Damit treten sie in die Fußstapfen des weltberühmten und unvergessenen Bill Reid (1920-1998), der mit seinem Haida Salmon „Skaagi" auf der letzten Seite dieses Buches vertreten ist.

Abb. 103: Lachswanderung im Mondlicht von Robert Dobie
(Aus der Sammlung H. L. Lorenz, Kulturgeschichte des Angelsports).

Abb. 104: Steelheadfischen an der regenreichen Pazifikküste von Roy Henry Vickers
(Aus der Sammlung H. L. Lorenz, Kulturgeschichte des Angelsports).

10.3 Die Argen – ein Juwel zwischen Allgäu und Bodensee

Die Untere und die Obere Argen entspringen in den Allgäuer Bergen auf Bayerischem Gebiet in Höhen zwischen 800 und 1000 m ü. NN. Bis zu ihrer Vereinigung bei Pflegelberg legen sie eine Fließstrecke von 50 km bzw. 70 km zurück. Aus der Vereinigung der beiden Flussarme Untere und Obere Argen entsteht die Argen, die nach einer Fließstrecke von 23 km zwischen Langenargen und Kressbronn in den Bodensee (bei 395 m ü. NN) mündet. Die Argen ist hinter Alpenrhein und Bregenzer Ach der drittgrößte Bodenseezufluss. Sie besitzt auch heute noch über große Strecken einen ausgeprägten „Wildflusscharakter", was für ein Fließgewässer dieser Größenordnung eine Seltenheit in Mitteleuropa darstellt.

Der abwechslungsreiche Fluss mit seinen Kiesbetten und zum Teil imposanten Talhängen windet sich durch die noch völlig intakte Natur der hügeligen Voralpenlandschaft mit seinen Auwäldern, romantischen Waldschluchten und Wiesen. Die Ufer werden nicht von Straßen gesäumt, sondern von Schwarzerlen, Weiden, Buchen und den unterschiedlichen Nadelgehölzen. Hier lauscht man dem Konzert der vielen Singvögel oder hört das Rauschen des Flusses und wird nicht vom Dröhnen des Straßenverkehrs genervt. An den Ufern geben sich Reh, Fuchs und Has ihr Stelldichein. Auch der fliegende Edelstein – der Eisvogel – kann hier noch den ganzen Tag beobachtet werden, der hier sein Brutrevier hat.

Die hier ansässigen Künstler der schreibenden und malenden Zunft, aber auch einzelne Politiker haben die herausragende Schönheit des Argentals nicht nur erkannt, sondern sich vehement für seine Unterschutzstellung eingesetzt. Heute sind weite Teile des Flusslaufes unter Naturschutz gestellt.

Ein solch schönes Fließgewässer ist natürlich ein Magnet, nicht nur für einheimische, sondern auch für Gast-Fischer, die gerne mit ihren Familien in dieser abwechslungsreichen Region ihren Urlaub verbringen.

Über eine ausgezeichnete Möglichkeit eine der schönsten Flussabschnitte der Unteren Argen zu befischen, möchte ich Ihnen in den nun folgenden Zeilen berichten *(siehe auch Abbildungen 105 bis 109 auf den Seiten 236 bis 241).*

Als ich im Jahre 1961 meine erste Jahresfischkarte, ausgestellt vom damaligen Oberforstmeister des Fürstlich Quadt'schen Rentamts in Isny im Allgäu, Josef Rutschmann in den Händen hielt, ahnte ich noch nicht, dass mich dieser zauberhafte Fluss zeitlebens in seinen Bann ziehen wird.

Die Untere Argen bei Isny hatte bereits vor dem 2. Weltkrieg einen besonders guten Ruf in Fliegenfischerkreisen des In- und Auslandes, sprach man doch bei einigen besonders attraktiven Gewässerabschnitten vom so genannten „Englischen Wasser".

Auch nach dem Krieg war die Faszination dieses Flusses ungebrochen, denn schon bald wurde er von einer Reihe bekannter Fliegenfischergrößen aufgesucht, unter anderem auch von Charles Ritz und Hans Gebetsroither.

Das hatte zur Folge, dass schon sehr früh das schonende Fischen mit der Fliege in dieser Region sowohl von Einheimischen, als auch von den Gästen gepflegt wurde. Der sich ergebende rege Gedankenaustausch und die folgenden gegenseitigen Besuche zwischen Gästen und einheimischen Fischern werden bis heute gepflegt und mit Leben erfüllt. Die Isnyer Fliegenfischer waren eine der ersten in Deutschland, die mit den nervigen, gespließten Fliegenruten von Walter Brunner aus Steyr in Österreich fischten, da zu dieser Zeit Kohlefaserruten noch nicht auf dem Markt waren. So gibt es zum Beispiel nach wie vor die Verbindungen zwischen der „Fliegen-Fischer-Gemeinschaft Argental" und den „Freunden der Gmundener Traun".

Die Besitz- und Bewirtschaftungsverhältnisse der Unteren Argen haben sich seit einigen Jahren grundlegend geändert.

Die neuen Besitzer, die Gebrüder Karl und Jakob Immler, verfügen heute über eine 17 km lange durchgehende Fliegenfischerstrecke an der Unteren Argen. Hinzu kommen noch die Isnyer Ach (5 km), einem Gewässer der Extraklasse, die Eschach (3,1 km), ein größerer Kaltwasserweiher (Baggersee) sowie ein Karpfenweiher (Nägeleweiher).

Dieses Fliegenfischerparadies wurde exklusiv den Gästen des „Terrassen Hotels Isnyland", das ganz in der Nähe des Flusses liegt, geöffnet.

Die kluge und engagierte Bewirtschaftung und Fangbeschränkung sind nicht auf das schnelle Geld, sondern auf Nachhaltigkeit ausgerichtet.

Die natürliche Strömungsgeschwindigkeit der Unteren Argen sorgt für ausgezeichnete Sauerstoffverhältnisse und durch die verminderten organischen Belastungen besitzt das Wasser die Güteklasse I bis II.

Kein Wunder, dass in diesem intakten Fliessgewässer ein reiches Nahrungsangebot an Eintags-, Köcher- und Steinfliegen vorhanden ist, so dass der Fliegenfischer hier einen zahl- und artenreichen Fischbestand vorfindet.

Der Leitfisch ist die Bachforelle, neben der jedoch auch die Äsche verstärkt wieder an Terrain gewinnt, begleitet von Bachsaiblingen, Regenbogen- und Seeforellen. Darüber hinaus gibt es noch Mühlkoppen, Bachschmerlen und einen starken Bestand an Strömern, eine Art, die in Deutschland sehr selten geworden ist.

Der intakte Altersaufbau des Salmonidenbestandes zeigt, dass hier noch eine natürliche Reproduktion erfolgen kann. Zusätzliche Besatzmaßnahmen oder Nachzucht aus Lokalpopulationen stabilisieren und erhalten die Bestandsdichte.

Wie erfolgreich das Gewässermanagement ist, zeigt die Fangstatistik. So werden in jeder Fangsaison Bachforellen mit einer Länge bis zu 65 Zentimetern und einem Ge-

Abb. 105: Die Argen an der Steinbrücke

wicht bis zu 5 Pfund gefangen, während einzelne Äschen eine Länge von über 50 cm erreichen können.

Was jedoch für den Fliegenfischer viel mehr zählt, ist die Menge an Fischen zwischen 35 und 45 Zentimetern.

Für diejenigen, die sich für einen Urlaub in dieser Region interessieren, habe ich die wichtigsten Daten zusammengestellt und darüber hinaus eine Gewässerkarte mit den dort anzutreffenden Salmoniden und den erfolgreichsten Fliegenmustern beigefügt.

Saison: 1. Mai bis 31. Oktober

Unterkunft und Kartenausgabe:
Terrassen Hotel Isnyland, Alpenblickweg 3, 88316 Isny-Neutrauchburg,
Telefon (07562) 97100, Fax (07562) 971040,
e-mail: info@terrassenhotel.de,
Internet: www.terrassenhotel.de

Den großen und den kleinen Gästen stehen viele Freizeitmöglichkeiten zur Verfügung, zum Beispiel Squash, Kegeln, hauseigene Fahrräder, Fitness, Massage, Sauna und Solarium, ausgezeichnete Kinderspielmöglichkeiten im Innen- und Außenbereich.

Abb. 106: In der so genannten Hölle, einer Talschlucht bei Isny
(Ölgemälde des Isnyer Künstlers Hermann Tiebert aus der Sammlung H. L. Lorenz)

Abb. 107: Die Isnyer Ach
(Ölgemälde des Isnyer Künstlers Hermann Tiebert, aus der Sammlung H. L. Lorenz)

Abb. 108: Argen-Impressionen
(Von Fritz Bayer aus Isny, einem früheren Schüler von Hans Gebetsroither – heute bekannt als Wurflehrer, Fliegenbinder und Fotograf)

Abb. 109: Die Gewässerkarte des Terrassen Hotels Isnyland

RKARTE

Terrassen Hotel Isnyland

Alpenblickweg 3 · 88316 Isny-Neutrauchburg
Telefon 0 75 62-9 71 00 · Telefax 0 75 62-97 10 40
E-Mail: info@terrassenhotel.de
www.terrassenhotel.de

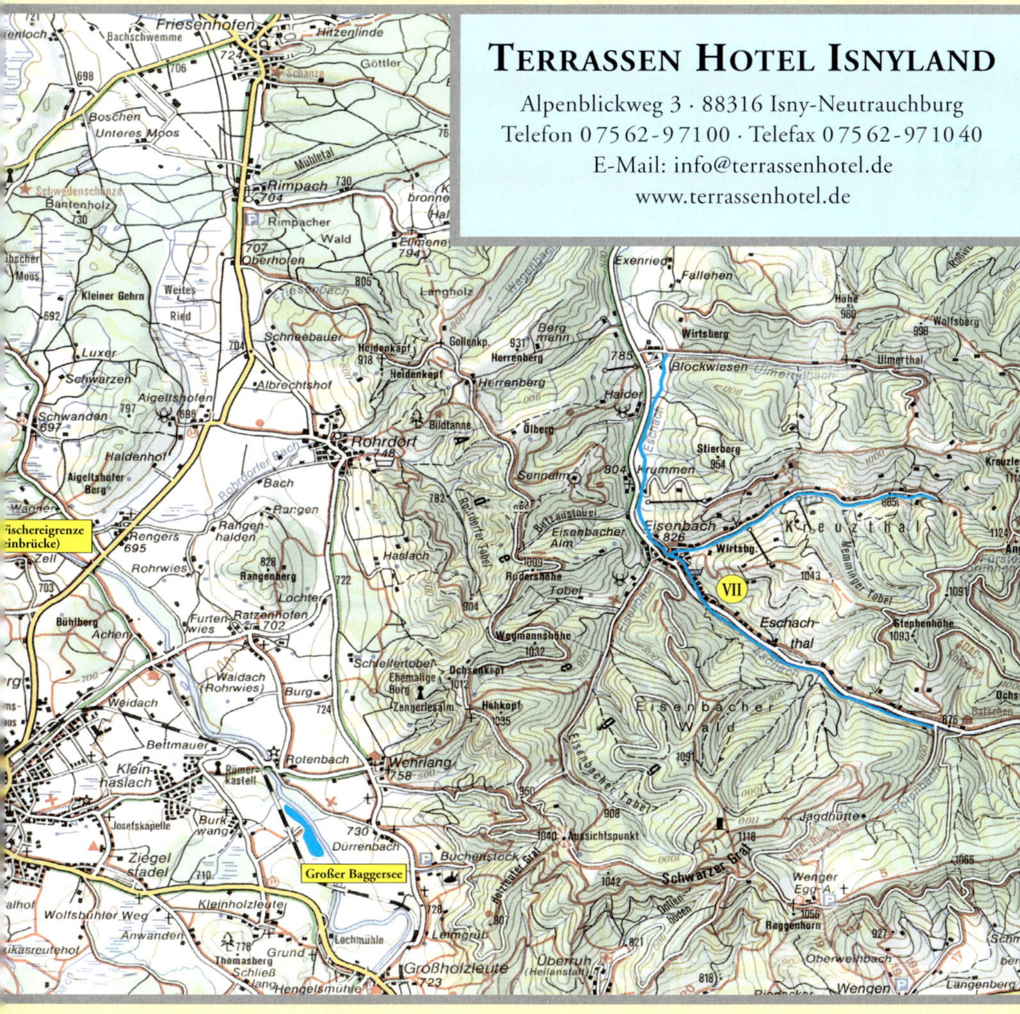

EN FLIEGEN

Verzeichnis der Abbildungen

Der Illustrator und sein Werk

Thomas Kubitz wurde am 18. 10. 1962 in Schwelm geboren und hat neben seiner Familie zwei große Leidenschaften – das Malen und das Fliegenfischen.

Die vielen Eindrücke am Fischwasser und die zahlreichen Begegnungen mit bekannten Fliegenfischern, ließen in ihm den Entschluss reifen, die facettenreiche Welt des Fliegenfischens mit Stift und Pinsel festzuhalten. Seine künstlerische Entwicklung lässt sich anhand seiner Werke genau verfolgen.

Als der Autor, Heinz Lorenz, Thomas Kubitz im Jahre 2002 bei der Fly Fishing Show in Stuttgart zum ersten Mal traf, war sein künstlerisches Potential noch lange nicht ausgeschöpft und er ermunterte ihn, so weiterzumachen.

Im Frühjahr 2004 kam es in Friedrichshafen, anlässlich der Aqua-Fisch, erneut zu einer Begegnung. Die dort ausgestellten Bilder verfestigten den bisherigen Eindruck des Autors, dass Thomas Kubitz eine besondere Begabung besitzt, Fliegenfischerszenen auf sehr einfühlsame Weise festzuhalten.
Darüber hinaus ist seine Malweise für die Illustration eines Buches wie geschaffen.

Das Ergebnis dieses Zusammentreffens und die gemeinsamen Anstrengungen finden in dem nun vorliegenden Werk ihren Niederschlag.

Quellenverzeichnis

Brehmer Reinhard:
Spey-Casts à la Falkus, „Der Fliegenfischer" Nr. 109 - 112,
Verlag von J. Schück,

Clarke, B. / Goddard, J.:
Die Forelle und die Fliege,
Albert Müller Verlag, Rüschlikon-Zürich, 1982

Eiber Hans:
Das ist Fliegenfischen,
BLV Verlagsgesellschaft mbH, München, 2000

Greenhalgh Malcolm / Jaworowski Ed:
Die ganze Welt des Fliegenfischens
Jahr-Verlag GmbH & Co., Hamburg, 2000

Lorenz Heinz:
Der österreichische Wurfstil für Fliegenfischer,
erschienen 1996
Fliegenwerfen, Anleitung und Lehrplan zum Gebetsroither-Stil
Müller-Rüschlikon Verlag, Cham, 1999

Moser Roman:
Die dritte Dimension, „Der Fliegenfischer" Nr. 67 – 69,
Verlag von J. Schück

Schrodt Jürgen:
Insektenkunde für Fliegenfischer,
Verlag Paul Parey, Hamburg, 1984

Danksagung

Die Umstände, die zum Erscheinen dieses Buches führten, sind eine kurze Betrachtung wert.

Anlässlich eines Fliegenfischertreffens in Isny, am 5. Juli 2004, kam das Manuskript des Buches mit den Fotos und Illustrationen rein zufällig in die Hände der Familie Karl und Uschi Immler, bekannt für ihr Engagement im kulturellen und sozialen Bereich und darüber hinaus begeisterte Fliegenfischer. Spontan erklärten sie sich bereit, die Herausgabe dieses Buches zu veranlassen. Mit ihrer großzügigen Hilfe konnte das Buch aufwändig gestaltet und einem größeren Leserkreis im deutschen Sprachraum dargebracht werden.

Bedanken möchte ich mich bei Herrn Dr. Bernd Schiedek für die mir zur Verfügung gestellte Anekdote „Hans in seinem Element“ und dem dazugehörenden Bildmaterial.

Ohne die Fotos von Fritz Bayer, Günter Feuerstein, Armin Harth, Christian Kuchelmeister, Dr. Wolfgang Ladin, Christoph Nachtigall, Sepp Prager, Engelbert Rief und Studio-Jacobs, Lindau, wäre das Buch nicht vollständig gewesen – an dieser Stelle an meine Freunde und Kollegen ein herzliches Dankeschön.